혁명적으로 지식을 체계화하라

혁명적으로 지식을 체계화하라

Everything is Miscellaneous

복잡성과 혼돈의 시대를 뛰어넘는
지식분류의 **패러다임 시프트**

데이비드 와인버거 지음 | 이현주 옮김

살림Biz

공간 속의 정보

"가장 잘 팔리는 물건들은 뒤에 배치하지 않나요?"

내가 밥 메딜(Bob Medill)에게 잘못된 질문을 던졌던 게 분명했다. 그는 나의 질문을 모욕으로 받아들였을 수도 있었다. 왜냐면 그것은 많은 소매업자들이 냉담한 고객으로 하여금 충동적으로 살 만한 물건 앞을 반드시 지나가게 만들기 위해 사용하는 수법이기 때문이다. 그러나 메딜은 부드럽지만 자신감 있는 목소리로 대답했다. 그는 전에도 그 질문을 받은 적이 있었고 그것은 신참들이나 던지는 질문이었기 때문이다.

"아닙니다."

그는 자신이 관리하는 스테이플스(Staples) 사무용품 매장을 둘러보며 말했다. "앞쪽에 목적지 분류가 되어 있습니다. 고객들이 그런 게 필요하다고 말했기 때문이지요." 그는 왼쪽에서 오른쪽으로 팔을 돌리면서 매장의 주요 구역들을 죽 가리켜 보였다. "종이, 디지털 사진, 잉크, 토너, 사무기계, 복사 센터가 있습니다."

오후 2시인데 매장엔 우리밖에 없었다. 고객이 물건을 사고 싶다고 해도 계산대엔 아무도 없다. 물건을 사는 데 도움이 필요해도 스테이플스의 판매 점원에 해당하는 '어소시에이트(associate)'를 부를 수가 없다. 하지만 메딜은 무척이나 태연했다. 원래 그러기로 되어 있는 곳이기 때문이다.

우리는 매사추세츠 주, 프레이밍햄(Framingham)의 스테이플스 본부에 지어진 실물 크기의 모형인 프로토타입 랩(Prototype Lab)에 와 있었다.

이곳을 할리우드식의 세트장정도로 생각하면 오산이다. 세일 표시가 된 10킬로그램짜리 종이에서부터 옆옆에 깔끔히 매달려 있는 포장된 펜에 이르기까지, 모든 물건들이 진짜이며 다들 꽉 들어차 있다. 이곳에는 8명의 직원이 풀타임으로 일한다. 정원이 29명인 실제 매장보다 수는 적지만 만만찮게 경비가 들어간다. 펜과 종이가 지게차로 정리되긴 하지만, 프로토타입 랩은 실제 정보와 관련된 곳이기 때문에 그럴 가치가 있다. 밥 메딜과 그의 부하직원들은 고객들이 스테이플스 매장을 순수한 정보를 다루듯 돌아다닐 수 있도록 원자와 공간의 한계를 극복하는 전략을 찾기 위해 매일 매일 고심한다.

물론 메딜은 이렇게 설명하지는 않을 것이다. 그의 관점에서 보면 프로토타입 랩은 스테이플스에서 물건을 사는 일을 더욱 용이하게 만들기 위한 실험 장소다. 그 일만으로도 메딜은 선구적인 MD다. 대부분의 평범한 MD들은 고객들이 생각했던 것보다 돈을 더 많이 쓰도록 실제 공간을 고객에게 불리하게 이용한다. 그것은 소매업자들이 잘 아는 하나의 기술이다. 슈퍼마켓들은 우유나 바나나같이 사람들이 자주 찾는 물품들을 매장 뒤편에 배치하여 물리적인 공간을 유리하게 이용한다. 구역 A에서 복도 C에 가려면 선반 B를 반드시 거쳐야 하는데, 우연히도 사려고 했던 물건이 아닌데 특별 세일을 한다는 표시가 붙어 있는 것이다. 이와 비슷하게, 개 사료가 눈높이 아래에 배치되는 이유는 부모들보다 아이들이 카트에 넣을 가능성이 더 크기 때문이다. 따라서 스테이플스의 고객들이 매장을 빨리 떠나게 만드는 방법을 연구하는 메딜은 진정한 혁명가라 할 수 있다.

스테이플스의 비주얼 머천다이징 담당자, 리즈 맥고완(Liz McGowan)은 이렇게 말한다. "고객은 두 부류로 나뉩니다. 정원에게 도움을 청하는 것이 자신이 모자라서 그렇다고 생각하는 사람들과 그렇지 않은 사람들입니다." 맥고완은 데이터를 조사하기 때문에 두 부류의 크기를 정확히 알고 있다. "32퍼센트가 점원에게 묻습니다. 24퍼센트는 표지판을 이용하지요. 40퍼센트는 이미 물건이 어디 있는지 알고 있습니다." 따라서 도움을 필요로 하는 이 60퍼센트의 사람들이 매장의 정보 배열을 결정하게 된다. 프로토타입 랩에서 이것은 '길 찾기(way-finding)'로 불리는데, 사람들의 신체와 공간과의 관계가 사람들이 어떻게 생각하느냐와 접목되는 부분이라 할 수 있다.

"우리는 고객들의 눈을 관찰하여 압니다." 메딜은 이렇게 말한다. 매장에 들어선 고객들은 2, 3미터 정도 안으로 들어온 뒤, 서서 훑어본다. 바로 그 때문에 대부분의 점포들과는 달리, 스테이플스 입구엔 표지가 많이 걸려 있지 않다. 대신 사람들이 가장 많이 찾는 목적지에 대한 표지들을 배치하고, 그 표지 아래 하위 카테고리들을 표시한 표지들을 배치한다. 이는 대륙 지도를 국가별, 주별로 나누는 이치와 같다. 메딜은 깔끔한 디자인을 손으로 가리키며 다음과 같이 말한다. "원래는 '특별 할인품목'을 알려주는 표지를 사용했는데, 고객들의 시선을 막는 단점이 있었습니다." 소매업계에서 그런 표지를 쓰는 목적은 매장의 논리적인 질서를 방해하여 놓치면 안 될 파격적인 가격을 주목하게끔 하는 것이다. 그러나 그러한 표지들은 실제로 존재하는 물체이기 때문에 고객의 주의를 사로잡기도 하지만, 매장에 대한 다른 정보를 가리기도 한다. 커다란 맥도날드 표지 때문에 시내 중심가에 있는 표지 대부분이 가려지는 지도와 비슷한 경우다. 바로 이런 식으로 시선은 매장에 영향을 미친다. 실제로 보이지 않는 표지는 정보가 되지 못하기 때문에, 사람들의 평균 눈높이 또한 선반의 높이를 결정한다. 메딜은 이렇게 말한다. "대체로 매장의 높이를 낮추면, 쉽게 살펴볼 수 있습니다."

또한 시선은 선반에 늘어선 제품설명서에 얼마나 많은 정보를 제공할 것인지도 결정한다. "시력이 정상인 경우, 45센티미터 떨어진 곳에서는 표지를 읽을 수 있어야 합니다." 맥고완은 이렇게 설명한다. 여기에 메딜은 다음과 같이 덧붙인다. "주의를 끌기 위한 큰 점이 세 개면 좋고, 다섯 개는 너무 많습니다." 만약 인간의 시각이 더 예리하다면, 표지에는 더 많은 정보가 기재될 것이다. 만약 인간의 유전자와 기린의 DNA를 혼합한다면, 선반 높이가 6미터 정도는 되어야 할 것이다. 그리고 선반이 6미터 높이면 평범한 스테이플스 매장엔 7,200개의 품목 대신 15,000개의 품목이 갖추어질 수 있다. 하지만 그런 꿈을 꿀 이유가 있을까? 실제 매장은 겨우 1.8미터 정도밖에 되지 않는 시선을 가진 인간을 위해 설계되는데 말이다.

실제 매장에서 정보에 쉽게 접근할 수 있는지 여부는 걸음 수에 의해 결정되므로, 걸음 하나하나가 중요하다. "사람들이 프린터 잉크를 확인하는 방법은 아주 다양합니다. 전에 쓰던 카트리지를 이용하거나 ID 숫자, 프린터 숫자, 포장의 상표 등을 이용하지요." 스테이플스는 이용 가능한 프린터 잉크를 모두 기재한 카탈로그를 만들어 눈에 띄는 무인 안내대에 설치해놓은 적이 있었다. 하지만 고객 중 겨우 7퍼센트만이 그것을 이용했다. 메딜은 이렇게 설명한다. "그 무인 안내대는 잉크와는 너무 멀리 떨어져 있었습니다. 그래서 카탈로그를 조각조각 나누어 관련 상품에 맞게 끼어놓았습니다." 만약 엡손 프린터를 갖고 있다면, 엡손 잉크 선반 가까이에 있는 엡손 카탈로그를 찾으면 된다. "카탈로그를 완전하게 갖추어 놓자, 20퍼센트의 고객이 그것을 사용했습니다." 데이터 담당인 맥고완이 수치를 알려줬다.

순전히 정보만을 제공하는 프로토타입 랩의 배치는 현실에선 두 가지 물건이 동시에 똑같은 공간을 차지할 수 없다는 무정한 사실에 의해 어긋나게 된다. 우리는 공간에 물건을 배열하면서 그 물건들에 닿는 데 걸리는 시간 또한 측정하게 된다. 현실의 이러한 기본적인 사실을 제거한다면 프로토타입 랩이 존재할 이유는 없다.

물론 전 매장의 여러 곳에 똑같은 품목을 비치할 수도 있다. 그러나 스테이플스를 포함한 대부분의 매장들은 그렇게 하는 것을 좋아하지 않는다. 나는 공간 관계를 파악하는 일을 맡고 있는 마이크 모란(Mike Moran)에게 한 군데 이상 비치되는 품목이 있는지 물어봤다. "전선이요." 그는 고객의 관점을 생각하면서 다음과 같이 덧붙여 말한다. "어디에 쓰냐고요? 프린터지요." 따라서 전선은 프린터와 함께 비치된다. 하지만 전선은 독립된 전선 구역에도 비치된다. 똑같은 요지가 공CD나 DVD를 여러 곳에 비치하는 경우에도 적용될 수 있는데, 오히려 그것들은 메딜이 손짓으로 가리켰던 목적지 분류가 시작되는 곳에 국한되어 배치되어 있다. 왜 CD나 DVD로 녹음하는 장치 옆에 그것들을 두지 않을까? 종이나 CD 등이 모두 정보를 기록하는 것이니까 종이 옆에 놔도 될 텐데, 왜 그렇게 하지 않을까? 공CD도 똑같이 CD니까 소프트웨어 옆에 놔도 될 텐데, 왜 그렇게 하지 않을까? 그렇게 따지면, 펜을 종이나 공책, 스티커 옆에 두지 않는 이유마저 궁금해진다. 이에 모란은 다음과 같이 대답한다. "운영상의 단순함을 위해서지요." 만약 고객이 CD가 있었으면 하는 곳마다 CD를 배치한다면, 모든 곳에 물건을 확실히 계속적으로 비치해두기가 무척 힘들다. 게다가 그렇게 하면 선반 공간이 줄어드는데, 그런 공간은 식료품점이나 서점에서 물건을 파는 업체들이 자사의 제품이 잘 배치되는 특권을 얻기 위해 돈을 치르는, 지극히 제한된 경우에나 해당된다. 목적지 영역은 유일하게 이중으로 물건이 비치되는 곳들로 모란의 설명에 따르면 전선이나 종이, 잉크를 잊고 프린터만 사가지고 간 고객들이 그 제품을 이용할 수 없게 되어 화가 나서 돌아오는 걸 방지하기 위해서라고 한다.

다시 돌아와야 한다는 것은 두 가지 물건을 함께 사야 한다는 점을 기억하는 인간의 능력에 대해 공간과 시간이 승리를 거두었음을 의미한다. 대부분의 사람들은 처음에 물건을 사러 왔다가 잊어버린 물건을 사러 다시 돌아가야 할 때 터무니없이 화를 낸다. 우리가 살 것을 잊어버린 이유는 바로 정보로서의 매장이 사야 할 물건을 기억하도록 도와주기 못했기 때문이다. 정보는 쉽지만, 공간과 시간, 원자는 어렵다.

메딜의 직원들은 그렇게 생각하지 않지만, 그들은 지금 어려운 문제에 놓여 있다. 그들을 지속적으로 괴롭히는 적은 현실의 3차원적인 세계 그 자체다. 소프트웨어 프로그래머들은 프로토타입 랩에서 일하는 사람들이 실제 세상을 해킹하고 있다고 말할 수도 있다. 그들이 시스템 내에 내재된 한계를 극복하기 위한 영리한 방법을 모색하고 있기 때문이다. 그 한계는 우리 일상에서 너무나 많은 부분을 차지하고 있기 때문에 사람들은 그것들을 인식조차 하지 못한다.

예를 들면 이러하다.

실제 공간에서는 어떤 물건이 다른 물건보다 더 가까이 있다. 바로 그 때문에 리즈 맥고완은 길 찾기에 대해 걱정하는 것이다. 그녀는 고객들이 가장 적게 걸으면서 쇼핑 리스트에 있는 물건들을 모두 살 수 있기를 바란다.

실제 물건은 한 번에 오직 한 곳에만 있을 수 있다. 따라서 고객에 겐 고객이 원하는 것이 언제나 팔만 뻗으면 닿는 곳에 있으면 편하겠지만 맥고완과 모란은 어느 한 곳에, 아니면 많아봤자 두 곳에 물건을 배치하는 법을 알아내야만 한다.

실제 공간은 공유된다. 따라서 모든 사람들이 서로 다른 니즈를 갖고 있음에도 불구하고, 배치 방법은 오직 한 가지다. 휠체어를 탄 사람에겐 맥고완이 평균적인 키에 맞춰 정리해둔 표지들이 제대로 보일 리가 없다. 주로 학교에서 쓸 물품을 사러 스테이플스 매장을 찾은 사람은 자신의 매장 선택이 부적절했음을 알게 될 것이다. 스테이플스 매장에는 크레용이나 해리포터가 그려진 공책이 없기 때문이다.

사람의 신체적 능력은 한계가 있다. 따라서 사람들에게 제공되는 정보량은 보는 능력에 의해 제한받는다. 사람들은 정보를 제공하는 표지가 너무 자세해서 제품 자체를 가려버리는 경우를 원치 않을 것이다.

매장 구성은 질서가 있어야 하고 깔끔해야 한다. 만약 물건들이 제 자리에 놓여 있지 않으면 사람들은 물건을 찾을 수가 없다. 매장의 지도는 정보가 어떻게 구성되는지를 반영해야 하며, 그 구성은 가능한 한 단순해야 한다. 어질러진 매장은 버려진 곳이나 마찬가지다.

이러한 한계들은 메딜과 그의 부하들이 아무리 일을 잘한다고 해도 스테이플스에 있는 대부분의 물품들이 사람들의 방식을 따른다는 점을 의미한다. 15개의 품목이 적힌 쇼핑 리스트를 들고 매장에 들어온 사람에겐 스테이플스가 비치하고 있는 나머지 7,185개의 품목들이 자신과는 상관없을 뿐 아니라, 자신이 찾고 있는 물건을 숨기고 있는 셈이다. 만약 신기하게도 그 15개의 품목들이 모두 매장에 있는 물건들이라면 매장 앞부분 선반 위에 있는 것들을 모두 장바구니에 쓸어오면 된다. 여담이지만 사실 내 경우엔 쇼핑 리스트에 무엇이 적혀 있든, 항상 그랬다. 그렇다면 맥고완이 길 찾기를 위해 연구를 하거나 모란이 어떤 것들을 서로 붙여놓아야 하는지 주의 깊게 생각할 필요가 없어질 것이다.

모두들 현실이 어떻게 작동하는지 잘 알고 있는 상황에서, 공상과학 소설에서나 가능할 것을 고민하는 이유는 무엇인가?

그 이유는 바로 그 세계가 존재하기 때문이다. 매일, 사람들의 생활 중 많은 부분은 디지털 세계라고 불리는 곳에서 이루어지고 있다. 그 세계는 공간을 차지하는 원자 대신 비트로 이루어져 있다.

디지털 세계에서는 긴 복도를 걸어가는 대신 모든 것이 클릭 몇 번만 하면 닿을 수 있다. 모든 사람들에게 똑같은 방식을 적용할 수밖에 없는 현실과는 달리, 그 세계는 사람들 각자와 그들이 각자 현재 맡고 있는 임무에 따라 순간적으로 재배치될 수 있다.

매장이 비치할 수 있는 품목의 수가 공간과 운영상의 단순함에 의해 제한받는 현실과는 달리, 디지털 세계에서는 스테이플스의 구매자들이 원할 수 있는 모든 품목과 그 품목들을 약간 변형시킨 것들을 포함할 수 있다.

현실에선 물건들이 매장의 한 곳에, 때로는 두 곳에 배치되지만 디지털 세계에서는 이용자들이 찾을 수 있을 거라고 기대하는 서로 다른 모든 카테고리들로 구분될 수 있다.

프로토타입 랩에서 볼 수 있는 깔끔하고 질서정연한 선반에 품목들이 진열되는 대신, 디지털 세계의 품목들은 디지털로 뒤죽박죽되어 있다가 사용자가 어떤 품목을 어떻게 찾고자 할 때만 분류될 수 있다.

그러한 차이는 무척이나 중요하다. 그러나 그 차이는 시작일 뿐이다. 매장을 배치하는 방법보다 더욱 중요한 문제가 있다. 한 사무용품 매장의 구조를 조용하게 좌우하는 물리적인 한계는 기업이나 정부, 학교의 구성방법 또한 좌우해왔다. 그러한 한계는 사람들이 지식을 정리하는 방법 그 자체를 좌우해왔고, 제한해왔다. 경영구조에서부터 백과사전, 아이들이 배워야 할 과목, 그리고 믿을 가치가 있는 것을 결정하는 방식에 이르기까지 사람들은 물리학의 법칙에 의해 제한받는 원칙을 갖고 생각을 정리해왔다.

이제 제한 없이 개념들을 정리할 수 있다고 상상해보자. 사람들의 생각, 조직, 지식 그 자체는 어떻게 변할까?

그 여정을 따라가다 보면, 우리는 아리스토텔레스로부터 아리스토텔레스가 틀렸다는 점을 증명해 낸, 캘리포니아 버클리대의 심리학교수까지 만나게 될 것이다. 그리고 생물의 수를 세려고 애쓰던 과학자들로부터 정보를 뒤죽박죽으로 만들면 찾기가 더욱 쉬워질

거라고 생각하고 있는 기업들을 만나게 될 것이다. 그리고 알파벳순
으로 주제들을 배열했다는 이유로 하느님의 규율을 어겼다고 비난
받았던 18세기의 백과사전 편집자들로부터 편집자나 순서, 페이지
제한도 없이 만들어지는 세계 최초의 백과사전을 만나게 될 것이다.

그리고 여기 우리가 찾게 될 것에 대한 힌트가 하나 있다. 물리적
인 제한으로부터 해방된 지식의 세계에서 의미 있는 새로운 정리 원
칙들이 만들어짐에 따라, 정보는 단지 자유로워지길 원하는 수준에
머물지 않는다. 그것은 뒤죽박죽되길 원한다.

새로운 정리 체계

Everything is Miscellaneous

월드와이드웹이 생기기 전에, 그냥 둘러본다는 의미의 '브라우즈(browse)'란 말은 대개 판매원에게 자리를 비켜달라고 공손히 말할 때 쓰였다. "도와드릴까요?" 판매원이 이렇게 물으면, "그냥 둘러보는 겁니다(I'm just browsing)"라고 미소를 보이며 대답한다.

이것저것 둘러본다는 것은 그냥 상품을 들여다보는 것 이상의 행동으로, 어떤 물건을 갖게 되면 어떨지 상상해보기도 하고 그 물건을 먼저 가진 사람들을 질투하기도 하는 행위다. 가게가 신중하게 제품들을 정리한 체계를 고의적으로 무시하는 손님이 있다면, 그 사람이 바로 이것저것 둘러보는 사람이다.

누군가 남북전쟁에 관한 책을 읽고 싶은데 서점엔 소설, 논픽션,

전기문, 여행서적 분야로 남북전쟁에 관련된 책이 뿔뿔이 흩어져 있다. 모든 책들은 분야별로 각기 다른 통로와 진열대에 깨끗이 정돈되어 있다. 혹은 구체적으로 정한 것 없이 가볍게 볼 책을 염두에 두고 있는데 마음에 드는 책들이 진열대마다 나타나기도 한다. 서점은 프런트의 탁자에 직원들이 선정한 책이나 새로 나온 책, 세일 중인 책을 제공함으로써 고객이 서점의 체계를 깨뜨리도록 도와준다. 하지만 항상 서점 문을 열고 들어오는 고객 모두가 그저 둘러보길 원할 거라고 예상할 수는 없다. 따라서 고객이 16살 아이에게 선물로 줄 만한 책을 찾는다고 말할 때, 고객이 원하는 책을 정확히 찾도록 도와주는 것은 서점의 판매직원에 달려 있다. 만약 고객을 도와주는 고객이 모든 아이들은 여전히 비틀즈에 미쳐 있다고 생각한다면 그 손님은 조카에게 차라리 돈을 주는 게 더 낫겠다고 생각하게 되고, 그렇게 되면 판매는 물 건너 가버린다.

고객이 자신이 원하는 걸 알고 있는 경우, 정상적으로 정리되어 있는 서점이라면 모든 게 원활히 이루어진다. 소설 진열대로 가서 작가의 이름을 알파벳 순으로 진열해둔 책 앞부분에서 ‘A’ 섹션을 찾고, 조카딸에게 줄《오만과 편견(Pride and Prejudice)》을 찾아내면 된다. 하지만 자신이 원하는 걸 발견하는 것은 적어도 찾는 것만큼 중요하다. 책을 이것저것 뒤지는 사람들이 많은 만큼 그런 고객을 위해 책을 정리하는 방법 역시 무척이나 많을 것이다. 그런데도 대개는 원하는 책을 찾는 고객들이 편하도록 책이 진열되어 있는 걸 보면, 서점들은 이것저것 책을 뒤지는 고객보다 찾는 고객을 더 좋아하는 것 같다.

하지만 어떤 이에게 좋은 방법이 다른 사람에게는 좋지 않을 수도 있다. 남북전쟁에 관한 책들을 모두 모아놓는 것이 남북전쟁에 흠뻑 빠진 고객에겐 도움이 될 수도 있지만, 역사소설에 심취한 고객은 《바람과 함께 사라지다》를 진열대에서 찾지 못할 수도 있다. 아니면, 선반에 있는 책들을 모두 꺼내 서점만 하게 쌓아놓으면 이것저것 둘러보지 못하고 책 더미만 긁어대는 고객도 있을 수 있다.

모든 관심사를 만족시키게 가게의 상품들을 배치하는 방법이 있다면 사람들은 자신이 원하는 걸 알고 있을 경우 바로 그 물건을 찾을 것이고, 이것저것 둘러보길 원하는 손님의 경우엔 자신이 필요하고 관심을 가진 것이 무엇인지 확실히 모른다고 해도 거기에 맞춰 가게는 재배치될 수 있다.

이런 일은 이미 애플 컴퓨터의 아이튠즈(iTunes) 뮤직 스토어에서 일어났다. 오랜 세월 동안 사람들은 음반을 사왔다. 음반을 구매하는 것이 겉으로는 예술적인 행위라고 보여질지 모르겠지만 사실 이것은 음반회사의 경제적 이유 때문에 어쩔 수 없이 벌어지는 구매다. 한 음반에 노래를 모아놓으면 생산, 마케팅, 유통비가 줄어든다. 만들고, 선적하고, 분류하고, 목록을 만들 음반 수가 줄어들기 때문이었다. 하지만 음악이 디지털화되면서, 트랙이 음악의 기본 단위라는 점이 알려졌다. 그 결과, 천여 개의 앨범에서 나온 350만 개의 노래를 모아놓은 아이튠즈가 탄생했다. 아이튠즈에서는 일단 노래를 구매한 사람이라면 누구든 음반 회사의 허락을 받지 않고 음악을 제공할 수 있다. 애플은 고객들이 자기 마음대로 음악을 정리하도록 놔두며, 대중시장을 상대로 한 것이 아니라 고객이 선택한 곡과 재생 목록을 통해 장사를 한다. 음악을 뒤섞어놓음으로써 애플은 시장의 70퍼센트 이상을 점유하게 되었다.

헌데 아이튠즈 스토어가 그렇게까지 뒤죽박죽된 것은 아니다. 이 매장은 아이튠즈가 제공하는 기준, 즉 곡명, 길이, 아티스트, 앨범, 장르, 가격에 의해 분류되는 스프레드시트라 할 수 있기 때문이다. 만약 아이튠즈 스토어를 여기저기 둘러보고 싶다면, 먼저 장르와 아티스트, 앨범 순으로 선택해야 한다. 아티스트로 살펴본 다음 장르별로 살펴볼 수는 없다. 그리고 음계나 언어, 날짜별로도 살펴볼 수 없다. 아이튠즈가 모두 디지털로 되어 있지만 자신이 수집한 CD들로 음악을 정리할 수 있는 방법이 여전히 더 많다.

문제는 아이튠즈가 부적절한 분류 기준을 선택했다는 점이 아니다. 분명 그렇게 주장할 사람도 있지만 정말로 중요한 문제는 물질로 이루어진 세계에서 사람들의 행동을 규제한 전제, 즉 일련의 적절한 기준들이 아이튠즈에도 있다는 점이고 이를 아이튠즈가 인정한다는 점이다.

아이튠즈 자체의 분류 방법은 인색하지만, 아이튠즈는 고객들이 자기 매장에서 노래를 모아 자기만의 재생 목록을 만들게 해주는 관대함을 보여준다. 아이튠즈는 고객들에게 자신의 재생 목록을 발표하여 다른 사람들에 의해 목록을 평가받고 의견까지 들을 수 있는 기회를 제공함으로써 고객의 다양한 관심사만큼이나 많은 아이튠즈의 물품 목록들을 둘러볼 수 있는 기회를 제공한다. 그 결과 혼잡한 것들이 가진 중요한 의미가 밝혀졌으며, 아이튠즈는 교훈을 얻게 되었다. 즉, 사람들이 자신이 원하는 물건을 찾는 것만큼 이것저것 둘러보기도 잘하게 만들고 디지털이 주는 기회를 완벽히 이용할 수 있게 하려면, 세상을 정리하는 최고의 방법이 존재한다는 생각을 털어버려야 한다는 것이다.

모든 것에는 자기 자리가 있다

그 일은 쉽지 않다. 세상은 뒤죽박죽인 상태로 출발했지만 그 상태로 계속되지는 않았다. 사람들이 세상을 바로잡으려고 무진장 노력해왔기 때문이다. 사람들이 목적을 갖고 하는, 가장 기본적인 신체활동인 먹는 일을 예로 들어보자.

식사를 준비하는 데에도 복잡한 체계가 필요하다. 은제품, 접시, 유리잔, 냅킨 등의 음식 도구별로 보관되는 장소가 모두 따로 있다. 그리고 각각의 보관 장소에 따라 정리 원칙도 모두 다르다. 접시는 유형별로 쌓아놓거나 모양별로 얼마나 좋은 것이냐에 따라 모아두고, 주스 컵은 와인 잔, 손잡이 없는 컵과 따로 분리하고, 은그릇은 특별한 공간에 조심스럽게 모셔놓는다. 그런 다음 이러한 도구들을 전통적인 규칙(샐러드 포크는 디너 포크 왼쪽에 놓는 것과 같은)을 만들기 위해 떼어놓고, 식사를 하는 사람들 한 사람당 한 세트씩 준비한다.

식탁을 치울 때에는 식사 준비를 할 때 사용했던 똑같은 방식으로 식사도구들을 설거지하지 않기 때문에 다시 유형별로 도구들을 모은다. 모든 접시는 한 번에 설거지하고, 은제품은 물에 담가두고, 유리잔은 싱크대 옆에 일렬로 세워놓는다. 식기세척기에 설거지거리를 쌓아놓을 때에도 다시 한 번 다른 방식으로 물건들을 모아놓는다. 그리고 모두 깨끗해지고 말랐을 때, 모든 것을 처음 체계대로 보관하여 저녁 일을 마무리 짓는다.

어떤 때는 전혀 생각 없이 정리에 관한 여러 원칙을 다룰 때도 있다. 모두들 양념 선반에 어떤 것이 올라가고 올라가지 않는지 알고 있는데, 이 경우 정리의 원칙을 찾기는 힘들다. 박하향이 나는 향신료인 오레가노와 같은 말린 잎들이나 케이크나 푸딩에 갈아넣는 육두구와 같은 말린 씨앗, 계피와 같은 말린 껍질을 모두 양념이라고 하는 이유는 무엇인가? 하지만 케이크 등에 살짝 끼얹는 초콜릿은 오레가노를 넣는 모양과 크기가 비슷한 셰이커에 담겨 있어도 양념으로 간주되지 않는다. 그리고 소금과 후추는 양념으로 치지만, 너무 자주 쓰이기 때문에 양념 선반에 두지 않는다. 잠시 생각할 필요도 없이 네 가지 분류기준들이 이미 정해졌다. 병이 얼마나 큰지, 내용물의 용도가 무엇인지, 어떤 음식에 넣는지, 얼마나 자주 필요한지가 바로 그 기준이다.

똑같은 논리가 집에 있는 모든 방과 옷장, 테이블에도 적용된다. 정말 우연히 갖게 된 물건들조차도 자기 자리가 있다. 누군가 장난으로 준, 술 냄새가 나는 치실은 화장실장 맨 꼭대기에 가고, 인형이 달린 손전등은 거의 쓰지 않는 전자도구들과 함께 지하실 상자로 향한다. 정말로 골치 아픈 경우엔 아마도 버릴 물건을 담는 박스에 던져질 것이다.

집에 물건을 들여오는 두 가지 과정을 보면, 사람들이 정보를 어떻게 다루는지 제대로 알 수 있다. 사람들은 물건들을 자세히 조사한 다음 따로 치워놓는다. 우편물의 경우 영수증(책상), 친척에게서 온 카드(냉장고 문), 아무 관계없는 우편물(쓰레기통)을 모두 분류하여 특별한 곳에 보관한다. 그리고 시장을 봐온 물건들을 집에 가지고 들어온 지 몇 분 만에 모두 따로따로 분류한다. 우리는 이러한 무질서한 상태, 즉 우편함에 있는 분류되지 않은 우편물과 가게 점원이 상대적인 무게에 따라 분류하여 비닐주머니에 넣은 식품들을 놀라울 정도로 민첩하게 처리한다. 아마도 집에서는 침대 밑만 빼고 진짜로 정돈이 되지 않은 곳은 없을 것이다. 하지만 그곳조차도 먼지가 먼지덩이로 자발적으로 정리되어가는 곳이라고 할 수 있다.

사람들은 세상이 뒤죽박죽되지 않도록 하는 데 많은 시간을 들이고 있다. 왜냐하면 무질서가 비효율적이기 때문이다. 가스 영수증을 어디 둔지 몰라 허둥댈 수는 없는 일이다. 하지만 또한 그럴 경우 기분이 나쁘기도 하다. 물건들이 어디 있는지, 어디로 가야 할지 아는 것은 편안한 느낌을 갖는 데 필수적이다. 깨끗함이 고결함과 비슷하다면, 칠칠맞지 못한 것은 '희한한 한 쌍(The Odd couple, 브로드웨이 연극으로 시작해서 영화, TV드라마로까지 제작되었던 코미디 작품—옮긴이)'에 나오는 인물인 오스카 매디슨(Oscar Madison, 아주 느긋하고 지저분한 인물—옮긴이)과 비슷하다는 얘기가 된다. 사실 오스카 매디슨과 비슷하고 싶은 사람이 어디 있겠는가?

사람들은 자라면서 거의 전문가 수준으로 주변 환경을 질서 있게 유지하게 되지만, 이렇게 질서를 유지하는 평범한 방법들이 디지털 세계에서는 그 효력을 잃어가려고 한다. 아니 이미 그런 일이 일어나고 있다. 이러한 일이 가장 활발하게 벌어지는 곳이 디지털 사진을 저장하는 가족 컴퓨터의 폴더다.

당신이 디지털 사진을 잘 정리하겠다고 마음먹었다면, 일단 축하한다는 말을 전하고 싶다. 하지만 아마도 당신은 조만간 항복하고 말 것이다. 그것은 단순히 숫자 놀음이다. 동네 카메라 가게에서 파는 평범한 앨범에는 50장에서 200장 정도의 사진이 들어가는데, 집 안의 앨범을 모두 모으면 아마도 1천 장 정도는 될 것이다. 이 1천 장의 사진 하나하나에 그 나름대로의 애깃거리가 있다.

"어, 이것 좀 봐. 미미가 항상 그 바보같이 생긴 카우보이모자를 쓰고 있었던 거 기억나? 그리고 샐리 고모가 바닷가에 있는 사진 좀 봐. 고모가 너무 몸을 태워서 병원까지 갔는데, 그 웃긴 의사가 그냥 바비큐 소스만 뿌리면 된다고 했었어."

이제 집에 있는 컴퓨터를 살펴보자. 만약 디지털카메라를 갖고 있다면, 지난 몇 년 만에 1천 장이 넘는 사진들이 저장되어 있을 것이다. 그런데 상황은 더욱 나빠만 진다. 2003년, 미국에서 디지털카메라가 필름용 카메라보다 더 많이 팔렸고, 2004년에는 전 세계적으로 이런 현상이 발생했다. 그리고 2004년, 카메라가 달린 휴대폰이

1억 5천만 개가 팔렸는데 이는 디지털카메라의 거의 4배에 해당된다. 사실상 디지털 사진은 돈이 들지 않기 때문에, 사람들은 사진을 더 많이 찍으려고 하며 때로는 그냥 하나만 잘 나오길 기대하면서 찍는 경우도 있다. 그리고 사진을 더 많이 간직하게 되는데 항상 그 사진들을 원해서 간직하는 것은 아니다. 카메라 사진에는 ‘DSC00165.jpg’와 같은 이름들이 붙기 때문에, 별로 마음에 들지 않는 사진을 없애기보다는 그냥 간직하는 게 더 쉽다. 사진을 간직하려면, 카메라 버튼을 눌러 카메라로부터 옮기기만 하면 되지만, 사진을 없애려면 사진을 하나하나 보고 다른 사진들과 비교한 다음 안 좋은 사진을 선택해서 삭제 버튼을 누르고 선택을 확인하는 과정을 거쳐야 한다.

결과적으로 우리에겐 아무런 의미도 없는, 자동적으로 생기는 이름의 사진 수천 장을 컴퓨터에 올리게 된다. 컴퓨터에 1만 장, 2만 장, 아니 3만 장의 사진이 들어 있어도 ‘DSC00165.jpg’라고 이름 붙여진 샐리 고모의 사진을 저장하는 일은 실제로 그 사진을 버리는 것과 똑같다. 그 사진을 다시는 찾지 않을 것이기 때문이다.

아마 계속 이러지는 않을 것이다. 강박증 환자에게도 하루는 24시간밖에 없기 때문이다. 아마 기술이 더 나아져 사진에 누가 보이는지, 무엇이 보이는지 자동적으로 알아낼 수 있게 되거나 사진에 이름을 붙이는 일이 ‘직업’이 되어 다른 사람들이 사진들을 정리하는 일을 도와주게 될 지도 모른다.

실제로 사용자 중심으로 사진을 정리하는 방법이 플리커닷컴

(Flickr.com)과 같은 인터넷 사이트에서 대규모로 이루어지고 있다. 이 사이트에서 사람들은 자기 사진을 올리고 쉽게 이름을 붙일 수 있는데, 다른 사람들이 이름을 찾아주도록 허락해준다. 또한 누구든 사진에 설명적인 이름을 붙여 자신과 모르는 사람들이 찍은 사진으로 가상의 앨범을 만들 수 있다. 여기서 분명한 점은 우리가 어떻게든 엄청난 양의 사진으로 인한 위기를 해결할지라도, 그것은 사진에 더 많은 정보를 추가함으로써 가능하게 될 것이라는 점이다. 정보가 넘치는 사태에 대한 해결책은 더 많은 정보이기 때문이다.

현실세계에서는 제품 밑의 선반에 설명이 적힌 표지를 달거나 폴더 위에 라벨을 붙이거나 시험에 나올 거라고 생각하는 문장에 형광펜으로 표시를 하여 정보를 추가한다. 하지만 현실세계에서는 추가로 공급할 수 있는 데이터의 양이 제한된다. 그래서 스테이플스의 제품정보 표지는 제품을 가리지 않도록 선반에 아주 작게 붙여져야 하며, 마닐라 폴더의 표지에 수십 개가 넘는 글자를 써넣으면 읽을 수가 없게 되며, 이미 다른 학생들이 참고서의 모든 문장마다 형광펜을 그어놨으면 자신이 해놓은 표시는 전혀 정보를 추가하지 못하는 것이다.

하지만 디지털 세계에서는 이러한 제한이 적용되지 않는다. 스테이플스의 웹사이트에 올라 있는 제품은 전체 정보와 연결될 수 있으며, 실제 서류철보다 컴퓨터에 있는 폴더에는 더 많은 정보가 저장될 수 있고 디지털 참고서가 이미 그 참고서를 본 학생에 의해 모든 단어가 줄이 쳐져 있다고 해도 컴퓨터는 우수한 학생들이 강조한 부분이 어디였는지 보여줄 수 있다.

그러한 특징들은 단지 멋진 재주를 보여주는 데 그치지 않는다. 그것들은 체계의 기본적인 규칙들을 바꾸어놓는다. 현실에서는 2005년 조카 제이미의 생일을 축하하러 놀러간 멕시코의 해변에서, 해질 무렵 배드민턴을 치는 쌍둥이 조카들을 배경으로 찍은 샐리 고모의 종이 사진을 우연히 발견하면 이 사진을 어떤 앨범의, 어떤 곳에 붙여야 할지를 결정해야 한다. 만약 디지털 앨범이라면 그런 선택을 내릴 필요는 없다. 그 사진에 어떤 이름을 붙일지는 그 사진을 생각할 수 있는 방법만큼이나 다양하다. 샐리 고모, 멕시코, 2005년, 해변, 생일, 쌍둥이, 배드민턴, 해질 무렵, 여행, 외국, 즐거웠던 시간들, 친척, 다시 가보고 싶은 곳, 새까맣게 탄 때 등 다양하다. 그런 식으로 순간적으로 느껴지는 관심에 따라 컴퓨터를 이용해 앨범을 정리할 수 있다. 모든 사촌들 사진, 지난 5년간의 모든 여행 사진, 샐리 고모가 즐거워하는 모든 사진 등 이렇게도 정리할 수 있다. 따라서 디지털 세계 덕분에 우리는 현실세계를 정리하는 가장 기본적인 규칙을 초월할 수 있게 되었다. 그리고 모든 것을 자기 자리에 놓는 대신, 동시에 여러 곳에 배치할 수 있다면 더 좋을 것이다.

당신 것, 내 것, 우리 것

이러한 변화는 인간의 사회생활 전반에 잔물결처럼 번져나가는 효과를 만든다. 최근에 필자의 처제는 장인장모님의 사진을 앨범으로 정리해서 부모님의 결혼기념일 선물로 준비했다. 처제는 처제 아이들 사진만 들어가지 않게 신경 쓰면서, 유일하게 이용할 수 있는 사진이 별로 재미 없어도 소중한 친구들의 사진을 챙겨넣으며, 연대순으로 꼼꼼히 사진들을 앨범 하나에 정리했다.

처제가 물어보지도 않고 이런 일을 했다면 아마도 추측에 의존해야 했을 것이다. 앨범을 하나 만드는 일은 종종 한가족이 함께할 수 있는 하나의 의식이기 때문이다. 우리는 사진을 돌려보면서 바보 같은 표정이나 이상하게 자른 머리를 보고 낄낄거리고 사진에 찍힌 엉뚱한 행동에 웃음을 터뜨린다. 한가족은 어떤 사진을 어떤 사진 옆에 둘지 결정하고, 멋진 경험을 의미 있는 기억 덩어리로 만듦으로써 다같이 미래를 위해 과거를 꾸민다.

하지만 디지털 사진으로는 상당히 다른 일을 하게 된다. 디지털 앨범은 어떤 특정한 사진 배열을 기억하는 방법이라는 점에서 아이팟의 음악 재생 목록과 같다. 하나의 사진은 실제로 돈 한 푼 들이지 않고 수십 개의 재생 목록에 포함될 수 있다. 따라서 필자의 처제가 파리 여행에서 사진을 500장이나 찍었다면, 처제는 자기 아이들의 반응을 잡은 사진들만 모은 디지털 앨범을 하나 만들고, 파리 사람들의 흥미로운 표정들을 담은 앨범을 또 하나 만들고, 거기서 먹은 음식만 찍은 사진 앨범도 만들 수 있다. 만약 처제가 다른 식구들에게도 디지털 사진을 보여준다면, 우리 중 한 사람은 대중예술을 찍은 사진들을 모으거나 처제의 아이들이 얼굴을 찌푸리는 사진들만

따로 모을 수도 있다. 우리는 끝이 없이 앨범을 만들 수 있다. 따라서 더 이상 기억을 따라 신중하게 하나의 공유된 길을 만들 필요가 없어진다. 오히려 디지털 사진들을 분류하고 정리하고 의미 있게 만들 수 있는 방법이 많을수록, 다시 말해 그런 방법들이 더욱더 뒤죽박죽될수록 좋은 것이다. 한가족이 문자 그대로 기억에 대한 똑같은 페이지에 올라타야 하는 조건을 버려도 된다. 그리고 앨범이 기억의 원형이라면, 기억은 우리가 그러 모아 챙겨놓은 것이 아니라 우리가 모을 수 있고 공유할 수 있는 것이 된다.

지금 우리가 겪고 있는 변화들은 단지 개인적인 차원의 변화가 아니다. 우리 주변에는 세상이 뒤죽박죽되지 않도록 애를 쓰는 주요 기관들이 존재한다. 미 의회도서관에는 1억 3천만 개의 품목들이 소장되어 있는데, 그중에는 853킬로미터의 길이에 달하는 선반에 2천 9백만 권의 책이 포함되어 있다. 도서관에는 영국 측이 저지른 화재로 토머스 제퍼슨의 소장품을 다시 모으기 위해 기증한 6,487권보다 더 많은 책들이 날마다 들어오고 있다.

새로 들어오는 책들은 주제별로 카드보드 상자에 빠르게 분류된다. 그런 다음 그 상자들은 300명에서 400명에 이르는 목록 편집자들에게 전달되는데, 이들 편집자들은 80개에 달하는 서로 다른 주제들을 전문적으로 다룬다고 한다. 그들은 각각의 책을 검토하여 28만 5천 개의 주제어 중에 어떤 것이 가장 어울릴지 판단한다. 책은 10개까지 다른 주제어로 지정될 수 있다. 미국의 책들을 제대로 정리하는 일은 엄청 힘든 일이다.

주제어 자체를 정하고 유지하는 일도 무척이나 힘이 든다.

"우리는 해마다 8천 개의 주제어를 만드는 동시에, 기존의 주제어를 그만큼 수정합니다."

목록작성 책임자인 바바라 틸레트(Barbara Tillett)는 이렇게 말한다. 도서관 목록의 구조는 기존의 주제어에 책들을 끼어 맞추길 고집하기보다는 새로운 주제어를 만들어 책을 연결시키는 개방적인 형식을 갖추고 있다. 또한 틸레트의 설명에 의하면, '환경과학'이라는 새로운 범주가 형성되었을 때 목록 편집자들이 서로 내 것이 아니라며 책을 주고받던 때가 있었기 때문에 도서관은 대규모의 정리 방법을 기꺼이 수정할 의향이 있다고 한다.

목록 편집자들은 다년간의 경험을 이용하여 자유롭게 새로운 주제어를 제안해 올릴 수 있으며, 이러한 제안은 선임 사서들로 이루어진 위원회의 부동표 투표로 결정된다. 한번은 일상적으로 주마다 열리는 회의에서 80개의 분류어들이 제안되었는데, 그중 단 한 개가 거부당한 적이 있다고 한다. 거부당한 분류어는 스리랑카인들을 다루는 사진묘사의 하위 분류어였는데, 위원회는 그것이 사람들을 출신국가보다는 아이와 의사와 같은 유형별로 분류하는 것이라고 판단했다. 사실 이러한 문제들이 그다지 눈길을 끄는 것은 아니지만, 도서 분류의 개념상의 경계를 지켜야 하는 사람들은 매일 접하는 문제들이다.

의회도서관이 상당히 정리된 상태를 유지하는 데에는 몇백 년의 축적된 전문지식을 가진 수백 명의 전문가들이 필요하다. 그러나 자신들이 갖고 있는 '환경'에 대한 정보로 의회도서관의 300배를 채울 수 있다고 말하는 NASA의 경우처럼 대용량을 정리하는 방법에서 의회도서관이 기준이 되는 평가단위가 되었다고 해도, 도서관이 하루에 처리하고 있는 신간은 겨우 7천 권에 불과하다. 〈워싱턴포스트〉지는 매일 7백만 개의 웹사이트가 추가되고 있다고 추정하고 있고 의회도서관의 하부 주제어인 '미국사'를 구글에서 검색해보면 7억 5천만 개의 웹페이지를 만나게 되는데, 이는 도서관이 소장하고 있는 전체 서적 숫자의 26배 정도에 해당한다.

의회도서관이 신중하게 설계해온, 진화된 정보 정리 과정은 디지털 정보의 새로운 세계에서는 효과를 낼 수 없을 것이다. 매우 빠른 속도로 움직이는 정보가 너무 많고 월드와이드웹으로 시작해 이제는 모든 기업 도서관, 데이터 저장소, 미디어 플레이어를 연결하며 빠른 속도로 만들어지고 있는 새로운 디지털 세계를 중앙에서 관리하는 분류전문가가 아예 없기 때문이다.

정보와 개념, 지식이 디지털화되면서 의회도서관의 입증된 방식이 먹혀들지 않는다면 어떤 방식이 유효한 것일까?

세 가지 정리규칙

빌 게이츠는 역사 사진 소장으로 미국에서 가장 명망 높은 베트만 아카이브(Betmann Archive)를 인수한 뒤 그 사진들을 땅에 묻었다.

2001년, 그는 트럭 19대를 사서 폭염 속 맨해튼에 있던 사진들을 펜실베이니아 주 지하 67미터 아래 차가운 석회암 동굴로 옮겨놓았다. 그곳은 옷장 크기의 제습기로 습도를 낮게 유지하고 있으며, 경비원들이 순찰하고 있다. 기록 관리 회사인 아이런 마운틴(Iron Mountain)에 의해 운영되는 이곳은 모든 면에서 최신식이다. 그러나 여기저기 둘러보다 보면 막다른 길에 다다르게 되는데 그 벽에 구멍이 하나 있다. 구멍으로 보면 전등 빛을 받은 지하 호수가 보인다.

베트만 아카이브의 사진들은 길고 좁은 동굴들에 보관되어 있다. 거친 바위로 된 동굴의 아치형 벽은 하얀색으로 칠해져 있다. 끝이 보이지 않는 지점까지 늘어선 서류 캐비닛에는 1천 1백만 장의 귀중한 사진들과 사진 원판들이 들어 있다. 이 사진 및 원판들은 베트만사가 오랜 시간에 걸쳐 구입한 본래의 컬렉션별로 정리되어 있고, 컬렉션 내의 사진 및 원판들은 일반적으로 연대순으로 정리되어 있다. 사진이 보관되어 있는 방은 섭씨 영하 20도까지 천천히 내려가고 있는데, 필름 보존의 권위가인 헨리 빌헬름(Henry Wilhelm)에 의하면 맨해튼에서 보관될 때 1년이면 손상되는 것이 그 온도에서는 500년 동안 보존된다고 한다.

빌헬름이 필름 보존을 천직으로 삼겠다는 영감을 받은 것은 그가 평화봉사단원으로 볼리비아의 우림 깊숙이 들어갔다가 초가집에서 소중히 간직되어온 가족사진들을 보았을 때였다고 한다. "사진들이 너무 못쓰게 되었더군요. 제가 할 수 있는 일은 아무것도 없었습니다." 그는 몇십 년이 지난 지금도 여전히 당황한 말투로 이렇게 말한다. 그가 설계한 베트만 시설은 볼리비아의 우림 지역과는 완전히 반대편에 위치해 있다.

이 긴 동굴이 바로 커다란 첫 번째 정리 규칙을 따른 조직이다. 첫 번째 정리 규칙에서 사람들은 물건 자체를 정리한다. 은그릇을 서랍 속에 넣고, 선반 위에 책을 올려놓고, 앨범에 사진을 끼우는 것을 말한다. 그러나 빌헬름이 뒷방과 앞방을 연결하기 위해 설계한 에어락(air lock)을 지나가보면 두 번째 정리규칙의 모범적인 사례, 즉 1천 1백만 장의 사진 각각에 대한 정보를 담고 있는 카드 목록을 만날 수 있다. 이 목록에 의해 첫 번째 규칙의 대상에 대한 정보와 그 물건들은 분리된다. 예를 들어 아카이브의 소장품 중에서 군인 사진만 찾을 수 있도록 목록은 주제어의 알파벳 순에 따라 정리되어 있다. 이 두 번째 규칙의 대상인 목록 카드에 올라 있는 부호는 첫 번째 규칙의 사진이 보관되어 있는 실제 장소를 가리킨다. 그러나 베트만의 사진들 중 상당수는 카드 목록에 기재되어 있지 않다. 일부 오래된 소장품들은 사진을 입수한 순서대로, 사진 하나에 설명 한 줄을 기입한 원장부와 함께 도착했다. 이러한 소장품들 중의 하나를 찾으려면, 자신이 찾고 있는 사진 설명을 만날 수 있다는 희망을 갖고 노랗게 되어가는 원장부의 페이지를 일일이 들춰가며 한 줄 한 줄 살펴봐야 한다. 원장부 또한 카드 목록보다는 훨씬 비효율적이긴 하지만, 어쨌든 두 번째 규칙에 따른 분류형식을 취하고 있다.

베트만의 두 번째 정리 규칙은 효과는 있지만 유지 비용이 많이 들며 검색 시간이 며칠이나 걸리는 경우가 가끔 있다. 그리고 두 번째 정리 규칙에는 본질적으로 한계가 있다. 물건에 대한 정보가 모두 기록되는 것은 아니라는 점이다. 남북전쟁 당시 들판에서 총을 옆에 두고 식사하는 매사추세츠 주 출신의 병사 사진의 경우, '남북전쟁'과 '군인'에는 기재될지 몰라도, 아마도 '매사추세츠'나 '총', '무기', '군복', '저녁식사', '실외'와 같은 주제어 아래에는 기재되지 않을 것이다. 이는 베트만의 큐레이터에게 남북전쟁 중에 실외에서 식사를 하는 군인 사진을 요청한다면, 누군가가 사진 자체를 찾기 위해 서류 캐비닛을 모두 뒤져야 한다는 걸 의미한다. 혹시나 모든 데이터가 기록된다고 해도 그로 인해 카드 목록의 규모가 너무나 커져 사용할 수 없는 지경에 이를 것이다. 1초에 하나씩 본다고 해도 1천 1백만 장을 모두 뒤지려면 24시간 내내 뒤지는 일을 넉 달이나 계속해야 한다.

아카이브를 옮기기 위해 갖다댄 긴 트럭 행렬과 땅으로 깊이 판 구멍, 너무 추워서 들어가려면 극지방에서 입는 옷을 입어야 할 정도로 계속 내려가는 기온 등 많은 노력이 투자되었음에도 불구하고 여전히 그 소중하고 비싼 자산들은 거의 이용되지 못하고 있다. 실제로 첫 번째, 두 번째 정리 규칙을 따른 베트만 정도 규모의 보관소도 자신들이 보관하고 있는 모든 것을 알 수는 없다.

첫 번째, 두 번째 정리 규칙이 갖고 있는 문제는 그 규칙들이 원자(atoms)를 정리한다는 사실로 이어진다. 원자가 움직이는 방식에는 법칙들이 있다. 원자로 만들어진 물체들은 시간이 흐름에 따라 변하기 쉽다. 종이는 색이 바래지고 부서지며, 원판은 액체로 변한다. 따라서 자연의 섭리를 돌리기 위해 조치가 취해져야만 한다. 또한 원자는 공간을 차지하기 때문에, 소장된 사진이 많아지면 각각의 사진이 어디 있는지 알 수 있도록 카드 목록을 만들어야 한다. 그리고 원자로 된 물체는 한 번에 한 장소에만 존재할 수 있기 때문에 밥을 먹고 있는 군인의 사진이 '남북전쟁' 폴더에 들어가야 할지, '야외 식사'에 들어가야 할지 결정해야만 한다.

그러나 이제 우리에겐 비트가 있다. 콘텐츠는 비트로 디지털화되고, 그 콘텐츠에 대한 정보 역시 비트로 이루어진다. 이것이 세 번째 정리 규칙으로, 이 규칙은 쓰나미처럼 우리를 강타하고 있다. 세 번째 정리 규칙은 정보를 정리하는 데 있어 피할 수 없다고 여겨졌던 한계들을 없애주고 있다.

예를 들면, 디지털의 규칙은 분류 표시 라벨이 그 라벨이 붙는 물체보다 작아야 한다는 조건을 무시한다. 판매할 책을 올려놓은 온라인 '목록 카드'에는 사용자 등급이나 작가의 경력, 서평 전문 등 팔 사람이 원하는 만큼 정보가 포함될 수 있다. 심지어는 사용자들이 책에서 기억나는 구절을 쳐넣어 책을 찾게 할 수도 있다. "누군가를 주먹처럼 생긴 얼굴을 가졌다고 설명했던 그 탐정소설의 제목이 뭐였지?"라고 말하는 것은 책 전체 내용을 하나의 분류표시 라벨로 사용하는 것과 같다. 그 모든 정보가 실제 세상에서 원자로 저장되어야 할 때에는 아무런 의미가 없지만, 디지털 세계에서 비트와 바이트로 이용될 때에는 완벽한 의미를 갖는다.

베트만 아카이브에서 베트만의 모기업인 코비스(Corbis)가 본부를 두고 있는 시애틀로 시선을 옮기면, 세 번째 규칙이 활동하고 있는 모습을 볼 수 있다. 코비스는 은행으로 쓰던 건물을 멋있게 개조했는데, 벽을 허물어 햇빛과 공기가 들어오게 하고 개방과 초대를 상징하는 예전의 회전문을 그대로 간직하고 있다. 코비스는 400만 개가 넘는 디지털 이미지를 보유하고 있는데, 베트만의 규모보다는 작지만 정리와 통제라는 똑같은 문제를 처리해야 한다. 이미지에 대한 정보뿐 아니라 이미지 모두가 전적으로 디지털화되어 있기 때문에 코비스는 베트만에 있는 관리자들을 구속하는 물리적인 한계들은 무시하고 사진들을 정리한다. 코비스에서는 검색엔진에 ‘군인’이나 ‘남북전쟁’, ‘식사’를 쳐넣거나 카테고리 및 하부 카테고리 목록을 열람함으로써 저녁을 먹고 있는 남북전쟁 참전군인의 디지털 이미지를 찾을 수 있다. 그리고 자신이 필요한 것을 몇 초 내에 찾을 수 있다. 만약 찾지 못한다면, 그것이 코비스 내에는 존재하지 않는다고 확신할 수 있다.

물론 코비스사는 이러한 검색시간을 몇 초 대로 줄이는 데 많은 준비기간이 필요했다. 1명의 풀타임 목록 편집자는 사용자들이 어떻게 검색할 것인지를 예상해가며 코비스가 취득한 각각의 이미지를 분류한다. 새로운 이미지가 들어오면, 목록 편집자들 중의 한 사람은 특별 소프트웨어를 사용하여 이미지의 내용을 가장 잘 설명하는 용어를 찾기 위해 61,000개의 ‘선호되는 용어’를 훑어보는데, 대개는 한 이미지에 10개에서 30개의 용어가 첨부된다. 그 시스템은 (‘해변’에 대한 검색은 ‘바닷가’로 이름 붙여진 이미지들도 보여준다.) 3만 3천여 개의 동의어를 포함하고 있을 뿐 아니라 사람과 영화, 예술작품, 장소 등의 이름이 가진 50만 개 이상의 순열 또한 포함하고 있다. 그 결과, 캐서린 햅번(Katharine Hepburn)의 이름을 'Katerine'이나 'Catherine'으로 잘못 쳤을 경우에도 코비스가 소장한 높은 광대뼈를 가진 영화계의 전설에 관한 이미지들을 모두 찾을 수 있다. 그리고 무아마르 가다피(Muammar Gadhafi)의 경우처럼 철자를 적는 방법이 적어도 17개나 되는 이름인 경우에도 원하는 것을 얻을 수 있다.

베트만이 가진 두 번째 정리 규칙과 코비스의 세 번째 방법의 차이는 두 회사의 모든 부분에 영향을 미친다. 베트만은 결코 완벽히 조사된 적이 없었던 다락방에 비유될 수 있다. 베트만은 자기가 소유하고 있는 사진 모두를 알고 있지 못하다. 어떤 원장이 수천 개의 다른 원장 사이에서 묻혀버릴 수도 있으며, 사람들이 원하는 것을 찾을 수 있도록 사진을 제대로 설명하지 못하는 원장도 있다. 하지만 코비스에서는 모든 이미지가 신중하게 분류되어 있으며, 코비스의 검색엔진을 이용하여 찾을 수 있다.

또한 베트만은 자신이 가진 정보에 인색할 수밖에 없다. 각각의 사진에 너무 많은 카드 목록을 만들면 카드 목록을 넘길 수가 없을 정도로 두꺼워지기 때문이다. 스테이플스사와 마찬가지로 베트만도 물질로 이루어진 세상이 가진 한계에 부딪치고 만다. 정보를 대하는 코비스의 방식은 방탕할 정도로 거리낌이 없다. 비트가 눈에 보이는 물질이 아니라는 점 덕분에 코비스는 자사가 보유한 이미지를 사람들이 찾을 만한 모든 곳에 놔둘 수 있다.

정보에 대한 정보이기 때문에 메타데이터(metadata, 다른 데이터를 설명해주는 데이터-옮긴이)라고 불리는 두 번째 규칙에 의해 정리된 베트만의 정보는 불완전한 동시에 목록과 원장 여기저기에 흩어져 있기 때문에, 훈련받은 소수의 전문가들만이 접근할 수 있다. 반면, 코비스가 소장한 이미지들은 완전히 디지털 목록으로 정리되어 있기 때문에 아무 고객이나 검색할 수 있다.

베트만 저장소에서 사진을 찾는 일은 수작업이 필요하며 느리고 돈이 많이 든다. 반면, 코비스는 모든 이미지로부터 이익을 얻어낼 수 있을 뿐 아니라 소장하고 있는 이미지에 대해 많은 것을 알고 있기 때문에 사용자들이 사진을 검색하는 수고를 덜어준다.

코비스의 디지털이미지는 시간이 지나도 사용할 수 있기 때문에 물리적인 유지비용이 훨씬 적게 든다. 전체적으로 코비스는 이미지 1장당 비용을 덜 쓰면서 더 많은 것을 벌어들일 수 있으며, 더 많은 이미지를 생산적인 자산으로 변화시킬 수 있다.

이러한 정리의 규칙에서 나타나는 차이들은 조명에서까지 나타난다. 베트만의 보관소는 밝게 조명이 켜져 있는데, 그곳의 사진들이 빛이 반사될 때만 보이는 원자로 이루어져 있기 때문이다. 코비스의 목록 편집자들은 약간 어두운 곳에서 일하는데, 모니터상의 디지털이미지가 그 자체로 빛을 내기 때문이다.

그러나 여기에도 뜻밖의 함정은 있다. 아이튠즈 스토어와 마찬가지로 코비스는 세 번째 정리 규칙을 제대로 보여주는, 특별히 훌륭한 본보기가 아니기 때문이다. 코비스가 자기 사업에 맞는 적합한 일을 하고 있긴 하지만, 전문가를 두어 물건들을 폴더로 분류하는 기본적인 두 번째 정리 작업을 여전히 하고 있다. 하지만 그 물건들과 폴더가 전자적으로 존재하는 것이기 때문에 코비스는 낮은 비용을 들여 자산으로부터 더 많은 가치를 얻어낼 수 있는 것이다. 그러나 세 번째 정리방법보다 더 진전된 방법으로 나아갈 수 있는 다른 정리방법들이 있으며, 코비스는 한창 진행 중인 혁명의 맛을 조금 보여준 셈이다. 플리커만 봐도 알 수 있다. 사용자들에 의해 이미 올려진 2억 2천5백만 장의 사진에다 매일 추가되는 백만 장을 가진 플리커는 코비스와 베트만을 왜소하게 만든다. 플리커엔 전문적인 목록 편집자가 없다. 그 일은 사용자들 스스로 아무런 통제나 안내 없이 만드는 분류 표시에 전적으로 의존한다. 그러나 플리커에서는 거의 모든 제목에 관한 사진을 찾을 수 있고, 마음 내키는 대로 제목을 섞거나 매치시킨 주제로 사진을 다시 분류할 수가 있다. 붉은색 광대 코로 꾸민 개의 사진을 찾고 싶은가? 플리커에서는 19장의 사진을 찾을 수 있다. 차량 충돌 기술을 검색하면? 플리커에선 당신의 공부에 도움을 줄 32장의 사진을 찾을 수 있다.

정리에서 나타난 디지털 혁명은 기이한 사진을 찾는 방법이나 자기 회사의 정보자산을 정리하는 방법 그 이상에까지 영향을 미친다. 실제로 기업의 기존 자산을 더욱 수익성 있게 만들고 고객 충성심을 높이고 비용을 크게 낮춰주는 세 번째 정리방법은 정보화시대에 존재하는 트로이 목마라 할 수 있다. 우리 모두가 그 방법에 익숙해지면서, 그 방법은 세상에 대한 사람들의 뿌리 깊은 사고방식과 세상에 대한 지식 중 일부를 서서히 무너뜨리고 있다.

예를 들면, 의료 전문가나 의료 서적과 같이 신중한 여과장치를 통해서만 전해지던 의학 정보가 집안일을 처리하듯 훑어보고 따로 정리하는 과정들을 통해 모든 이에게 이용가능해지고 있다.

이렇게 정보가 뒤죽박죽되는 현상은 정보를 전통적인 정리 카테고리에서 벗어나게 만들 뿐 아니라, 종이 세계에서 출간되면 얻게 되는 암묵적인 권위 또한 없애고 있다. 두 번째 정리 방법은 사물을 쉽게 찾는 일뿐 아니라 권위에 관한 것이기도 하기 때문이다.

모든 산업과 제도는 사물을 정리하는 방법이 종이의 규칙에 의해 심각하게 제한받는다는 사실 위에 세워져 있다. 박물관이나 교육 과정, 신문, 여행업, TV 방영표 모두, 두 번째 정리 체계에는 정보와 아이디어, 지식을 훑어보고 그것들을 말끔하게 정리하는 전문가가 필요하다는 가정 위에 기초를 두고 있다.

그러나 이제 고객, 종업원 등 어느 누구를 막론하고 두 번째 규칙을 무시하고 돌아갈 수 있다. 사람들은 뒤죽박죽된 것들에 직접 부딪칠 수 있다. 그리고 더욱 중요하게는, 사람들이 함께 지금 자신들에게 의미 있는 정리방법뿐 아니라 1분 뒤에 의미가 있을 새로운 정리방법까지 알아낼 수 있다. 또한 자신에게 필요한 것을 더 빨리 찾아낼 수 있다. 사람들이 각자 권위를 차지하겠다고 주장함에 따라, 전통적인 권위는 갈 힘을 잃어가고 있다.

뒤죽박죽된 체계는 비즈니스만 변화시키고 있는 것이 아니다. 그

것은 세상이 어떻게 정리되는지에 대한 사람들의 생각을 바꾸고 있
으며, 무엇보다 '권위' 에 대한 사람들의 생각을 바꾸고 있다.

알파벳순서와 그에 대한 불만

Everything is Miscellaneous

영어 자판에서 'A'를 찾느라 고생한 사람이라면 세계 공통문자를 만들어보고 싶은 충동을 절실히 느꼈을 것이다. 특히나 기업과 기업의 컴퓨터 시스템이 글로벌화하면서, 서로 다른 문자를 쓴다는 것은 다른 달력을 쓰는 것과 마찬가지로 큰 의미를 갖는 듯 보인다. 실제로 세계 공통문자는 너무나도 훌륭한 아이디어라 거의 한 세대마다 나타났다. 전보 덕분에 지구의 네 모퉁이가 모두 연결되면서 거리가 아니라 언어만이 방해물로 남게 되자, 이 아이디어는 특히 인기를 끌게 되었다.

1879년 독일의 목사 요한 마르틴 슐레이어(Johann Martin Schleyer)는 공통문자와 볼라퓌크(Volapuk)라는 공통언어를 만들어냈다. 이 문자는 초기에는 성공을 거두었지만 이후 국내의 사소한 정치적 갈

등 속에서 서서히 사라져갔다. 물론 주기도문의 '하늘에 계신 우리 아버지'를 볼라퓌크어로 번역하면 '오 뚱뚱한 왕들(O Fat obas)'이 된다거나 이 언어의 이름에 퓌크(puk)가 들어간다는 점은 도움이 되지 않았다. 볼라퓌크가 실패한 뒤 여러 번의 시도가 더 있었는데 1888년과 1901년, 1911년에 세계 공통문자를 만들자는 법안이 미 의회에 제출되기도 했다.

이후 1918년, 무명의 기인 찰스 루시(Charles Luthy)는 자신이 문제점을 파악해냈다고 선언했다. 앞서의 시도들은 마구잡이로 문자를 만들어낸 다음, 모든 사람들에게 동의해달라고 청한 것이었고, 그것이 엄청난 실수였다고 루시는 주장했다. 그는 20년에 걸친 노력의 결과를 자신의 책 제목에 다음과 같이 공개했다.

세계 공통문자

자연적으로 발전하게 된 요인들이 논리적으로 만들어낸 문자. 이 문자는 인간의 언어음성에 대한 정확한 분석과 로마문자(언제나 통용되어야 할 문자)에 대한 정확한 분석, 영어가 만국어가 되고 있는 명백한 추세, 그리고 가장 읽기 쉬운 형태로 후세에 전해질 영문학에 기초하고 있다. 이 문자는 43개의 서로 다른 언어음성 각자의 적절한 문자를 포함하고 있기 때문에, 모든 국가가 사용할 수 있도록 응용될 수 있으며 모든 언어에서 완벽한 철자를 만들어줄 것이다.

영어 알파벳에 기이한 문자를 추가하여 만든 이 세계 공통문자는 루시에겐 단순히 편리한 발명품이 아니었다. 그의 표현에 따르면, 이 세계 공통의 문자는 사물의 본질 자체에 존재하는 것이다. 그는 유클리드의 법칙만큼 불변의 원칙 위에 만들어졌다고 믿는 로마문자를 토대로 문자를 만들었다. 실제로 7년 동안 필사를 연구한 그는 로마글자가 자연스러우며 가장 적합하고 유일하게 올바른 문자이기 때문에 다른 모든 문자 체계가 로마글자에 항복해야 한다는 결론을 얻었다. 모두들 시저의 문자를 축하해야 할 듯싶다.

루시가 로마문자의 순서가 자연스럽다고 생각한 것은 아니었다. 그는 자신의 저서에서 마지 못해 기본적인 영어의 알파벳 순이 지켜질 것이라고 했다. 그가 새로이 제안한 문자들은 로마문자가 변형된 문자 뒤에 따라 붙는 것인데, 몇 가지 예외가 설명 없이 나타난다.(ō ā(u)는 문자 o에 의해 대표되는 듯 위치하고 있지만 문자 u에 의해 대표된다.) 따라서 로마문자에 합리성을 안겨주며 가장 극단적인 지지를 보여준 루시조차도 이 문자의 순서를 자의적인 순서의 전형으로 인식했던 것이 분명하며, 각각의 문자들 사이의 실제 관계에 대해서는 아무것도 알 수가 없다. 사실은 그러한 자의적인 모습이 바로 이 문자가 가진 장점이다. 수학여행을 가서 이름이 A에서 M으로 시작되는 학생들은 1번 버스에 타라는 얘기를 들으면 어느 누구도 화를 내지 않지만, 학생들이 인종이나 용모, 부모의 수입에 따라 구분되었다면 신문 1면을 장식할 것은 당연하다.

알파벳순이 부자연스럽고 자의적이란 이유 때문에 일반에게 인정되기까지는 오랜 시간이 걸렸다. 알파벳순을 다룬 최초의 역사가 로이드 W. 댈리(Lloyd W. Daly)는 그리스의 섬, 코스(Kos)에서 기원전 3세기경의 것으로 추정되는 비문을 하나 발견했다. 여기에는 아폴로와 헤라클레스 예식에 참가한 150명의 이름들이 알파벳순에 따라 세 개의 명단으로 구분되어 있다. 그러나 이후 알파벳순이 자리를 잡지는 못했던 것으로 보인다. 로마인들은 Z자리에 새로운 문자 G를 넣었다가 다시 Z를 맨 뒤로 보내는 등 자신들의 문자를 진지하게 생각했지만, 물건을 분류하는 데 있어 알파벳순을 이용하는 그리스인들을 따라하지는 않았다.

로마문화 이후 서양 세계에서는 지속적으로 이에 대한 연구가 이루어졌고, 긴 목록들은 단순히 첫 번째 글자만으로는 분류될 수 없다는 점이 알려지게 되었다. 댈리는 같은 글자로 시작되는 단어들을 가리지 않고 묶는 수준을 넘은 알파벳순 정리의 첫 번째 사례로 1세기 갈레노스의 저서를 지적한다. 댈리가 찾은 다음의 참고문헌은 9세기의 것으로, 콘스탄티노플의 성 포티우스(Potius)가 단순히 첫 글자에 따라 알파벳순으로 정리한 5세기의 한 문법학자를 비난한 구절이 포함되어 있다. 그리고 1053년에 발표된 책에는 알파벳순에 의한 정리가 어떻게 이루어지는지 꼼꼼히 설명되어 있는데, 책은 이러한 방법이 흔하게 이용되지 않는다는 점 또한 밝히고 있다. 1286년, 지오반니 디 제노아(Giovanni di Genoa)가 라틴어로 쓴 논문, 《카톨리콘(Catholicon)》은 많은 사례와 함께 400여 개의 단어로 알파벳순에 의한 정리 과정을 꽤나 정확히 설명하고 있는데, 책의 마지막 부분에서 저자는 진지하게 다음과 같이 말했다. "이제 나는 엄청난 노력과 열정을 들여 이 체제를 고안해내었다. 그러나 그것은 내가 한 일이 아니라 나와 함께한 하느님의 은총 덕분이었다. 따라서 나는 훌륭한 독자들에게 이 엄청난 정신노동과 하느님의 질서를 하잘 것 없는 것으로 경멸하지 말아달라고 부탁하는 바다." 그러나 17세기에 들어서도 로버트 코드레이(Robert Cawdrey)라는 사람은 자신의 사전에 알파벳순에 의한 정리가 어떻게 이루어지는지 다시 설명을 붙여놓았다. "만약 당신이 찾으려고 하는 단어가 (a)로 시작한다면, 이 목록의 처음 부분에서 찾아야 하지만, (v)로 시작하는 단어라면 끝 부분에서 찾아야 한다. 또한 당신이 찾으려는 단어가 (ca)로 시작한다면, (c)의 처음에서 찾아야 하지만, (cu)로 시작한다면, 그 문자의 끝 부분에서 찾아야 한다." 그것이 다루기 힘든 개념이었던 모양이다.

단순히 개념적으로 혼란스럽기 때문에 알파벳순에 의한 정리가 정착하기 힘들었던 것은 아니었다. 공간과 시간, 원자의 공모(共謀)로 인해 아직 완전하지 않은 정보를 알파벳순으로 정리하는 일이 어려웠기 때문이다. 댈리가 찾은 최초의 알파벳순 목록인 코스 섬의 비문에는 나중에 이름들을 새겨놓을 수 있도록 남겨둔 공간이 포함되어 있다. 기원전 1세기에 이집트에서 파피루스 세금 명부를 편찬하던 성직자들은 각 사람에 대해 얼마만큼의 공간을 남겨두어야 하는지 미루어 생각해야 했는데, 그 결과 어떤 페이지엔 인원이 넘쳐나고 어떤 페이지엔 여백이 많이 남는 사태가 발생했다. 1700년 이후, 프랑스의 위대한 《백과사전(Encyclopedie)》의 편집자들은 알파벳순에 의해 겹치는 부분이 발생한다는 점과 물리적인 문제에 의해 또 다른 한계에 부딪쳤다. 편집자들이 27년(1751년~1778년)에 걸쳐 알파벳순으로 책을 펴냈기 때문에, 그들은 처음부터 미리 제목뿐 아니라 전후 참조(cross reference)까지 모두 계획해야 했다. 따라서 육식동물에 관한 글에 '다른 부분 참조(See also)' 표시가 없다면, 그들은 상어에 대한 최근의 내용을 추가하려 하지 않았다.

이러한 문제들은 항목마다 필요한 대로 섞고 뗄 수 있는 종이를 준비하면 사라진다. 오늘날에는 동네 문구점에 가면 필요한 메모지를 쉽게 살 수 있지만, 종이가 상대적으로 비쌌던 15세기 전까지는 그러한 부전지(附箋紙, slip)를 쓴다는 것은 값비싼 양피지를 함부로 쓴다는 얘기였다. 댈리의 지적대로, 중세 내내 그리스어나 라틴어에는 '부전지'라는 말조차 없었다.

그러나 지금 종이가 싸다고 해서 그 오래된 문제가 완전히 사라진 것은 아니다. 'AAAAA 견인 서비스'가 아놀드, 앨런, 아서, 애쉬톤, 알폰소라는 이름을 가진 다섯 명의 남자들에 의해 설립될 가능성은 희박하다. 회사를 가진 사람들이 그 수법이 통하기 때문에 전화번호부의 맨 위를 차지하기 위해 그런 이름을 만든다는 사실은 모두들 알고 있다. 딱히 어떤 회사를 선호할 이유가 없다면, 상당수의 사람들은 전화번호부의 맨 위에 올라 있는 곳에 전화를 하게 된다. 비록 그 회사의 이름이 맨 처음 오른 이유가 알파벳순의 체계를 이용하는 법을 알고 있기 때문인데도 그러하다. 종이가 갖는 결함으로 인해 전화번호부는 정보를 정리하는 한 가지 방법만을 제공할 수밖에 없으며, 전화번호부의 공간이 거의 없기 때문에 기업들 역시 이러한 게임을 할 수밖에 없다. 만약 의지할 것이 오직 회사의 이름인 경우, 선전용 광고를 통한 정보로 보이더라도 이럴 경우엔 당연히 처음 오른 이름을 선택하게 된다. 더 빠른 서비스나 잘 훈련된 종업원, 낮은 가격, 여러 세대에 걸쳐 지역 사회에서 쌓은 좋은 평판과 같이 진정한 경쟁우위를 확보하기 위해 열심히 일한 기업들의 경우, 이름에 A를 다섯 개나 넣은 사람들에 의해 선수를 뺏기는 상황은 종이가 갖는 한계와 알파벳순이 갖는 변덕스러움이 만든 잔인한 장난이다.

자연스런 순서

2001년 아흔아홉의 나이로 세상을 떠난 모티머 애들러(Mortimer Adler)는 미국에서 가장 저명한 대중지식인 중의 한 사람이었다. 1950년대에 그는 ‘서양의 위대한 책(Great Books of the Western World)’ 시리즈를 만들었고, 1980년대에는《브리태니커백과사전》의 제목별 색인을 고안해내었다. 자신의 지적인 성공과정을 돌아보던 그가 자신을 괴롭혔다고 지적한 한 가지 적은 바로 알파벳순이었다.

애들러만이 알파벳순에 의한 분류작업에 불신을 가진 것은 아니었다. 애들러는 이러한 현상을 ‘자모주의(alphabetiasis)’ 라고까지 불렀는데, 프랑스의《백과사전》이 알파벳순으로 정리되었다는 사실에 당대의 신학자들은 그것이 신의 질서를 천하게 만들었다며 크게 비난을 퍼부었다. 사실 신학자들은 옳았다. 백과사전의 편집자들은 이 《백과사전》이 주제별로 정리되었다면, 그들이 신학에 대해 갖고 있던 멸시감이 그 위치로 인해 명백해질 거라는 점을 알고 있었다. 다음 세기에 시인인 사무엘 테일러 콜리지(Samuel Taylor Coleridge)는 다음과 같이 썼다.

그건 그렇고, 백과사전이라는 말이 어찌나 기이한 모욕을 당했던 지! 첫 번째 글자라는 우연에 의해 결정된 배열로 아무런 관련도 없는 잡다한 것들을 모아놓은 것을 백과사전이라고 부른다는 것은 당신네 장로교의 책 만드는 사람들이 가진 뻔뻔스런 무식함을 보 여주는 것이다. 굿 나잇!

콜리지는 《메트로폴리타나백과사전(Encyclopedia Metropolitana)》을 만들기 위해 계획을 세웠는데, 알파벳순의 배열을 피하고 주제를 크게 순수과학, 응용과학, 역사, 지리 및 인물, 잡기(雜記) 등 다섯 가지로 정했다. 하지만 그는 그 백과사전을 완성하지는 못했다.

그러나 모티머 제롬 애들러만큼 진심으로 알파벳순 배열에 맞서 싸우는 데 온 생애를 바친 사람은 거의 없었다. 이민 온 보석 판매상 의 아들로 태어난 애들러는 14살에 학교를 중퇴하고 〈뉴욕 선(New York Sun)〉지에서 일했다. 그는 컬럼비아대학에서 야간 강의를 듣 다가 플라톤에 심취하게 되어 철학과에 등록했다. 공부에 너무 빠진 나머지 체육 수업을 잊어버린 그는 대학을 졸업하지 못했다. 그럼에도 불구하고 컬럼비아대학은 그를 강사로 채용했고, 몇 년 뒤 그에게 학위를 수여했다. 거기서 장학 프로그램에 참가하게 된 그는 자신이 애착을 갖고 있던 고전을 집중적으로 다루는 강의를 듣게 되었다. 그는 철학연구회(Institute for Philosophical Research)와 애스펜 학회(Aspen Institute)를 설립하고, 포드 재단(Ford Foundation)과 《브리태니커백과사전》의 위원회에서 활동하며, 평생 대중을 상대로 고전에 대한 사랑을 불어넣고자 애썼다. 그는 살면서 한 권도 아닌 두 권의 자서전을 펴낸 사람이었다.

애들러는 세 가지 주요 작품으로 후대에 알려져 있다. 그 가운데 하나가 바로 《파이데이아 제안(Paideia Program)》이다. 이는 이상적인 교육 선언을 시도했던 책이며, 나머지 두 작품은 지식을 알파벳순이 아닌 방법으로 배열하는 방법을 다루었다.

1952년, 《브리태니커백과사전》의 모기업은 '서양의 위대한 책' 시리즈를 출간했는데, 이는 서양 역사상 위대한 책들로 꼽히는 443권을 연대순으로 54권에 정리한 것이다. 처음 두 권은 애들러의 거대한 야심작인 《신토피콘(Syntopicon)》을 다루었는데, 여기에는 102개의 근본적 개념(Great Ideas)과 함께 용어집(Inventory of Terms)이 수록되어 있다. 드와이트 맥도날드(Dwight Macdonald)는 1952년 통렬한 서평에서 '1690개의 개념들이 훌륭하긴 하지만, 근본적이라고 할 수는 없다'고 설명한 바 있다. 맥도날드는 다음과 같이 지적했다. "그는 분류하려는 마음은 갖고 있지만, 이는 자연사를 쓰거나 우표를 수집할 때에는 더 없이 소중하다.”《신토피콘》에는 브리태니커사가 ‘서양의 위대한 책’ 시리즈에 쓴 2백만 달러의 절반이 들어갔으며, 애들러와 그의 팀이 그 총서를 제작하는 데 든 8년 중 절반 이상이 소요되었다.

애들러는 《브리태니커백과사전》의 편집위원회에 들어가서도 알파벳순에 대한 반감을 감추지 않았다. 그는 1949년에서 1974년 사이에 편집위원회 회의에서 논의된 가장 끈덕지고 성가신 문제는 바로 다음 개정판에서 알파벳순에 따라 정리할 것인지 아니면 주제별로 정리할 것인지 선택하는 것이었다고 말했다.(이 문제가 어떤 특정 위원이 끈덕지고 성가셨기 때문에 생겼다고 생각할 수도 있다.) 마침내 편집위원회 위원장인 윌리엄 벤튼(William Benton) 상원위원이 그 문제를 해결했다. 그는 주제별로 정리한 백과사전들 가운데 성공을 거둔 것이 하나도 없기 때문에, 《브리태니커백과사전》은 알파벳순에 의한 방법을 고수할 것이라는 결론을 내렸다. 애들러는 끝까지 포기하지 않았지만, 편집위원장이 된 이후에도 그 생각을 통과시키지는 못했다. 결국 브리태니커사 측은 주제별로 책을 편찬하려는 그의 계획안에 자금을 대주기로 동의했는데, 8년 뒤인 1974년 애들러의 지식의 개요(Outline of Knowledge)였던 《프로피디아(Propaedia)》가 186개의 단락이 10개의 주제로 분류된 형태를 갖추어,《브리태니커백과사전》15판의 일부로 출간되었다. 그는 이렇게 말했다. “이 책 전부는 주의 깊게 읽혀질 만한 가치가 있다.” 하지만 책이 너무나 길고 딱딱한 관계로 그렇게 하기가 무척 힘든 건

사실이다.

애들러는 우리가 배워야 할 사물의 본질에서 내적 연관성을 찾을 수 있어야 한다는 확신을 갖고 있었기 때문에, 결연한 의지로써 알파벳순에 대항하여 싸웠다. 그는《학습 안내서: 지식에 대한 평생의 추구(A Guidebook to Learning: For a Lifelong Pursuit of Wisdom)》에서 '온전히 알파벳순에만 의지하는 것은 지적인 태만'이며, '지적인 책임회피' 또는 '지적 결함'이라고 지적했다. 어찌나 강조를 했던지 두 페이지에 걸쳐 이 표현들이 모두 들어 있다. 애들러는 이성적인 사람들 사이에선 얼마나 정확하게 개념들이 연결되는지에 대해 의견이 다를 수도 있다는 점을 이해했고, 그래서 자신의《프로피디아》가 우리 시대의 지적인 이설(異說)을 대표한다며 소리쳤지만, 그 결과로 그는 자신이 분류한 10개의 거대한 주제들을 서로의 우위를 가늠하여 순위를 매기기보다는 하나의 원으로 배열해야 한다는 점을 인정했을 뿐이었다. 독자들은 다시 카드를 섞어야 했지만, 모티머 애들러는 자신이 다룬 카드들이 개념에 대한 기본적인 분류를 반영했다고 확신했다.

물론 가장 우스운 상황은 애들러의 계획이 이미 절망적일 정도로 시대에 뒤떨어지게 느껴진다는 점이었다. '서양의 위대한 책' 시리즈로부터 102개의 근본 개념, 그리고 주제를 구분하고 연결시킨《프로피디아》의 자신만만한 방식에 이르기까지, 이 모든 것이 분명한 사람의 지식을 바라보는 시각에 뿌리를 두고 있는 듯 보인다. 허나 애들러 자신은 아무런 후회도 하지 않았다. 말년에 그는 자신이

'서양의 위대한 책'에서 바꿀 것은 고작 세 가지에 불과하다며, 아폴로니우스(Apollonius)의 《원뿔곡선론(Conics)》과 필딩(Fielding)의 《톰 존스(Tom Jones)》를 추가하고 《캉디드(Candide)》를 빼고 싶다고 말했다. 그는 변경할 게 3퍼센트도 안 된다며 아주 자랑스럽게 말했다. 하지만 오늘날 흑인 작가는 한 명도 포함시키지 않고 서양의 위대한 책 명단을 발표할 수 있을까? 앙리 베르그송(Henri Bergson)의 작품이 플라톤과 비트겐슈타인(Wittgenstein)의 작품 옆에 존재할 만한가? 멜빌(Melville)은 되고 호손(Hawthorne)은 안 되는 이유는 무엇인가? 발자크(Balzac)는 포함되고 플로베르(Flaubert)는 빠진 이유는 무엇인가? 포크너(Faulkner)의 작품이 《에밀리를 위한 장미(A Rose for Emily)》뿐인가? 제인 오스틴(Jane Austin)과 버지니아 울프(Virginia Woolf), 윌라 캐더(Willa Cather), 조지 엘리어트(George Eliot)만이 대표적인 여성작가인가? 책의 배열만 봐도 독자들은 누군가가 그저 듣기만하라며 일방적으로 강의를 하고 있다는 점을 알 수 있다. 그리고 그 책은 너무나도 얇은 종이 위에 인쇄되어서, 여백이 있다 해도, 반대 페이지에 필기한 내용이 모두 보일 정도였다. 애들러의 위대한 작품 선집은 우리를 게으름뱅이처럼 취급했다.

애들러가 선정한 작품들은 알파벳순이 갖는 불길한 중립성보다는 그 작품들이 서로 관련되는 방법에 대한 그의 결정을 근거로 개념들을 접착시켰다. 접착제를 사용하지 않고는 책을 펴낼 수 없는데, 책의 페이지들은 하나의 순서에 의해서만 붙여져야 한다. 따라서 모티머 애들러와 같은 사람들은 하나의 규칙을 제안해야만 하며, 그 임무와 규율은 종이가 가진 물리적인 한계에 의해 부과된다.

하지만 세 번째 정리의 규칙에서는 개념들이 흩어져 있다. 위대한 책들을 정리한 애들러의 학문적인 방법이 가치를 가지긴 하지만, 이것저것 둘러볼 심산으로 서점을 찾는 평범한 사람들처럼 다른 학자들 역시 다른 방법으로 책들을 분류할 것이다. 디지털 세계에서는 모든 분류가 잠정적이다. 《브리태니커백과사전》 편찬그룹의 회장, 조셉 J. 에스포지토(Joseph J. Esposito)는 1993년에 이렇게 말했다. "우리는 연표나 알파벳순을 경멸하지 않는다. 하지만 이 방식이 명확하거나 자연스럽게 보이지는 않는다." 대신 그는 《브리태니커백과사전》이 전자적으로 정정되고 정리될 수 있는 작은 단위의 정보로 이루어져 있다는 점에서 더욱더 '원자'처럼 되어가고 있다고 말했다. 그리고 이렇게 덧붙였다. "우리는 그것이 지식 그 자체에 대해 무엇을 말하고 있는지 궁금하다." 이는 정확한 지적이다. 알파벳순이 충분히 자의적이라고는 할 수 없는데, 그것이 단순히 'AAAAA 견인 서비스'가 가장 전화를 많이 받고 지위츠(Zywitz)라는 이름을 가진 아이들이 과자를 가장 늦게 받는다는 걸 의미해서가 아니다. 알파벳순을 벗어난 곳은 순전히 뒤죽박죽되어 있다. 모든 개념들은 검색이 가능하며, 개념들은 각자의 특별한 니즈와 사고방식에 관련된 《프로피디아》와 《신토피콘》과 같은 책으로 그 즉시 헤쳐 모인다. 이것이 디지털 규칙이 만들어내고 있는 세계다.

자연의 접합점

알파벳순에 반대하는 학자들에겐 긴 계보가 있다. 플라톤은《파에드루스(Phaedrus)》에서 자연과의 '접합점'을 갖고 있는 현실에 대해 이야기하면서 '세상을 아는 것은 동물을 도살하는 것'이라고 비유했다. 능숙한 사상가는 칠면조에서 능숙하게 다리를 도려내는 사람처럼 관절이 어딘지 알아야 한다는 것이다. 알파벳순과 같은 자의적인 정리방법은 접합점을 무시함으로써 효능을 발생시킨다. 그러나 우리가 동물들을 종으로, 종을 품종으로, 동물들을 성별로, 천체를 행성으로, 원자를 원소로 분류하는 것은 자연에 존재하는 실제 접합점을 반영하는 것이다. 그렇지 않은가?

이는 대답이 뻔한 쓸모없는 질문이 아니다. 철학자 이안 해킹(Ian Hacking)은《무엇이 사회적으로 구성되었는가?The Social Construction of What?》에서 지난 40년간 자연과 지식, 질병, 성별, 사실, 감정, 쿼크, 심지어는 현실까지도 칠면조를 도려내는 자의적인 방식으로 꾸며낸 것이라고 주장하는 책이나 논문들이 폭발적으로 쏟아져 나왔다고 지적한다. 해킹은 저자들이 싸움을 걸기 위해 '사회적 구성'이라는 표현을 사용한다고 말한다. 따귀 한 대를 갈기며 그들이 걸고넘어지는 문제는 바로 세상이 현재 엘리트층의 권력을 유지하기 위해 그어진 일련의 선들에 불과하다는 점이다.

사회 구성주의자들의 말에도 일리는 있다. 선을 그어 구별하는 방법은 누가 권력을 갖고 누가 갖지 않는지에 극적인 영향을 미칠 수 있다. 남아공의 아파르트헤이트 정책이 끝나기 전인 1990년대 초반에 모든 유색인이 늘 지니고 다녀야 하는 50페이지의 신분증은 3천 페이지에 달하는 인종법에 구체적으로 밝혀진 대로 그들이 어디를 갈 수 있는지, 무엇을 배울 수 있는지, 누구에게 입을 맞추어도 되는지를 결정했다. 그 구분은 복잡했는데 네 가지 인종범주(유럽인, 아시아인, 혼혈, 반투인)에 속하는 다양한 하위그룹들을 모두 망라했으며, 빗으로 머리를 빗어 쉽게 내려가는지 알아보는 것처럼 '엄격한' 테스트를 포함하고 있었다. 한 가지 유명한 사례를 들자면, 재즈 음악가인 빅 윌킨슨(Vic Wilkinson)은 그의 나이 오십이 되기 전에 다섯 번이나 재분류되는 상황을 겪었는데, 매번 심각한 영향을 받았다고 한다. 한 번은 아내와 아이들과 강제로 떨어져야 했던 적도 있었다.

그러나 자의적으로 구분을 짓는 권한은 전적으로 국가들만 가지는 것이 아니었다. 1972년, 밴더빌트 의대(Vanderbilt University)를 나온 정신과의사 존 E. 프라이어 박사(Dr. John E. Fryer)는 닉슨 가면과 가발에 몇 치수 큰 사이즈의 옷을 입고 변장한 뒤, '무명의 동성애 정신과의사(Dr. H. Anonymous of the GayPA)' 라는 이름으로 목소리가 변조되는 마이크를 들고 미국 정신과협회(American Psychiatric Association, APA)에서 연설을 했다. 동성애는 의사들의 바이블에 해당되는 《정신장애 진단 및 통계 편람(Diagnostic and Statistical Manual of Mental Disorders, DSM)》에 따르면, '정신장애' 였다. 프라이어는 정신장애를 가진 사람은 정신과의사가 될 수 없기 때문에 자신의 정체를 숨겨야 했었다.

《DSM》은 정신병이라는 복잡한 분야에 질서를 가져다줄 뿐 아니라 정신과의사들이 보험회사에 질병을 확인해줄 때 필요한 코드 번호 또한 제공해준다. 만약 그 증후군이 《DSM》에 들어 있지 않으면, 보험사로부터 어떠한 배상도 받지 못하게 된다. 1952년에 처음 출간된 초판에는 겨우 60개 정도의 장애들이 수록되어 있었는데, 동성애는 '사회병질적 성격장애(sociopathic personality disturbance)'로 분류되어 있었다. 1968년에 발표된 제 2판에서 동성애는 처음으로 '장애302, 성도착증(Sexual Deviations)'으로 기재되었다. 동성애 문제는 미국정신과협회가 1972년 회의에서 공개토론회를 할 정도로 논쟁거리가 되었다. 이 공개토론회에서 41세의 동성애 활동가, 로널드 골드(Ronald Gold)는 '그만해. 당신들 때문에 메스꺼워!'라는 제목의 연설을 했다. 골드는 십대 때 그를 치료한다며 펜토탈(sodium pentothal)을 주사한 정신과의사들의 이야기를 꺼내면서 자신이 지금까지 겪어온 소름끼쳤던 경험들을 설명했다. 그 연설 덕분에 그는 《DSM》을 유지하고 건사하는 일을 맡은 미국정신과협회의 학명위원회(APA's Committee on Nomenclature)의장과 감동적인 만남을 가질 수 있었다. 의장은 그날 밤, 1년 뒤 공식적으로 동성애를 정신병 목록에서 제외시키겠다는 결심을 하게 되었다. 이제 동성애는 비사회적 정신병으로 분류되는 질병이 아니라 어떤 사람이 자신의 성별에 불행해할 때만 문제로 간주되었다. 《DSM》의 최신판에서는 동성애에 대한 내용이 전혀 없다. 미국정신과협회는 분류 감독권에 의해 부여받은 권한으로 동성애를 치료해야 할 질병으로 취급하는 행위를 비도덕적인 것으로 간주하고 있다.

사람들이 자의적으로 구분을 짓고, 그 구분이 실질적인 영향력을 가지며, 엘리트들이 자의적인 구분을 이용하여 권력을 유지하려고 한다는 점을 고려하면 사회 구성주의는 옳은 얘기다. 하지만 사회 구성주의가 그것이 적용된다고 하는 모든 부분에 걸쳐 천 년 동안 벌어졌던 논쟁에 심오한 문제를 제기한다는 것은 정확하지 않다. 서양사는 세상에 접합점이 있을 뿐 아니라 지식이 존재한다면 인간은 그것들을 분간할 수 있어야 한다는 고대 그리스 시대의 믿음으로 시작되었다. 지식은 개념의 접합점이 자연의 접합점과 똑같을 때 발생한다. 더 나아가 정돈은 아름다움이며, 따라서 지식과 지식이 있는 인간 역시 아름다워야 한다고 그리스인들은 생각했다. 개념의 이러한 결합이 서양 과학, 교육, 예술, 정치를 형성했다. 그리고 그것은 직접적으로 역사상 가장 눈에 띄는 개념 중의 하나를 발생시켰다.

하늘의 질서

피타고라스가 처음으로 천체의 조화라는 개념을 제안하고 2천 년이 지난 뒤, 존 밀턴(John Milton)은 다음과 같이 그에 대한 존경심을 표했다.

우리의 마음이 피타고라스만큼 순수하고 깨끗하다면, 우리의 귀에는 회전하는 별들이 들려주는 아름다운 음악이 울려 퍼질 것이며, 그 음악으로 가득 찰 것이다. 그러면 실제로 모든 것이 황금의 시대로 돌아가는 듯 보일 것이며, 우리는 고통을 면제받게 되고 신들마저 부러워할 평화의 축복을 즐기게 될 것이다.

그리스인들은 우주가 완전히 질서가 잡히고 정리되어 있다고 생각했다. 우주를 뜻하는 코스모스(cosmos)라는 말은 '모든 것'과 '아름다움' 모두를 뜻한다. 따라서 피타고라스는 행성간의 거리가 우주의 질서와 조화를 반영해야 한다고 생각했는데, 그 조화는 수학에 근거한 것이었다. 현을 2:1과 3:2, 4:3, 또는 5:4로 나눈 다음 튕겨보면, 아름다운 소리를 들을 수 있다. 따라서 피타고라스는 천체의 구형들이 이러한 비율에 들어맞아야 한다고 생각했다. 천체들은 움직이기 때문에 회전하면서 소리를 내는 게 분명한데, 그 소리는 가락이 맞고 아름다운 것이 분명했다. 우리가 그 소리를 알지 못하는 것은 태어나면서부터 그 소리를 계속 들어왔기 때문이다. 그것은 배경 '소음'이 되었던 것이다. 따라서 그리스인들은 인간이 모두 듣지 못하는 아름다운 소리 속에서 사는 게 분명하다고 추론했다.

뒤이어 나타난 기독교는 거기에 기독교 특유의 정보를 추가했다. 하느님은 완벽하기 때문에, 하느님이 우주를 배열했을 때 우주에 구멍을 하나도 남기지 않았다. 만약 하느님이 그랬다면, 그 구멍을 메울 더욱 완벽한 하느님을 상상하는 것이 가능할 터였다. 그 결과 거대한 존재의 연쇄 고리(Great Chain of Being)가 탄생했는데, 이는 우주의 사물들이 완벽히 정돈된 사다리를 형성한다는 개념으로서 하느님에서 천사, 인간, 포유동물, 새, 곤충, 조개, 식물, 광물, 완벽한 무(無)에 이르기까지, 하나도 빠진 단계가 없었다. 각각, 그리고 모든 것에 자기 자리가 있는데 순수한 물질과는 대조적으로, 얼마나 많이 영혼을 포함하고 있는지에 따라 자리가 정해졌다.

수세기 동안 지식의 추구에는 상세한 사항들을 이해하는 작업이 필요했다. 토끼는 물고기 앞이고 금이 납 앞에 있었을 뿐 아니라, 지주들은 상인보다 위였다. 무엇보다도 완벽의 개념이 그 연쇄 고리를 움직였다. 완벽한 세상에서 어떤 피조물이 멸종하게 되면, 그 고리에는 불안전한 간격이 생기게 된다. 따라서 피조물들은 멸종될 수 없으며, 변화가 발생할 수 없는 것이다.

천체와 존재의 연쇄 고리가 갖는 조화가 인기를 잃었음에도 불구하고 우리는 여전히 발견이 안 된 자연의 질서가 있다고 믿고 있다. 현실세계는 알파벳순처럼 자의적으로 배열되어 있지 않으며, 어떠한 학자의 별난 생각을 기초로 존재하는 것도 아니다. 과학은 오직 자연의 접합점을 찾는 것이기 때문에, 어느 누구도 행성의 순서를 놓고 말다툼을 벌이지 않았다.

아니, 2006년 여름까지는 그런 것처럼 보였다. 그해 여름, 어린 학생들조차 공공연히 알고 있는 것이 갑자기 허물어진 듯 보였다. 그 논쟁은 여러 해 전부터 진행되고 있었다. 아이들이 계속해서 태양으로부터 가까운 순서대로 아홉 개의 행성 이름을 외우느라 '수 금지화목토천해명'을 배우고 있을 때조차도, 천문학자들은 어떤 물체가 행성인지에 대해서뿐만 아니라 행성이 무엇을 의미하는지에 대해서까지 논쟁을 벌이고 있었다. 그 논쟁은 캘리포니아 공과대학의 과학자 마이클 브라운(Michael Brown)이 카이퍼 띠에서 어떤 물체를 확인하면서 더욱 뜨거워졌다. 카이퍼 띠는 해왕성 바깥에 얼음으로 된 천체들의 집합체로서 직경이 최소한 1.6킬로미터인 물체가 100억 개나 밀집되어 있다. 브라운이 미 TV 드라마에 나오는 여전사 공주, 제나(Xena)의 이름을 따라 붙인 이 특별한 물체는 2003년에 처음으로 사진이 찍혔는데, 너무 멀리 떨어져 있어서 1년 뒤에 데이터가 다시 분석될 때까지 그 움직임이 감지되지 못했다. 참고로 그것은 명왕성에서도 16억 킬로미터 떨어져 있는데, 이는 태양과 명왕성 간의 거리의 3배다. 브라운은 얼마나 많은 빛이 그 얼어붙은 메탄 표면에 반사되는지 측정하여 그것의 크기를 추정할 수 있었다. 그것은 지구의 4분의 1크기이며 명왕성의 1.5배 정도가 되는 듯 보였다. 브라운은 그것이 명왕성보다 크고 태양을 돈다면, 행성으로 간주되어야 한다고 생각했다.

아마도 그 논쟁은 〈뉴욕타임즈〉가 사설에 그 주제를 다룰 정도로 뜨거워졌던 모양이다.

캘리포니아 공과대학의 천문학자 마이클 브라운은 작년에 그의 팀이 명왕성의 4분의 3크기로 태양을 도는 물체를 발견했다고 발표하면서, 그것을 행성으로 불러야 하며 동시에 명왕성이 행성으로 간주되어서는 안 된다고 주장하였다.

이제 브라운 박사는 명왕성보다 더 크고 더 멀리 떨어진, 태양을 도는 무언가를 발견했다. 그는 마음을 바꾸어 명왕성이 그 자격을 유지하고, 얼음과 운석으로 이루어진 엄청나게 큰 덩어리인 이 새로운 물체 역시 행성으로 간주되어야 한다고 제안했다. 그러한 판단에 대한 어떤 과학적인 이론적 근거가 없다는 점을 그도 인정하지만, 이는 명왕성을 행성이라고 부른 75년간의 습관이 어떠한 과학적 정의보다도 우선함을 알려주는 사례다.

〈뉴욕타임즈〉는 다음과 같이 결론을 내렸다. "우리는 명왕성을 행성의 지위에서 제외시킴으로써 더 명확한 입장을 취하길 선호한다." 이유는? "과학자들이 명왕성보다 더 큰 얼음으로 된 천체들을 더 많이 발견할 것이 자명하다면, 20개 이상의 행성의 이름을 외우길 바라는 사람은 거의 없다고 보는 것이 안전하기 때문이다." 우리 아이들 생각도 좀 해줘야 하니 말이다.

행성이 행성의 지위를 박탈당한 경우는 처음이 아닐 것이다. 1766년, 독일의 과학자 요한 다니엘 티티우스(Johann Daniel Titius)는 당시에 알려진 여섯 개의 행성들 각각이 태양으로부터 떨어진 거리에는 수학적인 관계가 있다는 점을 알아차렸다. 사실 이것은 천체의 조화를 연상시키는 부분인데, 태양을 0으로 하고 첫 번째 행성을 3으로 삼은 다음 그 숫자에 2를 곱하고 4를 더하면 행성 간의 거리의 비율을 나타내는 일련의 숫자들을 알 수 있다. 1772년, 천문학자인

요한 엘레르트 보데(Johann Elert Bode)가 그 공식을 보급시키면서, 그것은 보데의 법칙(Bode's law)으로 알려지게 되었다. 실제로 7번째 행성인 천왕성이 발견되었을 때에도 그 법칙이 맞았지 만화성과 목성 사이에 벌어진 틈이 있다는 점이 드러나게 되었다. 따라서 1801년, 지우세페 피아찌(Giuseppe Piazzi)가 보데의 법칙에 의해 행성이 하나 있어야 할 곳에서 세레스(Ceres)를 발견했을 때 모든 것이 태양계와 어울리는 듯 보였다. 하지만 그렇게 보인 것은 세 개의 '행성'이 그 근처에서 더 발견될 때까지였다. 그리고 다시 또 행성이 발견되었다. 19세기가 끝날 무렵, 수백 개의 행성이 발견되었는데 사실 피아찌가 발견했던 것은 행성이 아니라 소행성이었다.

1999년 국제천문연맹(International Astronomical Union)은 행성의 공식적인 정의를 제안하는 업무를 담당할 그룹을 결성하였다. 그보다 1년 전에 투표가 치러졌는데, 사우스웨스트 연구소(Southwest Research Institute)의 행성 과학자이자 그 위원회에 속해 있던 앨런 스턴(Alan Stern)은 필자에게 그 회의에서 세 가지 주요 의견들이 검토되었다고 말해주었다. 스턴은 그 사물의 유형에 따라, 즉 항성의 궤도를 도는 특정한 크기의 물체로 행성을 정의하자는 의견을 선호했고 또 다른 사람들은 그 주변에 무엇이 있는가에 따라 행성을 정의하자고 했다. 만약 그것들이 다수의 물체들 중의 일부이면 그것들은 행성이 아니라는 얘긴데, 그렇게 되면 세레스는 제외되게 되었다. 마지막으로 행성이 과학과는 아무런 관련이 없는 문화 용어라는 주장을 하는 사람들이 있었다고 하는데, 이들에 대해 스턴은 다음과 같이 말했다.

"그건 내겐 정말 충격이었습니다."

스턴이 첫 번째 정의를 선호한 것은 그것이 사물 자체의 진정한 속성에 기초한 것이기 때문이었다. "우리는 행성이 항성의 주위를 돌아야 한다고 생각합니다. 왜냐면 그것이 다른 행성 주위를 돈다면, 그것은 위성이기 때문이지요. 그리고 우리는 그것이 적절한 크기를 갖고 있기를 바랍니다." 하지만 적절한 크기란 어느 정도인가? 스턴은 말한다. "그 점이 바로 논쟁이 붙은 부분이지요." 일부에선 임의의 기준을 채택하자는 제안이 나왔는데, 예를 들면 행성이 적어도 수성 크기 정도는 되어야(직경이 4천 킬로미터)한다는 것이었다. 그러나 스턴은 물리학을 이용하길 원했다. 최대 크기는 정하기 쉬었다. "너무 커서 핵융합이 발생했을 경우, 항성처럼 불이 붙어서는 안 되기 때문입니다." 그는 말했다. 그렇다면 더욱 논쟁을 불러일으킬 최소 크기는 어떻게 해결해야 하는가? "조그만 물체는 화학결합 때문에 어떤 형태를 부여받든 그 상태를 유지하게 됩니다. 하지만 만약 계속해서 질량이 추가되면, 엄청난 일이 발생합니다. 그것은 자기가 크다는 사실을 알게 되고, 결국 중력이 생기게 됩니다. 이는 움직일 수 없게 되는 과정이지요." 따라서 스턴은 행성이 구형이 되었을 때의 크기를 최소 크기로 정해야 한다고 주장했다. 천체가 둥글게 되는 경계선은 자연에 의해 정해지는 것처럼 보인다고 그는 결론지었다. 달리 말하자면 스턴은 자연에서 접합점을 찾았던 것이다. 스턴의 정의를 이용하면 태양계의 행성은 9개가 아니라 900개가 될 가능성이 있었다. 그렇다면 행성이 너무 많을 경우엔 외우기가 어렵다고 반대 의사를 표시했던 〈뉴욕타임즈〉는 어쩌나? "학생들이 산 이름을 모두 대지는 못하지만, 어느 누구도 산이 진정한 분류가 아니라고 생각하지는 않습니다." 그는 이렇게 응수했다.

2006년 여름, 국제천문연맹은 프라하에서 총회를 열고 일종의 결단을 내렸다. 일부 자세한 내용은 프라하에서 열릴 2009년 총회로 미루어졌지만, 새로운 정의는 스턴의 정의로 시작되며 새 행성의 수를 다룰 수 있을 정도로 유지하자는 두 번째 주장을 추가했다. 따라서 이제 행성은 항성을 도는 천체로, 자기의 중력에 의해 구형이 될 정도로 충분히 크고 주변에 다른 물체들이 없는 것을 말한다. 만약 둥글긴 하지만, 주변 정리를 깨끗이 하지 못했다면 그것은 왜소 행성(dwarf planet)이다. 주변이 깨끗해야 한다는 조항으로 인해 스턴의 900개 행성은 8개로 줄어들 수 있었다.

하지만 이 논쟁에서 행성이 과학 용어가 아니라 문화 용어라고 주장한 세 번째 입장 역시 승리자가 될 수도 있다. 스턴이 이 입장에 반대했던 이유는 그 용어를 포기할 경우 사회가 받을 영향과 크게 관련이 있다. 그는 이렇게 말했다. "'스타 트렉(Star Trek)'을 시청한 모든 사람들은 행성이 무엇인지 말할 수 있습니다. 만약 국제천문연맹이 행성 같은 것은 없다고, 그것은 단지 문화적인 용어라고 선언했다면 다른 분야에 있는 나의 동료들과 대중은 웃음을 터뜨렸겠죠." 하지만 스턴은 과학자로서 적절하게 이야기를 덧붙였다. "나는 불가지론자입니다. 나는 데이터가 나에게 정보를 주길 바라며 모든 것을 명확히 밝혀주는 분류 체계를 갖고 싶습니다.”

문제는 제안된 정의들 모두가 무언가를 명확히 밝히고 있다는 점이다. 각각의 정의는 태양계에서 약간의 물체들을 골라내어 그것들을 행성이라 부른다. 그러나 뭐가 문제인가? 우리가 정의를 내려 존재를 갖게 된 종류들은 무수히 많다. 예를 들면, 태양을 돌며 시계 반대방향으로 회전하는 모든 둥글지 않은 물체들은 ‘작은 덩어리(lumpettes)’ 라고 정의내릴 수 있는데, 그러한 내용 외에 공통적인 다른 특성을 갖고 있지 않기 때문에 ‘작은 덩어리’ 라고 정의내리지 못한다. 왼쪽 소매에 기름 얼룩이 묻은 라지 사이즈 티셔츠의 공통점에 대해 더 이상 얘기할 게 없는 것처럼 그것에 대해서도 더 이상 얘기할 게 없다.

이러한 주장을 이용하여 생물학자들 중에는 인종이 과학적인 범주라는 점을 부인하는 사람들도 있다. 논리는 이러하다. 종 사이의 차이가 종이 얼마나 잘 생존하느냐에 영향을 미치기 때문에 종이 중요하다는 것이다. 과학자들은 종에 대해 이야기하지 않고는 진화를 설명할 수 없다. 한편, 인종은 단순히 눈이나 머리카락 색, 왼손잡이인지 오른손잡이인지와 같은 생물학적 차이를 만드는 일련의 성질들만을 골라낸 것으로, 생물학의 ‘작은 덩어리’ 에 해당된다.

물론 눈썹의 구부러진 정도에 의해 사람을 분류할 수 있는 것처럼 종을 인종으로 분류하는 방법을 선택할 수도 있는데, 인종 분류작업은 사회적, 역사적으로 심각한 영향을 미쳐왔다. 그러나 인종에 따라 분류하는 방법을 선택한 이유는 아마 틀림없이 과학과는 아무런 관계가 없을 것이다.

마찬가지로, 우리는 행성을 정의내리는 기준을 선택할 수 있다. 그러나 과학자들이 행성에 대한 정의를 놓고 투표를 하는 모습을 보게 된 지금, 우리는 행성을 정의할 가치가 없다고 주장하는 사람들의 말에도 일리가 있음을 알게 되었다. 제나를 행성으로 부르고 나서 그것이 우리가 받아들인 기준에 맞는다는 사실 이외에 무엇을 알게 되었는가? 태양을 도는 물체는 수백만 개에 달한다. 행성이라 불려왔던 9개의 천체들은 인간이 그것들에 대한 지식을 수천 년 동안 간직해왔기 때문에 인간에게 흥미로운 것이다. 행성이라는 카테고리를 유지하는 것은 우주의 본질보다는 푸른 지구가 아닌 다른 천체 위를 걸어보길 상상하고 싶은 인간의 욕구를 대변하는 것이다. 행성은 행성의 본질 때문이 아니라 우리의 존재와 우리가 가진 꿈이 어디 있는지 때문에 흥미롭다. 그렇다고 행성이 아무런 의미가 없다는 얘기는 아니다. 그 반대다. 그렇게 해야 할 강제적인 과학적 이유가 없는데도 불구하고 그 카테고리를 유지하려고 하는 인간의 고집은, 더 많은 영역들이 카테고리가 갖는 한계를 부수고 나와 혼잡한 세상의 소용돌이에 뛰어들면서 더욱더 중요해지고 있음을 의미한다. 사람들이 세상을 정리하는 방법은 세상뿐 아니라 사람들의 관심사, 열정, 욕구, 꿈까지도 반영한다.

혼자 하는 화학 게임

행성 클럽이 확실히 인기 있는 천체만 들어오게 회원가입 규칙을 만들었을지 모르지만, 화학 클럽은 더욱 엄격해 보인다. 예를 들면, 1817년 페탈라이트(petalite)라는 광물을 분석하던 스웨덴의 한 화학자가 발견한 리튬이, 원소인지 아닌지를 두고 왈가왈부할 사람은 없다. 마찬가지로 그것이 부드럽고 은빛이 나고 빨리 변색된다는 사실을 부인할 사람도 없다. 그리고 원소주기율표에서 왼쪽에 높이 자리를 잡고 있다는 사실에 대해서도 논쟁을 벌일 사람은 아무도 없다.

명왕성의 행성 여부가 명왕성에 관한 흥미로운 사실에 대해서는 아무것도 말해주지 못하지만, 주기율표에 나타나는 리튬의 위치는 많은 것을 이야기해준다. 리튬은 베릴륨의 바로 왼쪽에 있기 때문에 리튬이 베릴륨보다 양성자가 하나 적다는 사실을 알 수 있다. 그리고 가장 왼쪽 열에 있다는 사실로 그것이 알칼리성 금속이며 쉽게 절단되며, 반응을 아주 잘한다는 점을 알 수 있다. 그리고 가장 왼쪽 열의 두 번째 줄에 있다는 사실로 리튬이 경금속 중에서도 가장 가볍다는 점을 알 수 있다. 그것이 그 줄에 있기 때문에 우리는 그것의 전자껍질(electron shell)이 어떻게 구성되어 있는지 알 수 있다. 이 사실들은 모두 그 격자의 구조 속에서 드러난다. 따라서 주기율표의 배치는 자기가 정리하는 품목들에 아무런 정보도 더해주지 못하는 알파벳순처럼 자의적인 배열과는 반대인 듯 보인다. 주기율표는 자연의 진정한 접합점 일부를 그대로 보여주었다. 세 번째 정리

규칙과 혼잡한 세상의 탄생에 전혀 영향을 받지 않고 살아남는 것이 있다면, 그것은 분명 원소주기율표일 것이다.

주기율표의 기원은 독일의 화학자 요한 되베라이너(Johann Dobereiner)까지 거슬러 올라갈 수 있다. 그는 1817년에 다양한 원소 집단이 3조 원소(triad, 되베라이너는 원소주기율표가 만들어지기 이전에 비슷한 성질을 갖는 3개의 원소를 묶어 3조 원소라고 불렀다-옮긴이)를 형성한다는 점을 지적했다. 예를 들면, 리튬-나트륨-칼륨 3조 원소에서, 첫 번째 것은 물에 온순하게 반응하고, 두 번째 것은 더욱 강하게 반응하고, 세 번째 것은 폭발한다.

1862년 프랑스의 지질학자 알렉상드르 에밀 베구이어 드 샹쿠르투와(Alexandre-Emile Beguyer de Chancourtois)는 45도 각도로 올라가는 선을 그려넣은 수직 실린더에 3조 원소들을 넣었을 때, 그 원소들이 수직으로 배열된다는 점을 발견했다. 이 실험에 의해 배열된 원소들은 원자 무게가 16번 떨어져 있는 원소들이었다. 그는 되베라이너의 3조 원소를 생기게 한 정리 원칙을 발견한 것이었다. 샹쿠르투와는 이렇게 말했다. "원소의 성질은 번호의 성질이다."

2년 뒤 영국의 과학자 존 뉴랜즈(John Newlands)는 더 나아가 원소들의 숨겨진 순서를 찾아 원소들이 8의 간격으로 정리되는 표를 만들었다. 그는 존경받는 화학자이긴 했지만 런던에서 개최된 화학학회(Chemical Society) 모임에서 자신의 생각을 발표하자, 참가한 화학자들 중의 한 명은 차라리 원소들을 알파벳순으로 배열하고 거기서 패턴을 찾아보라는 조롱 섞인 제안을 했다.

러시아의 화학자인 드미트리 이바노비치 멘델레프(Dmitrii Ivanovich Mendeleev)에겐 원소들을 간결하게 정리하는 방법을 찾아야 하는 아주 현실적인 동기가 있었다. 당시 그는 두 권으로 된 교과서를 집필하고 있었는데, 첫 장을 끝내고 보니 자신이 다룬 원소가 겨우 8개밖에 되지 않는다는 사실을 알게 되었다. 그에겐 남은 55개의 원소와 원소들의 관계를 출판사가 자신에게 할당해준 남은 공간에 처리하는 방법이 필요했다.

멘델레프는 자유로운 사상가였다. 나중에 그는 기구를 타기도 하고 무연화약을 발명하기도 하고 북극을 탐험하려고도 했다. 그리고 중요한 보호주의 관세를 만드는 데 도움을 주거나 영성주의자 운동에 맞서 싸웠고, 미술비평을 쓰기도 하고 여성들의 교육을 지지하기도 했다. 또한 그는 물질이 자기만의 내부 구조를 갖고 있는 별개의 원자들로 이루어져 있다고 생각하지 않았다. 1897년 전자가 발견되자, 그는 전자의 유형이 자신이 개발한 표의 관계를 설명해주는데도 불구하고 전자의 존재를 부인했다.

이론의 짐을 벗은 멘델레프는 마치 혼자 하는 카드 게임을 하듯 종이들을 펼쳐놓았다가, 결국엔 학생들이 원소의 성질을 쉽게 기억할 수 있게 해주는 하나의 유형을 발견하게 되었다. 그는 특정한 성질들을 공유하는 원소들을 일렬로 배치하여, 만약 한 원소의 성질을 안다면 같은 그룹 내의 다른 모든 원소들의 성질을 알 수 있게 해주었다. 그는 크기 순서대로 가로줄을 배열했다. 심지어 그는 대각선을 따라 어떤 의미 있는 관계가 성립하는지도 발견했는데 붕소에서 아스타틴까지 대각선을 그어보면 그 선의 왼쪽 아래에 있는 원소들은 금속이라고 한다. 멘델레프는 자신의 체계가 왜 통하는지는 알지 못했다. 그는 단지 원소들의 공간적 배열이 원소들의 성질을 표현해 준다는 것만 알고 있었다.

멘델레프는 자신이 정리한 표가 뛰어나다는 점을 크게 믿은 나머지, 63개의 알려진 원소들로 이루어진 표에 특정한 원자 무게를 가진, 발견되지 않은 원소 3개의 자리를 비워두었는데, 나중에 그의 생각은 옳았던 것으로 판명된다. 공식을 적용하면 행성이 하나 있어야 하는 자리에서 행성을 찾았던 보데처럼, 멘델레프 역시 자연은 너무나 질서가 잡히고 완벽하기 때문에 빈자리가 있을 수 없다고 생각했다. 원소들의 거대한 연쇄 고리에 어떻게 빈 곳이 있겠는가? 몇 개의 음조가 없다면 자연이 어떻게 완벽한 하모니를 연주할 수 있겠는가?

그러나 20세기 초기에 헨리 모즐리(Henry Moseley)는 멘델레프가 잘못된 성질을 도표로 작성하고 있다는 점을 증명했다. 1차 세계 대전에 참전했다 젊은 나이에 전사하는 바람에 이후 영국이 과학자들의 참전의무를 면제시켜준 계기를 제공한 모즐리는 실제로 연속적인 숫자 순서대로 원소들을 배열시키는 어떤 특성이 존재한다는 점을 발견했다. 하지만 그 특성은 멘델레프를 비롯한 학자들이 믿었던 것처럼 양성자와 중성자를 합한 원자 무게가 아니었다. 그것은 원자번호로, 단순히 양성자의 숫자였다. 이는 멘델레프의 표에서 몇 가지 원소들이 틀렸다는 점을 의미했다. 예를 들면, 요오드와 텔루르는 서로 자리가 바뀌어야 했다. 하지만 원자 무게가 대략적으로 원자번호와 관련되어 있기 때문에 100명이 참가한 연회에서 일어날 법한 자리바꿈처럼 심각한 사태는 일어나지 않았다.

지금의 멘델레프 주기율표에서 나타나는 관계들은 진실이다. 헬륨이 자리를 바꾼다고 금속이 될 수는 없다. 1894년에 윌리엄 램지(William Ramsay)가 희(稀)가스를 발견한 뒤 새로운 족이 추가되는 등, 주기율표가 오랜 세월에 걸쳐 변경되었다는 사실조차도 그 표가 단순히 사람들의 머릿속이 아닌 실제 세계에서 존재하는 관계들을 반영한다는 점을 보여준다.

그러나 멘델레프의 배열이 그러한 관계를 보여주는 유일한 방법은 아니다. 에밀 즈맥친스키(Emil Zmaczynski)가 개발한 삼각형 주기율표는 전자껍질을 채우는 패턴을 보여주고, 에드 펄리(Ed Perley)의 원형으로 된 주기율표는 전자 궤도 구조를 더 잘 증명해주며, 피리오딕스파이럴닷컴(PeriodicSpiral.com)의 나선형 주기율표는 수소와 희가스 및 할로겐과의 모호한 관계를 더욱 정확히 나타내준다고 한다. 2005년 식물학자인 필립 스튜어트(Philip Stewart)가 만든 아주 인기 있는 나선형 주기율표는 소용돌이치는 은하수 사진 위에 원소들을 그려놓은 것이다. 영국의 왕립화학학회(Royal Society of Chemistry)는 포스터 크기로 만든 스튜어트의 표를 전국의 모든 중학교에 보냈다. "나는 나의 표가 '우리'를 이루고 있는 물질이 항성의 물질과 같다는 메시지를 전달하는 데 도움이 되기를 바란다." 그는 이렇게 말하며 소우주가 대우주를 반영하고 질서는 어디를 보든 똑같다는 고대의 아름다운 그리스 사상을 강조했다.

이러한 표들은 모두 실재하는 관계들을 나타낸다. 그러나 그러한 특정한 관계에 관심을 갖고 있는지 여부는 자신이 세상에서 어떻게 활동하고 있는지와 전적으로 관계가 있다. 그러한 관계들 중에서 어느 것도 자신에게 중요한 관계가 아니라면, 자기 자신만의 것을 찾아내면 된다. 예를 들면, 아텐스(Athens)에 소재한 조지아대학(University of Georgia)의 지구과학자 L. 브루스 레일스백(L. Bruce Railsback)은 4년의 시간을 들여 지구과학자들이 생각하는 방식으로 원소를 정리한 주기율표를 만들어냈다. 그는 화학자들과는 달리, 순수한 원형 형태가 아니라 이온으로서의 원소를 주로 다룬다. 그는 1999년 토양수에 든 광물의 성질에 대한 강의를 하면서 일반적인 원소표가 그리 도움이 되지 않는다는 점을 깨닫게 되었다. 그는 이렇게 말했다. "나는 상이한 곳에 있는 상이한 원소를 지적하느라 말을 왜곡하는 사람처럼 보였다." 그가 새로이 만든 표는 원소의 플러스, 마이너스 전하에 의해 이온을 분류한다. 심지어 그는 원소들을 한 군데 이상 배치함으로써 멘델레프의 표가 맺은 암묵적인 약속을 위반하고 있다. 예를 들면 레일스백의 표에서 황(黃)은 네 번이나 나오는데, 황이 자연에서 행동할 수 있는 여러 가지 방법을 반영하기 때문이다. 원소들이 자연 질서에서 오직 한 곳에만 있어야 한다는 전제는 실제로 멘델레프가 자신의 표를 만드는 데 적용했다. 그는 종이 부전지를 배열하면서 원소당 오직 하나 씩의 부전지가 필요하다고 생각했다. 물질이 첫 번째 정리규칙을 제한한다면, 역사적으로 종이는 두 번째 정리규칙을 제한해왔다고 할 수 있다.

화학 원소들을 배열하는 방법 모두가 똑같이 훌륭하다는 결론을 낼 수는 없다. 아마추어가 리튬을 희가스로 잘못 분류할 수도 있고, 일부 방법들은 어떤 종류의 과학자에게도 아무런 관심을 유발하지 못할 수도 있다. 그러나 자연의 접합점을 반영하는 유일한 원소 정리방법이 있다고 결론지어서도 안 된다. 요리법에 대한 주기율표가 없는 이유를 한번 생각해보자.

1980년대에 초기의 PC 제조업자들은 모든 가정에 적어도 PC가 하나씩은 있어야 한다는 점을 증명하기 위해 PC가 새로운 요리책이 될 거라는 사례를 계속해서 언급했다. 컴퓨터는 티스푼 셋의 4분의 5가 얼마인지 암산하는 등 4인분을 위한 요리법을 5인분을 위한 요리법으로 바꾸는 방법을 알아내느라 머리를 쓰지 않아도 한순간에 그 양을 계산해줄 것이었다. 그리고 샐러드의 향미료로 쓰이는 타라곤과 감자, 자른 햄이 많이 남았다고 해도 컴퓨터는 그 재료가 들어가는 모든 요리법을 알아내줄 것이었다.

비록 대부분의 사람들이 부엌에 PC를 두고 있지 않지만, PC 제조사들의 주장에는 일리가 있었다. 종이로 만든 요리책은 사람들의 생각대로 음식을 생각하지 않는다. 요리책은 집에 타라곤 대신 딜이라는 향미료가 있다는 점이나 탄수화물을 따지는 남편이 감자를 먹지 않는다는 점, 십대인 아이들이 지난주에 채식주의자가 되기로 결심했다는 사실을 알지 못한다. 그리고 요리책은 우리 가족이 아침식사로 피자를, 디저트로 팬케이크를 생각한다는 사실을 알지 못한다. 또한 우리가 어느 누구도 다 먹을 수 있으리라고 생각할 수 없는 양의 브로콜리를 세일이라고 샀다는 사실을 요리책은 알지 못한다. 도대체 요리책이 어떻게 이런 것들을 일일이 알 수 있겠는가? 요리책은 종이로 인쇄되어 있어서 평생 고쳐질 수 없으며 책을 사는 모든 사람들에게 똑같다. 적어도 사람들이 여백에 이것저것 적어두고 별로 신통치 않은 요리법엔 X표시를 하고, 괜찮은 요리법이 나온 페이지를 접어둘 때까지, 누구에게든 요리책은 똑같다.

사람들은 종이의 한계를 알고 있기 때문에 인쇄된 요리책의 결점들을 그냥 넘어간다. 더욱이 요리책에서 팬케이크가 디저트가 아니라 아침식사로 분류했다는 사실은 기껏해야 불편할 뿐이지, 자연적인 질서를 어긴 실수는 아니다.(그리고 무엇을 찾고 있는지 알고 있다면, 언제나 색인 부분이 있다.) 그럼에도 불구하고 만약 자기만의 요리책을 만든다면, 그것은 자기가 좋아하는 음식을 반영할 뿐 아니라 그 책을 열 때마다 달라질 수 있다. 방금 브로콜리를 사가지고 왔다면 요리책의 첫 번째 페이지엔 브로콜리가 들어가는 요리법이 죄다 나올 것이다. 그것은 제본된 책이라기보다는 요리법을 알려주는 대표적인 사이트인 에피쿠리우스닷컴(Epicurious.com)과 비슷하다고 할 수 있다. 그리고 아침식사로 할 만한 것을 찾는 당신에게 그 요리책은 어젯밤 남은 피자를 권해줄 수도 있을 것이다. 밀에 알레르기가 있는 친구가 저녁을 먹으로 온다면, 당신은 음식을 다르게 준비하길 원할 것이다.

우리는 요리법을 정리하는 한 가지 방법을 원하는 것이 아닐뿐더러, 여러 가지 방법 또한 원하지 않는다. 우리가 정말로 원하는 것은 모든 재료와 조리법이 자신의 고유한 취향과 순간적인 상황에 근거하여 다른 어떤 것들과도 결합될 수 있도록 요리책을 잡다하게 만드는 것이다. 그러한 요리책은 우리의 잡다한 필요성과 선호도, 냉장고에 든 재료들을 모두 반영할 것이다. 요리법의 주기율표는 단지 방해만 될 뿐이다.

물론 유명 요리사 줄리아 차일드(Julia Child)와 디미트리 멘델레프 사이에는 차이가 있다. 요리책들이 구운 감자가 사이드 메뉴인지 메인 요리 전에 나오는 앙트레인지에 대해 서로 의견이 다를 경우, 저자의 기호 외에 다른 어떤 것이 문제가 된다고 생각하지는 않는다. 그러나 수소가 납보다 무겁다고 분류하는 원소표는 명백히 틀린 것이다. 움베르토 에코(Umberto Eco)가 말했듯이, 소를 베어 자르는 방법에는 여러 가지가 있지만 꼬리에 코를 연결시켜 자르는 경우는 없다. 그러나 종이와 같은 두 번째 정리수단이 가진 한계 때문에 우리는 여러 정리방법들 중에서 몇 가지를 선택해야만 했는데, 이러한 한계가 세 번째 정리방법에 의해서는 제거된다. 이제 모든 것이 제자리를 갖고 있는 것은 아니라는 사실을 알게 되었다. 모든 것에는 우리가 자연을 굴복시키기 위해 선택한 접합점이 있는 것이다.

3장

지식의 지형

Everything Miscellaneous

Everything is Miscellaneous

40번가에서 보면, 뉴욕공공도서관
(New York Public Library)의 맨해튼 중부 지점은 모든 것이 좋아
보인다. 이 도서관이 가장 큰 지점은 아니지만 1970년에 문을 연 이
래로, 베스트셀러를 제대로 빌리려면 반드시 들러봐야 할 지점이었
다. 참고로 가장 큰 도서관은 정문에 사자가 서 있는 곳이다. 또한
이 도서관의 3층에서는 1백만 장의 그래픽 아트 복사본을 이용할
수 있고, 4층에서는 인터넷을 공짜로 이용할 수 있다. 그리고 6층에
서는 무료 강연이 자주 열린다. 한마디로 끝내주는 도서관인데, 엉
망으로 배치되어 있다는 문제가 있다.

멜빌 듀이(Melvil Dewey)라면 그것을 즉시 눈치 챘을 것이다.
1876년 그가 자신의 이름이 들어간 도서관 분류법을 발표했을 때,

그는 철학에 관한 책들에 100단위의 숫자를 부여했다. 물론 철학이 다른 모든 연구의 기초였기 때문이었다. 종교에 관한 책들에는 200단위의 숫자를 부여했는데, 듀이가 보기에 종교는 진실에 그 내용을 제공하는 것이었다. 그리고 사회과학(300대), 언어 및 자연과학, 수학(500대), 기술과 응용과학(600대), 예술과 레크리에이션(700대), 문학 및 수사학(800대)이 뒤를 이었고 마지막으로 지리, 역사, 생물학(900대)이 이어졌다. 듀이는 도서관의 실제 배치가 이러한 지식의 기본적인 구조를 반영해야 한다고 생각했다.

그러나 맨해튼 중부에 있는 이 도서관은 모든 게 잘못되어 있다. 철학과 종교에 관한 책이 1층이 아닌 5층에 진열되어 있고, 40번가를 향하고 있는 5층 코너는 모든 지식에 대한 듀이식 질서의 기초였던 철학과 종교가 전기문학과 섞여져 있다. 그리고 역사책들은 사회과학과 같은 선반에 놓여 있다. 만약 듀이가 도서관을 둘러본다면 이 상태를 좋아하지는 않을 것이다. 하지만 맨해튼 뉴욕공공도서관이 그가 그어놓은 선을 엄격히 지키지 않았다고 해도, 적어도 조직적으로 배열되어 있다는 점에 그는 위안을 받을 것이다.

미국 내 공립학교 도서관과 20만 개의 도서관들 중 95퍼센트가 듀이의 10진 분류법을 이용하고 있다. 하지만 사석에서 듀이의 10진 분류법이라는 말을 꺼내면 많은 사서들이 시선을 돌리며 그 방법이 시대에 뒤떨어져 있고 편협하고 심지어는 당황스럽다는 말을 내뱉는다. 2005년, 기술공학자들은 샌디에이고에서 열린 이머징 기술(Emerging Technology) 회의에서 듀이의 10진 분류법에 대해 마음껏 비판했다. 전자 정보를 정리하는 기술이자 학문인 디지털 '정보체계'가 앞으로 나아가야 할 방향에 대한 강연회에서 뉴욕대학(New York University)의 교수인 클레이 셔키(Clay Shirky)는 대부분이 인터넷을 제2의 고향으로 간주하는 청중을 상대로 강연을 했다. 셔키는 슬라이드를 통해 종교 서적들 밑에 분류된 9개의 주요 부문 중 8개가 기독교 서적으로 이루어져 있음을 보여주었다. 듀이의 종교서적 분류는 자세히 들여다볼수록 더욱 심각성이 드러난다. 유대교(296)는 번호 하나를 온전히 차지하고 있는데 반해, 많은 이슬람교도들이 바하이즘과 바비즘(297)을 배반자들로 간주하고 있는데도 불구하고 이슬람교와 바비즘 및 바하이즘(둘 다 이슬람교 종파 – 옮긴이)은 같은 번호를 공유하고 있다. 그리고 적어도 이슬람교는 불교와는 달리 그 체계 내에서 맨 윗자리에 올라 있는데 반해, 불교는 '종교와 인도 기원'(294)이라는 하부 카테고리로 소수점 오른쪽으로 내려가 있다.

종교만이 문제가 있는 카테고리는 아니다. 100번대의 제목, '철학과 심리학' 마저 문제가 된다. 오늘날 철학자들은 자신들이 심리학자보다 더욱 폭넓고 심원한 일을 하고 있다고 생각하는 반면, 심리학자들은 철학자들보다 더욱 집중되고 유용한 일을 하고 있다고 생각한다. 하지만 심리학자들과 철학자들 모두, 130번대 전체를 '행복을 달성하기 위한 초자연적인 방법들(131)'이나 '직관적 관상학(필적을 분석하여 미래를 예측하는 것; 137)', '관상학(얼굴을 보고 성격을 식별하는 것; 139)' 등의 하부 제목을 가진 '과학적으로 알 수 없는 현상들'에 넘겨주는 데 대해서는 합심하여 반대할 것이다. 듀이의 체계는 관상학을 아리스토텔레스(185), 동양철학(181)과 동등하게 취급하고 있는 것이다.

듀이가 선택한 최고 수준의 카테고리들은 시간이 지나면서 점차 어울리지 않게 되었다. '우랄 알타이어, 고(古) 시베리아어(paleosiberia), 드라비다어'를 말하는 사람들은 온전히 정수 하나에 해당하는 카테고리(494)를 갖지만, 중국어를 모국어로 하는 12억의 인구는 그렇지 못하다. 그리고 교육받은 여성들이 특수한 경우였던 시절로 거슬러 올라가는 듯, '여성 교육(376)'이라는 특별 카테고리가 여전히 존재한다.

이러한 변칙적인 모습들과 전체 종교에 대해 이따금 이루어지는 모욕은 부분적으로 듀이의 10진 분류법이 1876년 당시 책을 주제별로 분류해야 한다는 듀이의 인식을 반영하기 때문에 발생한다. 만약 불교도들이 불교를 천 개의 가장 중요한 주제들, 즉 정수로 표시되는 주제 목록에 포함되길 원했다면, 그들은 19세기에 더 많은 책을 써야 했거나 적어도 더 능력 있는 홍보 대리인을 뒀어야 했다. 실제로 듀이가 자신의 분류방법에 필요한, 사실에 입각한 근거를 확보하기 위해 세계는 말할 것도 없고 미국의 도서관조차 조사한 흔적은 전혀 없다.

그렇다면 듀이의 10진 분류법을 이용하는 사람들은 왜 그것을 고치지 않을까? 그들은 미국만을 사랑하는 편협한 기독교인들이 아니다. 그들은 듀이의 본래 구상이 현대에는 곤란한다는 점을 알고 있는 사서들이다. 만약 현실세계가 인간이 세상에 대한 개념들을 정리하는 방법을 어떻게 조용히 고안해왔는지, 그리고 왜 전통적인 분류 방법이 누군가에겐 당황스러운 것이 되는지를 알고 싶다면, 듀이의 10진 분류법만큼 좋은 사례는 없어 보인다.

듀이의 세상

15살 때 듀이는 'R'이 새겨진 커프스 단추 두 개를 샀다. 그리고 일기장에 쓰기를, 자신이 여러 잘못과 악습을 개혁하는 데 인생을 바칠 거라는 점을 이 단추들이 계속적으로 일깨워줄 거라고 했다. 젊었을 때 그는 도서관을 세우는 운동뿐 아니라 철자법을 단순화하고 속기를 대중화하고 미터법으로 전환하는 운동의 주도자로 활동했다. 이러한 모든 노력은 표준화를 이용하여, 'thru' 대신 'through'를 쓰는 데 낭비되는 시간이든 쿼트가 16온스인지 32온스인지 기억하느라 드는 에너지든, 비능률은 어떤 것이든 몰아내자는 것이었다. 그는 재빨리 두 개의 위원회를 설립하여 이러한 개혁이 갖는 긍정적인 효과를 밝혀냈는데, 이들 위원회는 한 목소리로 일찍이 과학적인 철자법을 갖추고 제등수(compound number, 둘 이상의 단위로 표시되는 수)를 없앴다면, 아이들이 대학을 졸업할 때까지 3, 4년은 줄일 수 있었다고 보고했다. 자신의 생각을 굳건히 믿고 있던 듀이는 1879년에 자기 이름의 철자까지 멜빌 듀이

(Melvil Dui)로 간단하게 줄였다. 컬럼비아대학의 초대 도서관장으로 임명되면서 성은 다시 듀이(Dewey)로 쓰기 시작했지만, 멜빌은 그대로 썼다.

합리성이 가진 힘에 대해 굳건한 믿음을 갖고 있는 듀이의 출발은 초라했다. 그는 1851년 12월, 뉴욕 서부에 있는 인구 500명의 조그만 마을, 아담스 센터(Adams Center)의 상인의 아들로 태어났다. 18살에 그는 앰허스트대학(Amherst College)에 들어갔는데, 당시 이 대학은 고전을 가르쳐 훌륭한 신교도를 배출하는 그리스 정교회 학교였다. 듀이는 학생이면서도 빚을 갚기 위해 대학 도서관에서 회계장부기록을 했다. 당시 이 대학 학생들은 교수들이 지정해준 책들과 씨름하느라고 대학 도서관을 많이 이용하지 않았다. 듀이는 일반 시민들이 사서를 통해 책을 빌려가기보다는 아예 도서관의 책들을 일반인에게 개방한다면 도서관이 교육을 개혁할 수 있을 거라고 생각했다. 그의 생각에 도서관은 책을 보관하는 장소 그 이상이 될 수 있고 모든 사람들에게 평생 배울 수 있는 기회를 부여해줄 수 있는 곳이었다.

그러나 일반 시민들이 책을 찾을 수 없거나 어떤 책이 도서관에 있는지조차 알지 못한다면, 도서관을 개방한다고 해도 교육에 크게 도움이 될 수는 없었다. 책을 정리하는 방법은 책에 대한 정보를 전달하는 것이 목적인데, 그렇지 않다면 도서관은 대개 저자의 이름을 알파벳순으로 정리하거나 때로는 책의 크기에 따라 정리한 단순한 보관소로 남아 있을 것이었다.

사서들은 제본된 목록을 참조하여 후원자들을 위해 책을 찾았는데, 이러한 목록은 재고를 알아보는 데 쓰이기도 했다. 목록은 기원전 3세기에 알렉산드리아 도서관에서 40만 개 이상의 파피루스 두루마리를 120권의 목록으로 편찬한 시인 칼리마쿠스(Callimachus)로부터 시작하여, 주제별 분류작업의 구성요소로 쓰였다. 칼리마쿠스는 알렉산드리아 도서관이 소장한 책들을 시인이나 입법자, 역사가 등 저자 유형별로 분류했는데, 두루마리들은 저자의 알파벳순에 따라 목록에 올랐고 더 나아가 시대와 형식, 주제에 따라 분류되었다. 구텐베르크가 인쇄기를 발명한 뒤 50년도 지나지 않아 1,500만 권에서 2,000만 권의 책이 인쇄되면서, 르네상스 시대 서적의 수는 엄청나게 증가했다. 그 결과 많은 도서관들은 모든 책을 이용 가능한 서가 공간에 억지로 밀어넣기 위해 크기 별로 책을 분류하는 지경에 이르게 되었고 도서관에서 정보를 찾으려면 전문가가 필요하게 되었다.

도서관을 민주적으로 운영하여 지식을 민주적으로 취급하려던 듀이의 계획에는 세 개의 원대한 개념들이 기초가 됐다. 그가 스물한 살의 대학생으로서 자신의 계획을 실행에 옮기려고 했을 당시, 그 각각의 개념들은 제 모습을 갖추지 못한 막연한 상태였다. 하지만 그는 개념들을 종합하는 데에 천재적인 사람이었다.

첫 번째 개념은 단순히 모든 도서관들이 이용할 수 있는 보편적이고 단일한 도서 분류법이 존재할 수 있다는 것이었다. 듀이는 대영박물관의 인쇄 서적관이 시행한 방법을 발전시키고 있었는데, 열정

적이고 영웅적인 역사 서술로 이름을 날렸던 스코틀랜드의 역사학
자 토머스 칼라일(Thomas Carlyle)은 1848년과 1849년에 대영박
물관의 인쇄 서적관에서 도서 분류 작업을 놓고 장중한 투쟁을 벌이
고 있었다.

아마도 칼라일이 변덕스러워졌던 것은 대영박물관 때문이었던 것
같다. 그는 그곳이 시끄럽고 사람도 많고 이도 들끓는다고 불평했
다. 그리고 어떤 사람이 30분마다 코를 풀어댄다고 하소연을 해댔
다. 설상가상으로 그곳의 사람들은 백과사전이나 인명사전 편찬과
같이 하찮은 일에 몰두해 있었다. 주변 환경이 너무 엉망이라 칼라
일은 도서관을 들어갈 때마다 '박물관 두통'으로 고생을 했다고 말
했다. 특히 한 사람이 그의 신경을 건드렸는데, 박물관의 도서관 책
임자였던 안토니오 파니찌(Antonio Panizzi)였다. 파니찌는 칼라일
에게 크게 화가 나서 그를 조지 3세의 서고가 보관되어 있는 조용한
내실에 들어가지 못하게 했다. 칼라일은 파니찌를 '욕심쟁이 파니찌
(Vulture Panizzi)'라고 부를 정도로 그를 못마땅해 하던 참에 파니
찌의 능력에 이의를 제기할 기회가 나타나자, 그 논쟁에 가세했다.
하지만 파니찌는 전형적인 겁 많은 사서가 아니었다.(조국인 이탈리
아의 통일 운동에 참여한 그에겐 사형선고가 기다리고 있었다.)

일반 대중에게 도서관을 개방하려는 방안을 지지했던 파니찌는
새롭고 친근한 도서분류법을 만들어내는 데 도움이 될 91개의 규칙
을 고안해내었으며, 각각의 간행본과 사본에 대한 정보를 꾸준히 모
을 수 있도록 장시간에 걸쳐 지속적인 목록작성을 요구했다. 칼라일

은 파니찌의 목록은 만들어내는 데 너무 시간이 많이 걸릴 거라고 주장했다. 칼라일은 불완전하고 불충분한 목록이라도 더 빨리 만드는 것이 낫다고 생각했다. 여기에 덧붙여 그는 제목별로 분류하게 될 책들을 추가하자고 압력을 가했는데, 이는 아주 개인적인 이유에서였다.

몇 년 전 대영박물관이 프랑스 혁명에 관한 책을 소장하게 되었다는 소식을 들었지만 그는 저자가 누구인지 몰라 그 책을 찾을 수가 없었다. 칼라일은 이렇게 한탄했다. "실용적인 목적에도 불구하고 우리 시대의 책들이 대영박물관에 들어가는 것은 방수 금고에 잠겨 도거뱅크에 가라앉는 것과 같다." 결국 목록 문제를 조사하던 위원회는 일관된 체계를 갖추는 것이 장기적으로 이익이 된다는 파니찌의 손을 들어주었다. 칼라일을 지지하던 사람들 모두가 그 상황을 담담히 받아들인 것은 아니었다. 그 중 한 사람은 이렇게 말했다. "그 뚱뚱한 현학자이자 이태리어의 대가가 스코틀랜드의 천재보다 한 수 위임이 입증되었다."

파니찌의 규칙들은 스미소니언박물관의 사서였던 찰스 코핀 쥬엣트(Charles Coffin Jewett)에게 영감을 불어넣었다. 그는 1852년에 도서관 목록 작성을 위한 일련의 규칙들을 만들었다. 그는 도서관이 표준적인 방법으로 도서정보를 전달할 수 있다면 정보를 공유하는 일이 훨씬 쉬워질 거라고 생각했다. 더 나아가 그는 도서관의 목록들이 제본된 대장일 경우, 두 도서관의 목록을 합칠 수가 없을 거라고 생각했다. 그리하여 쥬엣트는 카드에 목록을 기재하여 인쇄하는 아이디어를 제안했다.

1873년 듀이는 쥬엣트가 쓴 글을 읽고 도서관이 책을 정리하는 표준적인 방법을 제안해야겠다는 생각을 하게 되었다. 또한 듀이는 1870년에 《사변철학지(Journal of Speculative Philosophy)》에서 주제별로 정리된 책들을 알파벳순으로 정리하는 방법을 제안한 논문을 읽은 적이 있었다. 이 방법에는 당시의 관행처럼 책들을 정리하기보다는 서로 관계 있는 서적끼리 정리하는 방식이 필요했다. 듀이는 이렇게 말했다. "나는 이 방법과 친해지고 싶다."

과연 그러한 체계는 어떤 모습을 갖게 될 것인가? 여기에서 듀이의 두 번째 개념이 등장했다. 당시 도서관에 일반적이었던 알파벳순에 따른 정리방법은 자신이 무엇을 찾고 있는지 정확히 알고 있을 때에는 효과가 있지만, 어떤 책을 이용해야 할지 모르거나 제목에 대해 아주 미미하게 알고 있는 경우라면 통하지 않았다. 스코틀랜드의 천재라 할지라도 어쩔 수가 없는 부분이 있었다. 따라서 듀이는 생각했다. 책을 주제별로 정리하면 어떨까? 그렇게 하면 알파벳순으로 정리된 제목들을 모두 찾아본 다음, 도서관에서 관련 책이 있는 곳을 곧장 찾아낼 수 있을 것이었다.

그것은 간단한 개념처럼 보이지만 그러한 정리방법을 갖추려면 물품을 보관하고 있는 제조업체의 창고처럼, 도서관이 서가의 지정된 곳에 책을 정리해둔 보관소라는 개념을 뛰어넘어야 했다. 도서관의 평면도는 개념들을 다룬 지도가 되어야 했다.

개념을 공간적으로 담아낸 사람은 듀이가 처음이 아니었다. 기억하고자 하는 것을 자기가 상상한 건물의 여러 방에 위치시키는 기억술인 고대의 '기억 궁전'은 적어도 기원전 1세기, 키케로가 자세히 이야기해준 섬뜩한 신화에서 등장한다. 이 신화에 따르면, 고대 그리스의 시인, 시모니데스(Simonides of Ceos)는 신들이 짓밟아버린 건물에서 압사당한 희생자 모두를 죽기 전에 정확히 그들이 있던 곳을 떠올림으로써 생각해내었다. 요즘 시대에 그 기술을 가장 뛰어나게 보여준 이는 연쇄살인자이자 식인자인 가공의 인물, 한니발 렉터(Hannibal Lecter)로 그의 놀라운 기억력은 그가 세운 엄청난 기억 궁전에 의존한다고 한다. 듀이가 정리하고 있던 개념들도 실제 책들 안에 존재하는 것이었기 때문에, 그의 '기억 궁전'은 불가피하게 물질적인 공간을 체계화했다.

기억 궁전은 전적으로 자의적이고 개인적으로 개념을 정리하는 방법이다. 듀이는 개념의 실제 관계를 나타내주는 정리 방법을 원했는데, 21살의 학생이 모든 지식의 도해를 어디서 찾아낼 수 있었겠는가? 물론 젊다는 오만한 생각으로 고민하는 것이 도움은 된다. 그러나 듀이가 빈 종이 하나 달랑 들고 가만히 앉아 있었던 것은 아니었다. 듀이는 프란시스 베이컨 경(Sir Francis Bacon)에게 진 빚을 인정했다. 베이컨은 1623년, 지식을 역사와 시, 철학, 이렇게 세 가지 부분으로 분류했다. 베이컨에 따르면 이 세 가지는 정신의 능력인 기억력과 상상력, 이성을 반영했다. 그러나 가장 직접적인 영향은 19세기 초기의 독일 철학자, 게오르그 빌헬름 프리드리히 헤겔(Georg Wilhelm Friedrich Hegel)로부터 받았는데, 헤겔은 베이컨의 철학이 '상인과 직공'의 철학과 비슷하다고 비난했던 철학자였다. 철학자들은 그만큼 교활하지 않다는 주장이었는데, 헤겔이 염두에 둔 사람이 누구였는지 궁금하긴 하다. 헤겔은 위대한 철학자가 단순히 타고나거나 경험에 입각한 수준을 벗어나야 한다고 주장했다. 따라서 헤겔은 베이컨이 제안했던 지식의 순서를 뒤집어 철학을 맨 앞에 두었다. 듀이가 앰허스트대학을 다니고 있을 때, 그 대학은 헤겔 철학의 신봉자가 끌어가고 있던 터라 듀이는 그의 이론을 채택하게 되었다.

듀이는 이미 뼈대가 굵은 지식의 접합점을 찾아내었다. 그리고 그 접합점을 더욱 정교하게 분류하기 위해 앰허스트대학의 교수들에게 도움을 청했다. 바로 한 해 전에 자신들이 가르쳤던 젊은이가 지식에 관한 모든 가능한 주제들을 정리하는 방법을 만들고 있는 중이라고 말했을 때, 그들이 품었을 의심을 상상할 수 있을 것이다. 교수들 중 몇몇은 그의 생각을 지지했다. 듀이의 철학과 교수, 줄리우스 실리(Julius Seelye)를 비롯한 교수 두 명은 정기적으로 앰허스트도서관에 찾아와 그 작업에 참여하였다. 듀이의 일기를 보면, 교수들의 건의사항과 의견이 맞지 않았던 경우는 없었다. 또한 그는 대학 때 보던 교과서들을 참고서로 삼았던 것으로 보인다. 예를 들면 듀이가 물리학을 분류한 방법은 그가 3학년 때 사용했던 과학 교과서를 거의 그대로 따라하고 있다. 듀이의 전기에 관해 쓴 웨인 A. 위건드(Wayne A. Wiegand)의 지적대로, 듀이가 만들어낸 지식의 정리 방법은 1870년에서 1875년 사이에 앰허스트대학이 가르쳤던 세계

관과 지식 구조를 강화한 것으로, 서양이 가장 발전한 문화이고 기독교가 진실의 기초를 닦아 놓았다고 주장하고 있었다.

1873년 3월, 아직도 학부생이었던 듀이는 보스턴 공립 도서관에서 일하고 있던 나타니얼 셔트레프(Nathaniel Shurtleff)가 1856년에 쓴 '도서관 정리 및 관리를 위한 10진법'이란 소책자로부터 영감을 받아 세 번째 원대한 개념을 얻게 되었다. 당시 듀이는 이렇게 썼다. "나의 마음은 10진법이나 도서관에 대한 것이라면 어떤 것이든 열려 있다." 실제로 50년 뒤에 듀이는 10진법 숫자로 주제를 정리하는 개념을 일요일에 설교를 듣다 신의 계시를 느끼면서 깨닫게 되었다고 밝힌다. 당시 듀이는 이미 10진법에 흠뻑 심취한 상태였다. 그는 16살의 나이에 미터법에 대해 논문을 썼고, 25살엔 미국미터협회(American Metric Bureau)를 설립하여 미국 내에서의 미터법 채택을 위해 로비를 했다. 심지어 그는 10일, 20일, 30일에 목적지에 도착할 수 있도록 여행계획을 짜기도 했다. 합리주의가 미신과 교차되는 부분이라 할 수 있다.

10진법은 듀이에게 무한대로 분류할 수 있는 방법을 안겨주었다. 주제들을 소수점의 오른쪽에 위치시킴으로써 그는 주제 영역을 제한 없이 확장시킬 수 있었다. 그러나 10진법은 심각한 손실 또한 안겨주었다. 듀이는 지식을 천 개의 주제들로 잘게 분류해야 했다. 000대에 '총류'라는 항목으로 빈곳을 남겨두긴 했지만, 지식을 10개의 가장 중요한 주제들로 나눈 다음, 다시 각각의 주제를 10개씩 분류하고, 분류한 10가지 주제를 또 다시 10개씩 분류했는데, 이는 지식이 본래 그렇게 형성되었다거나 책들이 그렇게 분류되어서가 아니라 듀이 자신이 10진법을 너무나도 좋아했기 때문이었다.

이 10진법의 개념을 이해하기 어렵다면, 멜빌 듀이 식의 부엌을 새로이 정리하고 있다고 상상해보면 된다. 그는 너무나도 10진법에 빠져버려 진열장도 정확히 10개가 있어야 하고 각각의 진열장에는 10개의 선반이, 그리고 그 선반 모두 정확히 10개의 공간으로 나뉘어 있어야 한다고 주장했다. 결국 1,000개의 공간에 정확히 하나씩 물품을 채워넣어야만 하는데, 처음에 10개의 진열장에 각각 어떤 종류의 물품을 넣어야 할지 결정하는 일은 크게 어렵지 않을 수도 있다. 접시와 유리컵, 칼, 양념, 빵, 캔, 음료, 빵 만드는 재료, 상자에 든 물건, 가방에 든 물건, 남은 음식을 넣기 위한 빈 용기 이렇게 10가지로 나누면 되니 말이다. 그러나 정확히 10개의 선반 종류와 그 위에 올려놓을 10개의 물건을 찾기 시작하면, 일은 점점 어려워진다. 정확히 10개로 나눌 수 있는 10가지의 양념들을 모두 찾을 가능성은 얼마나 되겠는가? 만약 7개밖에 없다고 가정해보자. 10가지를 채우려고 피클도 양념으로 분류하겠는가? 아니면 세 가지 양념이 든 중국 향료로 나머지 세 개를 채우겠는가? 일단 양념 부분을 끝내고 나더라도 나머지 선반 9개가 기다리고 있다. 결국 모든 상자를 다 끌러놓고 보면, 멜론 껍질을 까는 도구인 볼러(baller)는 은제품으로 분류되어 포크나 숟가락과 동등한 자리를 차지하게 되고, 초콜릿 가루는 결국 양념으로 간주되어 있을 것이다.

듀이의 10진법에는 또 다른 문제가 있다. 번호를 매기는 체계에는 암묵적으로 위계질서가 존재한다는 점이다. 일반적인 목록에는 가장 중요한 품목이 제일 앞에 온다. 데이비드 레터맨(David Letterman)의 탑10 리스트에서 가장 재미있는 농담이 1번이듯 말이다. 더욱이 초안을 잡는 법을 배울 때에도 'III' 품목은 크게 중요하고, 'III.A.3.c.iii.0057'은 지엽적인 것이라는 점을 배웠다. 따라서 소수점의 오른쪽을 활용함으로써 듀이의 체계에 무한한 빈 공간이 발생하지만, 목록 위쪽에 있는 중요한 카테고리로 분류되어 소수점의 왼쪽에 위치하는 것이 보다 더 중요한 것이다. 게다가 가장 중요한 카테고리의 수를 고정해 놓았을 경우, 새롭고 중요한 것이 생겨나면 어떻게 해야 하는가?

1980년대에 듀이의 10진 분류법의 편집자들은 멜빌 듀이가 예상할 수 없었던 주제인 컴퓨터 과학을 어디에 둘 것인지 결정해야 했다. 컴퓨터 과학이 다른 '기술 및 응용과학'과 함께 600대에 가야 할 듯 보였지만, 편집자들은 듀이가 저서 목록과 백과사전, 그리고 명확한 자리를 가지지 않은 일반적인 작품들을 분류해놓았던 000의 '총류'에 집어넣어버렸다. 그 이유는 무엇이었을까? 그것은 바로 600대는 꽉 차 있었던 반면, 000대에는 사용되지 않은 숫자가 남아 있었기 때문이었다. 결국 컴퓨터 과학은 004(데이터 처리와 컴퓨팅 과학), 005(컴퓨터 프로그래밍, 프로그램, 데이터), 006(특수한 컴퓨터 방식)번호를 차지했다. 그렇게 해서 600대에 자리 잡고 있는 여타의 과학들은 자리를 비켜줄 필요가 없었다. 그리고 2003년, 10진 분류법의 22판에서는 컴퓨터 과학이 최고 수준으로 승격됨으로

써 모든 야심찬 주제들이 갖고 있던 꿈을 이루었다. 000이 '컴퓨터 과학, 정보, 총류'로 이름이 바꼈기 때문이다. 아마도 지금은 그런 조치가 의미를 가질 것이다. 하지만 50년이 지난 뒤, 지금의 승격은 컴퓨터 과학의 중요성을 바보처럼 과대평가한 것으로 보일지도 모른다. 오늘날의 카테고리가 미래에는 쉽게 골칫거리가 될 수 있기 때문이다.

만약 편집자들이 컴퓨터 과학이 차지할 공간을 만들 수 있고 심지어는 그 지위를 높여주는 일까지 할 수 있다면, 관상학을 내리거나 불교를 정수 쪽으로 올려주는 일을 하지 않는 이유는 무엇일까? 그 이유는 바로 듀이의 10진 분류법에 헌신하는 편집자들의 모든 노고에도 불구하고, 이 체계가 무척이나 진부하며 1870년대 중반에 작은 기독교 대학을 다니던 한 학생의 촌스러운 감수성을 반영하고 있기 때문이다. 의회도서관에 수수한 작업 공간을 갖고 있는 10진 분류법 편집장, 조안 미첼(Joan Mitchell)은 이에 대한 반론으로, 매주 분류법이 변경되고 있다는 점을 지적한다. 그녀는 200대에서 일부 기독교에 관련된 주제를 없애고 더욱 다양한 주제들이 차지할 공간을 만들었다는 점을 언급한다. 그리고 그녀는 다음과 같이 말한다. "전문용어에서도 미세한 변화가 있습니다. 우리는 '혼전관계에서 태어난 아이들'이란 표현을 '결혼하지 않은 부모들에서 태어난 아이들'로 바꿨습니다. 우리는 언제나 그런 종류의 일을 하고 있습니다. '동거'는 '성적 관계' 아래 있었는데 이제는 '결혼 및 관계 유형'으로 옮겨졌습니다." 내가 그녀에게 번호를 묻자, 그녀는 빠르게 체크해본 뒤 대답해준다. "306.841입니다."

그래도 관상학은 정수가 붙는 주제고, 불교는 그렇지 않다. 그걸 고치지 못하는 이유는 무엇일까?

그 이유는 고칠 수 없기 때문이다. 듀이의 10진 분류법은 실제 세상과 관련된 대규모 분류법이 가지는 특유의 문제에서 벗어나지 못하고 있다. 이 분류법의 편집자들이 단호하게 방법을 고치기로 했다고 상상해보자. 관상학과 같은 믿지 못할 범주들은 소수점의 오른쪽으로 옮기고, 기독교에 관련된 주제들은 강화하고, 불교는 정수 쪽으로 옮겨놓는다. 그리고 바하이즘은 내리고 컴퓨터 과학은 기술로 끌어 올리며, 솔직히 말해 철학이 더 이상 학문의 꽃이라 할 수 없기 때문에 철학을 10가지 최고의 주제들에서 강등시켜 버렸다. 만약 그렇게 한다면 무슨 일이 일어날까?

전 세계 수만 명의 사서들은 사소한 변화가 있을 때마다 자신들이 독한 먼지를 들여 마셔야 한다는 점을 이해하지 못하는 그 빌어먹을 편집자들에 대해 불평을 늘어놓으며, 면도날을 들고 수백만 권의 책등에서 흰 숫자를 지워야 할 것이다. 전체 카드 목록들은 말하자면 폐기되어야 하고, 수백만 장의 카드들이 새로 인쇄되어야 한다. 책들은 이 서가에서 저 서가로 옮겨져야 한다. 그리고 여러 달, 혹은 여러 해에 걸친 작업이 끝나면 불만들이 불거져 나오기 시작할 것이다. 수니파와 시아파는 자신들이 같은 수준에 분류되었다는 이유로 화를 낼 것이고, 유대인들은 자신들이 약탈자로 간주하는 '예수를 따르는 유대인' 운동이 유대교의 제목 아래 분류되었다는 사실에

격노할 것이다. 그리고 여성해방론자들과 기독교원리주의자들은 예술 부분에서 제거된 포르노 연구를 확보하기 위해 공동전선을 펼치게 될 것이다. 동양 어딘가는 서양 어딘가를 합법적인 국가로 인정하지 않기 때문에 화가 치밀 것이다. 결국 사서들은 면도날과 흰 잉크를 대량으로 사들이느라 정신이 없게 될 것이다.

이 이야기는 끝없이 이어질 수 있다. 듀이의 10진 분류법은 지식 자체가 고정될 수 없기 때문에 고쳐질 수가 없다. 지식은 다양하고 변화하며, 현재의 문화적인 가치관에 영향을 받는다. 세상은 너무나도 다양하기 때문에 어떤 하나의 분류법이 모든 시대, 모든 문화를 살아가는 모든 사람들에게 똑같이 효과를 발휘할 수 없는 것이다.

그러나 실제로 형체를 갖는 물체들을 정리하고 있는 사람들에겐, 그것이 충분히 만족할 만한 대답은 못된다. 스테이플스가 매장 내 모든 곳에 전선을 비치하지 못하는 것처럼, 사서들은 각각의 책들을 어디에 두어야 할지 결정을 내려야 한다. 카드 목록들은 약간의 융통성을 제공해준다. 군사 음악에 관한 서적은 군사 서적 서가에 올려지더라도 ‘군사’와 ‘음악’을 제목으로 하는 카드 목록 모두에 기재될 수 있기 때문이다. 그렇다면 왜 여러 숫자를 배정하지 않는가?

미첼은 독서가들이 직접 책을 접할 수 있는 것은 도서관 설계에 달려 있다고 말한다. 유럽의 경우, 많은 도서관들이 폐쇄형 서고를 갖추고 있기 때문에 기꺼이 책을 여러 개의 카테고리로 구분한다고 한다. 폐쇄형 서고라 사서들에게 책을 찾아달라고 하는 경우라면, 책이 실제로 어떻게 정리되어 있는지는 중요하지 않다. 사서들은 ‘보관소'에서 어떤 서가를 찾아봐야 할지 알고 있으면 되기 때문이다.

듀이의 10진 분류법에는 장점과 단점이 동시에 존재한다. 듀이의 10진 분류법에 의하면, 새로운 도시를 탐험하듯이 지식을 탐험하며 우리가 알고 있는 것, 즉 집합적인 기억 궁전에 모여진 작품들을 골고루 살펴볼 수 있다. 그러나 실제 세계에서 지식을 정리하려면 양자택일의 결정을 내려야 한다는 대가를 치러야 한다. 아이러니하게도 이는 디지털 세계의 2원적인 특징과 더욱 연관성을 갖는다. 군사 음악을 담은 책은 군사 서적들이나 음악 서적들 중의 한 곳에 있어야 하며, 양쪽 모두에 갈 수는 없다. 도서관의 지식 지형은 한 가지 모양만 가질 수 있다. 그것은 지식의 법칙이 아니라 자연 지리의 법칙이다.

축제의 아마존

만약 듀이의 10진 분류법이, 너무 무거워 들어올릴 수 없는 가구가 놓인 빅토리아 시대의 거실처럼 느껴진다면 아마존의 웹페이지는 구석구석이 사람들의 관심을 끄는 축제의 한복판처럼 느껴질 것이다. 분류에 관한 한, 아마존은 그 체계의 정확성이나 질서정연함에 대해 신경 쓰지 않는다. 아마존은 사람들 앞에 정보를 제공하는 데 관심을 가질 뿐이다. 아마존의 책 페이지들은 관련도 없는 광고들로 사람들을 성가시게 만들지 않고, 잠재적인 고객이 자신이 관심을 갖고 있었는지 알지도 못했던 책들을 우연히 만날 수 있도록 정보를 집중적으로 보여주는 방식을 취한다. 설혹 그것이 여러 서가에 있는 책들을 모으고 듀이의 10진 분류법에 어긋나는 것이라고 해도 아마존은 개의치 않는다.

이로 인해 사용자들은 아주 색다른 경험을 하게 된다. 예를 들어, 바바라 M. 워커(Barbara M. Walker)가 쓴《초원의 집 요리책: 로라 잉걸스 와일더 소설에 나온 서부개척시대 음식》이란 책을 사려고 한다고 치자. 만약 뉴욕 공립도서관에서 그 제목을 찾아보면, 여러 지점에서 52권을 소장하고 있다는 점을 알 수 있다. 대부분이 아동용 서적에 분류되어 있는데, 도넬 도서관 센터(Donnell Library Center)의 경우엔 열람실에 비치되어 있다. 그러나 지점들 모두가 그 책을 '641.59 W.' 라는 도서정리번호로 기재해놓고 있다. 이는 다음과 같은 의미를 가진다.

기술과 응용과학〉 가정학과 가족생활〉 음식과 음료

이 번호는 그 책이 놓여 있는 논리적인 장소다. 하지만 그것 하나밖에 없다.

만약 같은 책을 아마존에서 찾는다면, 일단은 비슷한 분류법을 발견할 수 있다. 그러나 아마존은《초원의 집 요리책》을 세 가지 범주로 분류해놓았다.

이러한 분류는 도움이 된다. 하지만 1800년대의 요리책 중에 어른들을 위한 책을 찾는다고 치자. 아마존은 《초원의 집 요리책》을 아동용으로 분류해놓았지만, 카테고리 분류 목록 바로 아래로 내려가면 그 책과 조금이라도 비슷한 책들이 어떤 것들인지 알 수 있도록 9개의 모든 관련된 카테고리들을 체크할 수 있게 해준다. 만약 책이 아동용이어야 하는지, 아니면 문학작품과 관련되어야 하는지 구체적인 조건 없이 요리와 역사 둘 다에 관한 책들을 죄다 보고 싶다면, 아마존은 기꺼이 그 목록을 만들어줄 것이다. 그것은 마치 듀이의 10진 분류법이 주문용으로 쓰인 것처럼 보인다.

아마존이 더 나은 종합적인 체계를 생각해낸 듯 보이지만, 그렇다고 도서분류법을 만드는 데 있어 세상을 뒤흔들 만한 전문적인 지식을 요구하지는 않는다. 아마존의 오락사업 국장인 그레그 하트(Greg Hart)에 따르면, 처음에는 그들도 실제 소매상들이 다져놓은 길을 따라갈까 생각했었다고 한다. 말하자면 소설책은 이쪽에, 역사책은 저쪽에 따로 분류하는 것처럼 말이다.

그들은 라이센스 계약을 통해 외부 자료로부터 분류 체계를 사서 사업을 시작했다. 그러나 아마존이 정선한 책들의 양은 여느 실제 서점보다도 많다고 하트는 지적한다. 그는 역사로 분류된 하부 장르의 수만 따져도 상당하다고 말한다. "일반적 서점이 15만 권에서 20만 권의 출판물을 갖고 있는데 반해, 우리는 한 달에 그것의 몇 배가 되는 출판물을 판매하고 있습니다."

그 정도의 수량을 처리하기 위해 아마존은 책 제목에 접근하는 새로운 방법을 찾아내야만 했다. 하트는 이렇게 말한다. "그저 역사 분야라고만 할 수가 없습니다. 책 제목이 수십 만 개에 이르기 때문에 자신이 원하는 것을 결코 찾을 수가 없지요." 결국 아마존은 새로운 방법을 찾아 나섰다.

"우리가 고객 평가라는 방법을 시작했을 때, 이에 대해 의견들이 분분했습니다. 출판사들은 우리가 사용자들이 책을 몹시 싫어한다고 말하는 상황을 수수방관하고 있다고 말했습니다." 하트는 이렇게 회고한다. 아마존 회장인 제프 베조스(Jeff Bezos)의 반응은 다음과 같았다고 하트는 전해준다. "고객들이 좋아하지 않는 책에 국한되지 않고, 더 많은 책이 팔릴 겁니다." 하트는 아마존에 수백만 개의 고객 평가가 존재한다고 말한다. 아마존이 실제 숫자를 밝히는데 있어 매우 신중한 태도를 보이지만, 하트는 회사에 4천 7백만 명의 '적극적인 고객들'이 있다고 말한다. 이 고객들은 아마존 사이트의 무료 회원들로서, 모두들 잠재적인 평가자들이라 할 수 있다.

그리고 독자가 원하지만 잘 모르고 있던 책들을 빠르게 독자에게 소개해주는 것은 아마존에게 이익이 되는 일이다. 아마존은 독자가 자사의 분류방법에 대해 소상히 알고 있기를 기대하기보다는 돌아

온 고객들에게 추천서를 제안하는 공동의 여과장치를 이용함으로써
운 좋게 발견한 것처럼 보이지만 실제로는 계획되어 있던 상황을 연
출한다. 공동의 여과장치는 어떤 사람들이 A라는 책을 사고 B라는
책을 또 샀다면, A라는 책을 산 다른 사람들이 B라는 책에도 관심
을 가질 수 있다는 가정 위에서 작동한다. 《로미오와 줄리엣》을 사
는 많은 고객들이 《앵무새 죽이기》와 《생쥐와 인간》 역시 구매한다
면, 아마존은 《로미오와 줄리엣》 페이지에 그 두 책을 추천할 것이
다. 따라서 아마존의 《초원의 집 요리책》 페이지에는 다음과 같은
글이 쓰여 있다.

"이 책을 산 고객들은 《초원의 집》 소설들과 《나의 작은 집 솜씨
책》,《초원의 집 안내서》,《집으로 가는 길: 사우스다코타에서 미주
리, 맨스필드까지 이르는 여행일기》,《1894년에》와 그 외에도 세 권
의 다른 책들 역시 구매했습니다."

듀이의 도서관이었다면 이 모든 책들은 여기 저기 흩어져 있을 것
이다. 아마존은 이 책들이 똑같은 주제에 관한 것이기 때문이 아니
라 고객의 구매 패턴에 대한 통계적인 분석 때문에 함께 모아둔 것
이다.

사실 이러한 간단한 사례에서 나타나는 것보다 공동의 여과장치
는 훨씬 더 복잡하다. 그리고 여과장치가 항상 완벽하게 작동하는
것은 아니다. 예를 들면 《로미오와 줄리엣》과 《앵무새 죽이기》,《생
쥐와 인간》이 서로 관련을 갖는다는 사실은 그 책들을 구매한 사람
들의 취향보다는 영어 수업에서 배우는 책들에 대해 더 많은 것을

알게 해준다. 따라서 자신이 조카에게 사준 판타지 소설이 아마존의 추천서에 영향을 미치길 바라지 않을 이용자들을 위해, 아마존은 이용자들이 자신들의 여과장치를 조율할 수 있도록 놔둘 뿐 아니라, 자신들이 알고 있는 필요한 책들로부터 갖고는 싶은데 아직 알고 있지 못한 책들에 이르는 여러 갈래의 경로를 제공해준다. 그러한 경로들 중 일부는 듀이의 철학에서는 꿈도 꾸지 못할 임시특별 카테고리로 책을 분류하는 컴퓨터의 능력에 의해 닦여진 것들이다. 어떤 출판사가 책의 전문(全文)을 아마존에 올려놓을 경우, 아마존은 일련의 알고리즘을 이용하여 그 책에서 중요하다고 평가한 특이한 표현들을 찾는다. 《초원의 집 요리책》의 경우, '통계적으로 흥미로운 표현들'의 리스트에는 '주전자 소독'이라든가 '파이 반죽', '패스트리 표면', '버터를 바른 파이 팬', '피의 온도와 비슷한 미지근한 물'과 같은 표현들이 포함되어 있다. 이러한 표현들 중에 아무 것이나 클릭하면, 아마존은 이 표현을 사용한 다른 책들을 보여줄 것이다. '주전자 소독'이란 표현은 사이먼 모어(Simon Mawer)가 쓴 《추락: 소설(The Fall: A Novel)》에도 나온다. 아마존은 그 책에 중요하게 보이거나 그 책의 특징으로 보이는 주요한 표현들에 대해 비슷한 데이터마이닝 분석을 하고 있다. '로라 와일더' 링크를 클릭하면, 그녀가 쓴 성과 문화에 대한 책을 비롯하여 그녀에 관한 다양한 책들을 찾을 수 있다. 지식의 배열을 통해 통계적으로 만들어진 이 길들을 따라가다 보면, 예상치 못했던 분야에 도달할 수도 있다. '로라 와일더'에서 단 두 번 클릭했는데 《완벽 야구기록, 2004년판

(Complete Baseball Record Book, 2004 Edition)》을 만날 수 있
는 것이다.

아마존에서 책을 분류하는 가장 인기 있는 방법 중의 하나인 리스
트마니아(listmania)는 전적으로 수동식 작업에 의존한다. 하트는
이렇게 설명한다. "사상 최고의 영화 10편과 같은 특집기사가 있지
요. 사람들이 자기만의 특집기사를 만들도록 하면 좋지 않겠습니
까?" 현재 독자들이 만든 리스트는 수십만 개에 이른다. 이 책을 쓰
고 있을 때,《초원의 집 요리책》페이지에 오른 특집 리스트는 자신
을 '예전에 위스콘신 주에 살았던 사람'으로 소개한 로버트 쉬미트
(Robert Schmitt)의 '위스콘신의 예술 대가들'이다. 그의 목록에는
23가지가 올라가 있는데, 10의 배수에 도달하기 위해 불필요하게 채
워 넣은 것은 없었다. 여기에는《로라 잉걸스 와일더 역사적 하이웨
이: 위스콘신, 미네소타, 아이오와, 사우스다코타, 미국》와 같이, 와
일더가 쓴 책이나 와일더에 관한 책들이 포함되어 있다. 이 리스트
가 오른 페이지에는 아마존이 관련되어 있다고 판단한 다른 리스트
들도 곁들여져 있다. 예를 들면 데이비드 호리우치(David
Horiuchi)의 TV서부극 리스트로, 여기에는 '초원 위의 작은 집
(Little House on the Prairie)' 시리즈와 무시무시한 '무법도시 데
드우드(Deadwood)'가 올라 있다. 호리우치의 페이지에는 더 많은
리스트가 올라 있는데, '당당한 아줌마' 마티 쉐인(Marty Shane)의
'나의 세 조카딸들을 위한 선물' 리스트가 대표적인 예다. 그녀는
《초원 위의 작은 집》과 함께 '바비 인형 머리 손질 및 매니큐어 세

트' 장난감도 함께 리스트에 선택했는데, 무법도시 데드우드와는 꽤나 거리가 먼 듯 보인다.

아마존은 듀이가 쥐고 흔든 도서관과는 상당히 거리가 멀다. 듀이는 책들을 분류하는 데 한 가지 방법을 만들어냈지만, 아마존은 할 수 있는 한 많은 방법을 찾고 있다. 멜빌 듀이는 스스로 그 분류방법을 구상해냈지만, 아마존은 누구나 자신의 카테고리를 만들고 그 카테고리에 재미있는 이름을 붙이고 공개하도록 하고 있다. 듀이는 10의 배수에 기초한 분류방법을 만들어낼 때 단정함과 질서를 소중히 여겼지만, 아마존은 자신의 페이지를 여러 가지 검색방법과 색다른 제안으로 채워 넣으며 친구 같은 자유분방함을 선호한다. 듀이가 기초를 세운 도서관에 책을 찾으러 가면, 같은 주제에 관한 다른 책이 같은 선반 위 옆자리에 있다는 사실에 기뻐할지도 모른다. 반면 아마존에서 책을 사려고 하면, 이미 계획된 뜻밖의 발견을 통해 아마존의 편집자들이나 알고리즘, 다른 구매자들이 결정해놓은 훨씬 더 넓은 범위의 책들을 만나게 된다. 듀이의 방법은 서가 위의 책들이나 책등에 쓰인 흰 잉크로 나타나는 실제 세상에 부속되는 안정성을 높이 평가하는데 반해, 아마존은 순간순간 책을 분류하고 다시 또 분류하는 자신의 능력을 자랑스럽게 생각한다.

이러한 차이는 카테고리 및 정리방법의 특이성 때문이 아니라 체계의 기본적인 성격 때문에 생기는 것이다. 듀이의 10진 분류법은 두 번째 정리방식으로, 책 하나하나에 선반 위의 한 지점을 정해주는 종이의 물리적 특성에 의해 구속받으며 그 분류방법이 도서관 서가에 수평으로 배치되는 종이의 톤수만큼 안정적이고 믿을 만하기 때문에 가치가 있다. 세 번째 정리방식으로서의 아마존은 정보를 정리하고 연결시키는 데 있어 물리학의 번거로운 구속을 받지 않는다. 그러나 듀이식의 정리방법과 아마존식의 정리방법 사이의 선택은 이원적인 것이 아니다. 아마존 역시 각 책의 페이지 하단에 개념을 조사하는 방식으로 듀이식의 분류방법을 소개하고 있다.

세 번째 정리방식은 점진적인 변화가 아니다. 아마존은 책을 판매하는 사업을 하면서 멜빌 듀이의 세 가지 원대한 개념들 모두를 뒤집어놓고 있는 것이다. 먼저, 듀이가 책을 분류하는 한 가지 보편적인 방법을 찾으려고 애썼던 반면, 아마존은 각각의 사용자들에 맞는 독특한 정리방법을 제공하고 있다. 두 번째로 듀이는 주제별로 책을 정리했지만 아마존은 우리가 알고 있는 A라는 책에서, 관심은 갖고 있는데 있는지 몰랐던 B, C, Z와 같은 책들을 얻을 수 있는 모든 방법을 찾으려고 노력한다. 세 번째로 듀이가 정확성과 예측가능성, 10진법 숫자를 좋아했는데 반해, 아마존은 닥치는 대로 사람들의 눈앞에 책들을 던져놓는다. 숫자가 매겨진 책들이 도서관 서가에 깔끔하게 정리되는데 반해 아마존은 책들의 소란스런 축제장으로, 행진하는 악대의 질서 정연한 행렬이 일렬로 콩가 춤을 추는 사람들로 흐트러지는 것과 같다.

그러나 당시 듀이의 목표는 지식의 지도를 만드는 것이었고 아마존은 사람들에게 책을 팔고자 하는 것이다. 아마존이 팔려고 하는 물건들을 정리하는 방법은 기초가 되는 지식의 지형에 의해 구속받지 않는다. 아마존은 누군가 원한다면 입수할 수 있는 거대한 양의 책들을 자사의 사이트를 방문하는 개개인의 관심사를 반영하기 위해 디지털로 분류할 수 있는 잡동사니 더미로 간주될 수 있다. 두 번째 정리방법에서는 잡동사니 더미가 커질수록 이용하기가 어려워지지만, 세 번째 정리방법에서는 그 더미를 진짜 뒤죽박죽으로 잘 유지하기만 한다면 더미가 커질수록 그것이 제공하는 가능성과 가치가 기하급수적으로 커져간다.

듀이의 방법이 가진 근본적인 문제는 그가 괴짜거나 그가 받은 초기의 교육이 편협했다는 점이 아니다. 진정한 문제는 지식의 지도라는 것이 지식에는 지형이 있으며 지식이 포괄적인 목적을 갖고 있으며 지식이 어떤 형상을 갖고 있다고 가정한다는 점이다. 그 가정은 첫 번째, 두 번째 정리방법에서는 통한다. 하지만 그것은 세 번째 방법이 가진 유용한 잡다함을 불필요하게 방해할 뿐이다.

Everyth...   ...iscellaneous

Everything is Miscellaneous

오래도록 차를 타고 가는 중이었다. 뒷좌석에 앉은 아이들은 이제껏 색칠하기를 하고 있었다. 그리고 CD도 들었다. 과일 2퍼센트에 설탕 30퍼센트가 든 과일 과자도 먹었다. 슬슬 아이들이 불평을 늘어놓기 시작했다. 한계에 도달한 것이다. 이때, 아이들에게 불쑥 제안을 했다. "우리, 스무고개 할까?"

그저 아이들을 조용히 시키려고 한 것이지만, 차 안에 있던 모두가 돌아가면서 '술래'를 하고 나면, 아이들은 어떤 교훈을 얻는다. 아이들은 어떤 종류의 사물이 사람들의 추측을 도와주는지 알게 된다. 예를 들면, 책상은 괜찮지만 가구는 좋지 않다. 아이를 울릴 작정이 아니라면, 1987년 루브르 박물관에서 우연히 본 수위 책상의 놋쇠 손잡이 같은 어려운 것은 절대로 안 된다.

아이들은 힌트 주는 방법을 알게 되는데 이는 단지 개념들이 어떻게 맞물리는지뿐 아니라, 자신만 아는 것을 상대방이 추리하게끔 하는 섬세한 과정이다.

아이들이 힌트와 속임수의 차이를 알게 되면, 언제 규칙을 악용해도 좋은지 알게 된다. 아마도 가장 중요한 점은, 세상이 너무나도 완벽하게 정리되어 있기 때문에 단지 스무 번 만에 무지에서 지식으로 옮겨갈 수 있다는 사실을 아이들이 알게 되었다는 점일 것이다. 그 놀이가 4천 고개가 아니라 스무고개인 이유는 세상이 나뭇가지처럼, 계속해서 더 작은 카테고리들을 포함하고 있는 중요한 카테고리들로 나뉘어 있기 때문인데 아마도 이것이 스무고개가 아이들에게 주는 가장 미묘한 가르침일 것이다. 단지 20번의 추측 만에 동물, 채소, 광물과 같이 넓은 개념들로부터 펭귄 발까지 도달할 수 있다는 것은 이러한 나무구조가 조직적인 힘을 가졌다는 증거다.

하지만 세 번째 정리 체계를 가진 아마존과 같은 기업체들은 제품을 나무와 같이 완벽한 정리 체계의 질서를 마음대로 어기면서 고객 만족을 높이는 동시에 더 많은 제품을 판매한다. 고객이나 기업인으로서, 사람들은 부모님의 차 뒷자리에 앉아 스무고개를 하면서 배운 공부와는 아주 다른 것들을 배우고 있다. 당시에 얻게 된 진실한 그 교훈은 놀이 자체를 초월한다. 그것은 세상의 사물을 분류하는 가장 기본적인 방법과 관련이 있다.

목록이 가진 비밀

아이들이 스무고개를 잘할수록, 대학생이 되어 호르헤 루이스 보르헤스(Jorge Luis Borges)의 에세이, 《존 윌킨스의 분석적 언어 The Analytical Language of John Wilkins》를 보았을 때 당황할 가능성이 높다. 그 에세이에서 호르헤는 다음과 같이 동물들을 분류한 《자비로운 지식의 거룩한 백과사전The Celestial Emporium of Benevolent Knowledge》이라는 중국 백과사전을 만들어냈다.

(a)황제에 속하는 동물 (b)향료로 처리하여 박제로 보존된 동물 (c)사육동물 (d)젖을 빠는 돼지 (e)인어 (f)전설상의 동물 (g)주인 없는 개 (h)현재의 분류법에 포함되는 동물 (i)광폭한 동물 (j)셀 수 없이 많은 동물 (k)낙타털과 같이 미세한 붓으로 그려지는 동물 (l)기타 (m)막 물 주전자를 깨뜨린 동물 (n)멀리서 볼 때 파리같이 보이는 동물

목록은 개념을 정리하는 가장 기본적인 방법으로 신발을 정렬하거나 일렬로 늘어선 고리에 수건을 거는 것처럼 첫 번째 것을 처리하고 그 다음 것을 처리한다. 목록이 점점 더 간단해지다 보면 전혀 정리할 필요가 없게 되는데, 호르헤는 목록에 대한 기대를 산산이 깨뜨리면서 목록에 우리가 상상했던 것보다 더 많은 것이 있음을 알려주었다.

예를 들면, 집에 있는 모든 목록들에는 적어도 한 가지 공통점이 있다. 사야 할 식료품, 해야 할 일들, 자신이 쓴 수표, 친구들의 생일, 신용카드 번호, 열쇠 자물쇠 번호, 응급 전화번호, 동네 극장, 다시는 부르지 않을 배관공, 형제들이 속이고 빼앗아갔다고 생각하는 재산, 일곱 난쟁이의 이름 등을 목록으로 만들더라도 이러한 목록들 각각은 어떤 것에 관한 것들이다. 거미의 종류와 그리스 신의 이름을 딴 별자리, 치과 기록을 모두 섞어놓은 목록을 작성하지는 않는다는 얘기다. 보르헤스는 자기 목록에 그렇게 해놓았지만, 일반 사람들은 그렇지 않다.

보르헤스는 'A라는 목록이 어떤 것에 관한 목록이다' 라는 규칙을 무시할 수 있었다. 왜냐하면 A목록이 어떤 이유 때문에 작성된다는 기본적인 규칙을 이미 어겼기 때문이었다. 사람들은 잊지 않고 카드를 보내려고 생일 목록을 만들고, 음식을 배달시킬 수 있도록 식당 목록을 만든다. 보르헤스는 목록에 대한 어떤 논지를 입증하기 위해 목록을 작성하는 특이한 입장을 취했다. 그가 목록을 만든 이유는 결코 목록에 함께 기재되지 못할 것들로 목록을 만드는 것이었다. 이는 식료품 목록에 셀러리와 주방용 세제 외에 '겁 많은'이나 '수직의'와 같이 생뚱맞은 것들이 포함되는 경우와 비슷하다.

보르헤스의 목록에는 또 이상한 점이 있다. 식료품 목록을 만들면서 '통조림 제품'이라고는 쓰지 않았다. 왜냐하면 그의 생각에 너무 넓은 카테고리이기 때문이다. 그러나 보르헤스는 '주인 잃은 개'라든지, '막 물주전자를 깨뜨린 동물', '셀 수 없이 많은 동물'들이 똑같은 수준의 보편성을 갖고 있다는 듯이 모두 포함시켜 놓았다. 보르헤스의 목록에 기재된 것들만큼 무작위는 아니더라도 우리에겐 수준이 다른 추상적 개념을 조정하는 규칙이 있다. 매주 4.5킬로그램씩 신문을 내다버리지만, 쇼핑할 물건 목록을 깨끗한 종이에 쓰는 것이 낭비라고 생각하는 사람들은 사용한 봉투 뒷면에 그 목록을 적는다. 대개 목록은 식료품 목록으로 시작하지만, 배수구 세척제가 필요한 경우엔 '욕실용품'이라고 적고 밑줄을 그은 다음, 그 아래 '배수구 세척제'를 적으면서 급하다는 표시로 감탄부호를 몇 개 붙인다. 그리고 주인은 채식주의자지만, 애완용으로 기르는 개구리가 주인의 식단에 따르지 않아 신선한 귀뚜라미가 필요하다면, '애완동물 상점'이라고 줄을 친 글자 아래 귀뚜라미를 적을 것이다. 이러한 제목들은 뒤에 이어지는 정보에 대한 정보로서, 다른 정보를 설명해주는 정보, 즉 메타데이터(metadata)다.

품목들을 목록으로 만드는 데 규칙이 있듯이, 메타데이터를 목록으로 만드는 데에도 규칙이 있다. 메타데이터는 외관에서 차이가 나는데, 대개는 줄이 쳐져 있고 대문자로 써 있거나 다른 색깔로 써 있다. 품목들은 대개 제목 아래 위치함으로써 품목과 제목과의 관계를 분명히 나타내도록 배치되어야 한다. 이러한 특이한 배열은 개념을 정리하는 가장 강력한 방법 중에 속하는 함유(nesting)다.

나무 속 둥지

역사가들은 최초의 지도가 무엇인지에 대해 의견을 달리한다. 대부분의 역사가들이 인정하는 지도는 1930년, 이라크에서 발견되었다. 이것은 기원전 2500년에서 2300년 경, 바빌로니아의 사르곤왕조시대의 것으로 보인다. 손바닥 크기만 한 표에는 바빌론에서 북쪽으로 483킬로미터 정도 떨어진 가쉬르(Ga-Sur) 지역이 표시되어 있다. 이곳은 두 개의 작은 산맥들 사이에 위치해 있고 그 한가운데에 강이 흐르고 있다. 지도 중앙에는 아잘라(Azala)라는 사람의 땅이 있으며, 다른 땅 주인들의 이름은 판독하기 어려운 상태다. 산들은 오늘날 사용되는 지도부호와 비슷하다. 또 다른 최초의 지도라고 여겨지는 것은 1962년 터키의 앙카라에서 발견된 2.7미터 길이의 벽화다. 이 벽화는 벽화가 있는 카탈 휴크(Catal Hyuk)에서 분출하고 있는 화산을 배경으로 한 80개 건물을 그린 듯 보인다.

카탈 휴크의 벽화가 가쉬르 표보다 4천 년 정도 시대가 앞서는 것은 분명하다. 그러나 허드슨 강 풍경을 그린 그림을 뉴욕의 지도로 간주할 수 없는 것과 마찬가지로 '지도'에 대한 합리적인 정의를 적용하면 카탈 휴크 벽화는 아무리 잘 봐줘도 변변찮은 사례에 불과하다.

무언가가 지도가 되려면, 기호를 사용하고 부호를 가진 것이어야 한다. 특히 훌륭한 지도인 경우엔 경계선을 보여주어야 한다. 이것이 가쉬르 표를 지도라고 할 수 있는 이유다. 이 표의 경계선은, 아잘라의 이웃들이 그의 땅에 씨를 뿌리지 못하게 하거나 지배자가 아잘라에게 세금을 물리기 위해 그려진 것 같다.

앞의 예에서조차 우리는 세상을 이해하기 위해 '함유'라는 개념을 이용했다. 도시가 카운티, 주, 한 국가의 일부인 것처럼 농부의 땅은 작은 마을의 일부이고, 작은 마을은 더 큰 정치단위의 일부이다.

함유는 이해를 하는 데 필요한 가장 기본적인 기술이다. 그것은 가장 원시적인 형태의 것을 뭉치고 가르는 경우에도 마찬가지다. 지도의 경우, 경계선은 일정한 단위의 땅을 가르고 그 경계선 안에 있는 것들을 한 묶음으로 만든다. 아잘라의 마을 지도를 만든 것처럼 똑같은 분할과 통합 과정을 통해 멜빌 듀이의 지식의 체계가 생겨났다. 실제로 듀이의 체계도 10개의 거대한 대륙이 있고, 각각의 대륙이 10개의 국가로 나뉘고, 가장 작은 10진법 수는 특정한 주소를 가진 집의 특정한 방을 가리키는 하나의 지도로 해석될 수 있다. 지도와 나무는 정보를 함유하는 방법이 다를 뿐이다.

그러나 지도에서 나무로 옮겨가기 위해서는 비상한 재주가 필요했다. 아리스토텔레스가 나타나기 이전에도 사람들은 어떻게 함유라는 개념을 이용하는지 알고 있었다. 울새와 참새가 새의 종류라는 점을 언어로 표현하고 있었으니 말이다. 그러나 사람들은 함유에 대해 생각하는 방법을 알지 못했다. 그런데 아리스토텔레스가 《형이상학(Metaphysics)》를 통해 함유가 어떻게 작동하는지 이해하는 데 필요한 사고의 비약을 이루어놓은 것이다.

《형이상학》은 어떤 사물의 존재가 무슨 의미를 갖는지 연구한 것이다. 사실 그보다 더 단순한 질문은 없다. 글자 그대로 해석한다면,

이 제목은 ‘물리학을 넘어(Beyond Physics)’를 의미하지만, 아리
스토텔레스가 이를 《물리학 다음에 있는 것: 후편(What’s Beyond
the Physical or Physics: The Sequel)》으로 간주해야 한다고 생
각했는지는 분명하지 않다. 어쨌든, 아리스토텔레스조차도 힘겨워
했던 이 작품은 그가 끈기 있게 근본개념들을 연결시킨 결과, 그 질
서정연함과 예측할 수 없는 점이 바흐의 아름다운 피아노 작품에 비
견될 정도로 뛰어났다.

하지만 아리스토텔레스에겐 고민거리가 있었다. 그는 사물이 존
재한다는 것이 울새나 사람, 화분과 같이 특정한 사물의 유형이라는
의견에는 스승인 플라톤과 생각이 같았다. 그러나 어떤 사물을 그러
한 유형이 되게 만드는 것은 무엇인가? 살면서 흔히 일어나는 일인
데, 플라톤 역시 자신이 이용한 사례들 때문에 잘못 생각하게 되었
다. 플라톤은 기하학에 의존했는데, 오래전부터 학생들은 기하학을
배우면서 시험지에 있는 삼각형은 그 문제에 관련된 ‘실재’ 삼각형
을 불완전하게 표현한 것에 불과하다고 배워왔었다. 플라톤은 그 생
각을 모든 사물에 적용했다. 울새와 인간, 화분은 각각의 완벽한 모
습을 형편없이 그려놓은 것에 불과하다. 이 ‘완벽한 모습’이 플라톤
이 말하는 ‘형상(forme)’으로, 그는 인간이 살면서 결코 완벽한 것
을 보지 못하고 대신 태어나기 전에 형상을 본 것이 분명하다고 가
정했다. 사실 이 이론으로 인해 대학교 신입생들이 철학을 멀리하게
된 셈이다.

플라톤의 이론은 100마리의 물고기를 해부하여 물고기가 어떻게

움직이는지 알고자 했던 현실적인 아리스토텔레스와는 어울리지 않았다. 울새와 울새의 영원한 형상 간의 실제 관계는 무엇인가? 플라톤의 ‘참여’라는 말은 어느 것도 설명해주지 않는다고 아리스토텔레스는 불평했다. 그는 다음과 같이 썼다. “이데아가 다른 사물들이 참여하는 패턴이라고 말하는 것은 공허한 말과 시적인 은유를 사용한 것이다.” 원형은 사본에 ‘참여’하지 않는다. 그리고 어떻게 플라톤의 형상이 사물을 현재의 모습대로 존재하게 만드는지 설명할 수 있다 해도, 플라톤은 어떤 인간이 인간, 두 발 동물, 동물의 형태로 어떻게 참여할 수 있는지 설명하지 못했다. 플라톤은 카테고리 그 자체가 사물인 듯 말했다. 세상에 코끼리 500마리가 있다고 상상하자. 플라톤에게는 501번째 코끼리, 즉, 코끼리라는 카테고리가 존재한다. 실제로 플라톤의 생각에 따르면, 501번째 코끼리가 영원하고 500마리의 코끼리들은 501번째 코끼리에 참여함으로써만 코끼리가 될 수 있기 때문에, 501번째 코끼리는 다른 500마리의 코끼리보다 더욱 실재적이다.

아리스토텔레스는 플라톤과는 달리 ‘코끼리’와 같은 카테고리가 실재하긴 하지만 500마리의 코끼리들이 존재하는 방식과 동일하게 존재하지 않는다는 점을 알고 있었다. 그의 이러한 생각은 획기적인 지식의 도약을 가져왔다. 아리스토텔레스는 카테고리란 왜 그에 맞는 것이 있고 맞지 않는 것이 있는지 설명해주는 정의(또는 ‘원칙’)라고 말했다. 새의 정의가 다리가 둘이고 날개가 있는 동물이라고 한다면, 펭귄은 새지만 박쥐는 새가 아니다. 또한 새라는 것은 동물의 카테고리에 속한다는 것을 의미하는데, 동물의 카테고리 또한 자체의 정의를 갖고 있다. 더욱이 새의 카테고리에는 물새와 밀림의 새와 같은 하위 카테고리들이 있을 수 있다. 이러한 통합과 분할은 나무의 이파리, 즉 개개인에게 도달할 때까지 계속된다. 그 결과 카테고리라는 가지가 달린 나무가 탄생하며 이 카테고리들 내에서 각각의 사물은 일제히 어떤 것들과는 뭉쳐지고 어떤 것들과는 갈리게 된다.(함유의 개념을 하나의 나무구조로 표시하는 데에는 500년이란 세월이 더 흘러야 했다. 3세기 시리아에서 태어난 철학자, 포르피라이(Porphyry)가 이 업적을 이루었다.)

아리스토텔레스는 이러한 정리 원칙으로 벤처 자본가들이 말하기 좋아하는 '규모의 경제'에서처럼 작은 규모뿐 아니라 큰 규모에도 효과를 발휘하는, '규모'의 논리를 이해하는 도구를 제공해주었다. 우리가 어떤 사물에 대해 알고 있는 정보를 굳이 드러내지 않아도 되기 때문에 그것은 단계적으로 높아지는 것이다. 누군가가 어떤 동물이 새라고 말하면 아무런 노력 없이도 그것이 동물이고 척추가 있고 새끼를 낳고, 죽게 된다는 점 등을 알 수 있다. 그런 얘기는 들을 필요도 없다. 더욱 중요하게는, 새를 볼 때마다 그런 점들에 대해 생각하지 않아도 된다. 필요할 경우에만 그 카테고리들에 대해 관심을 가질 수 있기 때문이다. 나무구조는 우주와 같이 복잡한 체계를 이해하는 데 있어 무척이나 효과적인 방법이었다.

아리스토텔레스의 나무구조는 천 년 동안 지속되었고, 듀이의 10진 분류법이나 베트만 아카이브, 아마존의 카테고리 체계, 장(章)과

소제목으로 구분되는 책, 점점 전공분야가 늘어나는 병원 배치, 식당 메뉴판의 메뉴 배열 등에 여전히 존재한다. 그러나 나무구조들은 다음과 같은 가정들로 인간의 머릿속 깊숙이 박혀 있다.

- 잘 세워진 나무구조는 각각의 사물에 하나의 자리를 제공한다. 품목이 너무 많아서 자리가 없으면 '잡동사니' 카테고리로 밀려나가야 한다. 이 경우엔 나무구조가 제 일을 못하는 것이다.
- 각각의 사물은 오직 한 자리만을 얻는다. 애피타이저와 전채요리, 그리고 후식에까지 치즈플레이트를 기재하면 사람들은 혼란스러워질 뿐이다.
- 어떤 카테고리도 너무 크거나 너무 작아서는 안 된다. 의상 목록에 사이즈마다 모든 신발을 기재할 부분이 따로 있다면, 그 목록은 너무 내용이 많아져서 유용하지 않다.
- 각각의 카테고리를 정의하는 원칙이 무엇인지 분명해야 한다. '장소'라고 불리는 카테고리를 가진 부동산 매물 목록은 아주 도움이 되지 못한다.

메뉴나 레코드판을 정리할 때, 위의 가정은 정보를 더욱 찾기 쉽게 만드는 데 유용한 최고의 규칙들이다. 그러나 아리스토텔레스는 나무구조가 단순히 편리할 뿐 아니라, 세상을 정리하는 방법이라는 전통을 수립하였다. 지식의 체계, 종의 체계, 인체를 주요한 생물학적 하위체계로 분석하는 행위, 의식을 이성과 감정으로 구분하고,

심지어는 지구를 대륙과 국가로 구분하는 이 모든 것들은 정보를 찾는 방법이 아니라 이해하는 방법이다. 명왕성이 천체의 나무구조에서 행성인지, 동성애가 심리학적 질병의 나무구조에 속하는 하나의 증상인지 등, 나무의 지엽적인 부분들을 놓고 벌이는 뜨거운 논쟁을 보면 아리스토텔레스를 비롯한 많은 사람들이 일부 나무들이 현실 자체의 단정하고, 깔끔하고, 포괄적이며, 인식 가능한 분지 구조(branching structure)를 반영한다는 점을 믿고 있음을 알 수 있다.

그러나 처음부터 세상에 대한 인간의 지식은 오직 현실세계에 속박되어 있기 때문에 나무의 형태를 띠었던 것이다. 이제 정보가 디지털로 표시되면서, 인간은 아리스토텔레스가 꿈도 꾸지 못했던 방식으로 물질로 이루어진 세계를 뛰어넘을 수 있게 되었고, 더불어 지식의 모습까지 변화하고 있는 것이다.

세탁물과 린네(Linnaeus)

아리스토텔레스는 우주를 알고 싶어 하는 모든 사람들에게 통합과 분할이라는 하나의 과제를 제시했다.

'통합'과 '분할'은 아리스토텔레스가 사용한 표현이 아니라 놀랍게도 전문적인 색인 작성자들 사이에서 쓰이는 기술적인 용어다. 미국색인작성자협회(American Society of Indexers)의 이사회 회원이자 UN, 마이크로소프트 등의 색인 작업에 자문을 해주는 세스 메슬린(Seth Maislin)은 다음과 같이 설명한다.

"통합가(lumper)는 별개의 것처럼 보이는 것들이 비슷한 점을 갖고 있기 때문에 결합시킨다. 분석가(splitter)는 함께 뭉쳐 있는 두 가지를 더 작은 카테고리로 분리시키는 경향이 있다."

색인 작성자들은 전자이기도 하고 후자이기도 하는데, 각자의 성격에 맞춰 기술을 사용한다.

사실 우리도 매일 전문적인 색인 작성자들과 같이 선택을 해야 하는 상황을 겪는다. 어떤 사람은 집 안의 침대 시트 모두를 옷장 안에 가득히 쌓아두기도 하고, 어떤 사람은 침실, 색, 무게, 계절에 따라 분리해놓기도 한다. 산호세에 가는 길을 가르쳐달라고 하면, 대부분의 사람들은 신호등 수를 정확히 세기보다는 '한동안 그냥 쭉 가세요'라며 긴 도로를 뭉뚱그려 말하다가도 오른쪽에 있는 상가로 그 길을 나눈다. 왜냐면 그 상가가 유용한 이정표가 될 거라고 생각하기 때문이다. 그리고 사람들이 나누는 대화의 상당 부분도 통합과 분할에 관한 것이다. 친구가 어젯밤에 본 영화가 코미디일 거라고 생각했기 때문에 재미없다고 말하는데, 당신은 그냥 배꼽잡고 웃는 코미디가 아니라 은근히 웃긴 코미디였다고 말한다. 우리는 앞쪽에 어떤 아이들이 타야 하는지 결정하는 일부터 의료보험 개혁에 대한 토론까지, 어떤 것을 뭉치고 갈라놓을지 끊임없이 협상한다.

우리가 세탁물을 정리할 때 이용하는 똑같은 기술로 삼라만상을 이해하는 체계를 세웠다는 사실은 놀랍다. 사람들은 세탁한 옷을 식구에 따라 가르고 식구의 옷을 신체 부위에 따라 가른 다음 일이나 놀이, 계절, 혹은 색깔 별로 가른다. 만약 스키 양말을 평상시에 신는 양말이나 겨울옷, 아니면 스포츠용 옷 중 어느 것과 같이 분류해야 하는지 잘 모르겠더라도 그것들은 어떤 곳에 가야만 하고 오직 한 곳에만 갈 수 있기 때문에 여전히 한 곳을 골라야만 한다. 그것이 바로 원자가 작동하는 방식이다. 세탁물을 정리하는 과정이 끝나갈 무렵엔 각각의 식구는 주요 가지이고, 신체 부위는 잔가지이며, 스키 양말은 어떤 가지든 당신이 최종적으로 선택한 가지에 걸려 있는, 개념상의 의류 나무구조가 탄생하게 된다. 그렇게 세탁물 정리는 마무리된다. 그런데 세상을 동물, 식물, 광물로 나눈 린네 역시 암석에서 영장류까지 전체 자연계의 구조를 설명하기 위해 세탁물 분류 원칙과 똑같은 원칙을 사용했다.

1707년 스웨덴의 조그만 마을, 스텐브로홀트(Stenbrohult)에서 목사부부의 아들로 태어난 카를로스 린네(Carolus Linnaeus)는 어렸을 때부터 식물학에 심취해 있었다. 비록 물리학자가 되긴 했지만 그는 거의 평생을 자연물을 분류하는 체계를 만들어 적용하는 데 바쳤다. 그의 앞길은 이미 30년 전 프랑스의 자연주의자, 요세프 피통 드 투르네포르(Joseph Pitton de Tournefort)가 대담한 통합행위를 통해 닦아놓은 것이다. 투르네포르는 속(genus)의 개념을 도입하여 이미 알려져 있는 6천 개의 식물 종을 600개의 집단으로 통합시켰다. 이 개념 덕분에 식물의 수가 줄어들어 린네는 수술과 암술의 모양, 수, 상대적인 크기 및 배열을 보고 식물을 분류할 수 있었다. 린네의 체계에는 그의 계산으로 총 5,776개에 달하는 변종이 있어, 모든 식물 속을 설명할 수 있게 해주었다. 그 체계는 쉽게 관찰할 수 있는 특징들을 이용했기 때문에, 약간의 훈련만 받으면 누구든 식물을 살펴보고 어디에 속하는지 알 수 있었다. 그리고 식물의 기관들이 확인 가능하고 셀 수 있는 단위로 정리되기 때문에, 성가시게 구분하기 힘든 사례들은 없었다.

린네의 체계는 성공적이었다. 비록 그가 성직자의 아들이었고 창세기를 암기하고 있었지만, 그는 자신이 만들어낸 분류방법이 하느님의 질서를 밝혔다고 생각하지는 않았다. 가끔 자연이 하느님이 쓴 책으로 여겨진다는 얘기를 넌지시 하긴 했지만, 린네는 자신이 진실은 아니더라도 유용한 하나의 체계를 고안해내는 데 평생을 바쳤다는 생각에 만족한 것 같았다. 이 시기는 다윈이 인과관계로 동물을 분류하기 100년 전이었다. 결국 다윈은 인과관계의 사슬을 거슬러 올라가면 조상이 같기 때문에 인간과 침팬지를 같은 그룹으로 분류했다.

오늘날 진화론 없이 생물을 분류하는 게 가능한지 상상하기란 어렵다. 진화론에 의하면 종의 나무구조는 가계도의 형태를 띤다. 그러나 만약 생물들이 이것에서 저것으로 진화하지 않았다면, 그것들을 한 가지 위에 놓는 것은 둘이 서로 닮았다는 점만을 의미했다. 박쥐가 날기 때문에 새에 속하는가? 아니면 털이 있으니까 포유동물에 속하는가? 린네는 하느님의 마음을 헤아리지 못하기 때문에 그러한 문제를 결국엔 풀지 못한다고 생각했다. 그러나 그는 멜빌 듀이와 마찬가지로 이성적인 사고가 갖는 효율성에 믿음을 갖고 있었다. 철자를 단순화하자고 주장하지는 않았지만 린네는 종의 이름을 정하고 정리하는, 아주 효율적이고 정돈된 방법을 제안했고 과학자들은 자신들이 이야기하는 종이 어떤 종인지 의견을 일치시킬 수 있었다. 이는 과학이 발전하는 데 필요한 하나의 조건이었다.

또한 린네는 '이명법(二名法)'을 확립했다. 예를 들면 그로술라리아, 멀티플리시 아시노: 세우 논 스피노자 호르텐시스 루브라, 세우 리브스 오피시나리움(Grossularia, multiplici acino: seu non spinosa hortensis rubra, seu Ribes officinarium, 유럽산 붉은 건포도)과 같은 이름을 리브스 루브룸(Ribes rubrum)과 같이 두 단어로 된 이름으로 대체하는 것이다. 이명의 첫 번째 단어는 속을 나타내며, 두 번째 단어는 그 종의 특징을 가리킨다. 따라서 인간은 호모 사피엔스(Homo sapiens, 현명한 사람)고, 짙은 색의 세이지 나무(sage plant)는 샐비아 비리디스(Salvia viridis, 치료 효과를 가진 초록색의 식물)다.

이명법의 기초를 세운 사람은 바로 아리스토텔레스로, 그는 《형이상학》에서 나무구조의 분류가 정확하다면 속과 종으로 이루어진 이름 이상은 과하다고 지적했다. 다시 말하면, 소크라테스를 '인간이며 두 발 동물인 동물'이라 부를 필요는 없는 것이다. 모든 두 발 동물은 동물이기 때문이다.(카를로스 린네의 이름은 그의 아버지가 정원에 있는 줄기가 셋인 린덴 나무를 기려, 성(姓)을 잉게마르손(Ingemarsson)에서 린네로 바꿨는데, 종 – 속 순서만 빼고는 일종의 이명법을 따른 것이다.)

그러나 자연과학의 역사에서 너무나도 중요한 하나의 체계가 순전히 인간의 변덕으로 설명될 수는 없다. 린네는 정치적인 목표를 갖고 있었다. 듀이와 마찬가지로 그는 지식을 민주화하고 싶어 했다. 린네는 지식을 널리 보급하는 데 전념한 의사이자 교사였다. 1740년 여름, 그는 일주일에 두 번씩 여성을 포함한 300명의 사람들을 대상으로 장장 12시간에 걸쳐 자연사에 대한 지식을 보급했다. 린네의 식물 분류법은 가르치기 쉬웠고 특별한 장비가 필요하지 않았다.

어떤 식물의 종류를 결정하기 위해서는 먼저 수술과 암술을 살펴보면 된다. 만약 수술과 암술이 꽃 안에 함께 있으면 자웅동화(monoclinous)로, 이는 부부가 침대를 함께 쓰는 부부관계로 볼 수 있다. 만약 수술이 하나, 암술이 하나 있으면 홑수술(monander)이라고 하고 이는 일부(一夫)제로 해석될 수 있다. 만약 수술이 두 개면 남편이 둘이라고 할 수 있다. 목사의 아들인 린네조차도 섹스가 환영받는다는 점을 알고 있었으며, 실제로 어떤 독일 식물학자는 성에 의존하는 린네의 분류법이 부도덕하다고 주장했다.

런던에 소재한 린네학회(Linnean Society) 본부를 가보면, 그의 분류법이 탄생하는 데 영감을 줬던 것이 하나 더 있었다는 점을 알 수 있다. 이곳은 왕립미술원(Royal Academy of Arts)과 안마당을 함께 쓰고 있다. 왕립미술원 밖에 늘어 서 있는 조상들을 보면 지식 영웅들의 작은 계보를 알 수 있다. 린네의 오른쪽에 프랑스의 동물학자 퀴비에(Cuvier)와 독일의 철학자 라이프니츠(Leibniz)가 있고, 그의 위에는 뉴턴과 벤담, 밀턴, 그리고 영국의 의학자 하비가 있다. 본부 내부는 19세기 영국풍을 그대로 보여주는데, 겨자색과 담황색, 나무와 황동으로 이루어져 있다. 스웨덴 애국자의 필생의 작업이 이곳에 있는 이유는 린네가 세상을 떠난 뒤 그의 아내가 딸의 혼인지참금에 쓸 돈이 필요한 나머지, 명성을 얻으려는 부유한 젊은 영국 과학자에게 팔아넘겼기 때문이었다.

건물 도서관 1층에는 윗면이 유리로 된 몇 개의 테이블이 커다란 천에 덮여 있다. 이 테이블에는 린네가 처음 만든 견본 일부가 전시되어 있다. 이 견본은 그가 이름을 붙일 때 손에 들고 있던 생물의 껍데기라 할 수 있다. 그것은 특정한 이명식의 이름이 어떤 생물에 적용될지 논의할 때 기준점으로 이용된다. 공식 책자에 따르면 그곳에는 14,000종의 식물, 158종의 어류, 564종의 패류, 3,198종의 곤충표본이 소장되어 있다. 전시실 자체는 핵폭탄도 이겨낼 수 있도록 15센티미터 두께의 금속 문으로 되어 있다.

"모든 분류학의 세계는 유형(type)이라는 정당한 개념에 의존합니다."

학회의 사서이자 기록 보관인인 지나 더글라스(Gina Douglas)는 이렇게 설명한다. 이러한 견본이나 베트만 아카이브와 같이 첫 번째, 두 번째 정리 규칙을 따른 정리물들을 땅에 묻는 것은 이해가 된다. 원자로 만들어진 견본은 약해서 보호가 필요하기 때문이다.

지하 저장실 안으로 들어가면, 방공호처럼 기이하게 편안한 느낌이 든다. 저장실은 겨우 1.4제곱미터 정도에 불과하지만, 벽에 늘어서 있는 나무와 황동으로 된 견본 서랍과 서가로 인해 비좁은 공간은 신사클럽의 열람실 분위기를 풍긴다. 더글라스는 테두리가 둘러진 견본을 몇 페이지 펼쳐 보이는데, 각각의 페이지에는 먼지처럼 희뿌연 식물 견본이 붙어 있다. 그녀는 페이지 아래 부분에 있는 작은 글자를 가리키며 말했다. "저기 K를 보세요. 그 글자는 누가 그것을 수집했는지 알려줍니다. 그런 정보가 담겨 있는 페이지는 드뭅니다." 위층에서 본 몇 가지 견본들은 잘못 확인이 되었기 때문에 무척 유감이었다. '솔라눔 퀘르시폴리움(Solanum quercifolium)'의 카드에는 린네가 페루에서 들어왔다고 생각했던 씨가 실제로는 몽골 근처에서 온 씨였다고 적혀 있다. 만약 그가 중요한 메타데이터인 수집자의 이름을 입수했더라면, 그러한 실수는 피할 수 있었을 것이다.

더글라스는 《자연의 체계(Systema Naturae)》 1판을 펼쳐 보였다. 린네는 이 책에서 대담하게도 자연의 모든 것들을 고작 11페이지에 분류해놓았다. 물론 린네는 책을 작은 커피탁자 크기로 만들어 자연의 모든 것들을 그 안에 맞춰놓아야 했다. 더글라스는 이부자리를 펼치듯 조심스럽게 페이지를 넘기며 동물, 식물, 광물로 이루어진 나무구조의 뿌리 부분에 있는 두 페이지 크기의 지면 세 개를 보여주었다. 린네는 동물계를 여섯 개의 집단으로 분류했는데 네 개는 척추동물(포유동물, 조류, 파충류, 어류)에, 두 개는 무척추동물(곤충과 꿈틀거리는 것들은 모두 포함한 '벌레'로 불리는 카테고리)에 할당했다. 척추동물에서 왼쪽 위에 포유류가 있으며, 그 중 맨 위가 영장류다. 린네는 과감하게 인간 바로 옆에 원숭이를 놓고 오랑우탄을 '숲 속에 사는 야생의 인간'이라는 호모 실베스트리스(Homo sylvestris)로 불렀다.

집단도 그보다 큰 범위의 개념에 함유된 상태였지만, 린네는 각 집단 안에서 각 종들의 위치를 정해가며, 자기 식의 존재의 대연쇄(Great Chain of Being)를 지켜나갔다. 그의 방법은 학생들을 우등반, 보통반, 열등반으로 나누고 각 반에서도 개별 학생의 학점에 따라 자리를 배열하는 방식이나 멜빌 듀이처럼 서적들을 주제와 하위 주제로 모아놓고 다시 각 책에 10진수를 할당하여 도서관 서가에 일렬로 정리한 방식과 비슷하다. 그러나 린네가 종을 정리한 법칙은 학점보다 계산하기가 어려웠다. 중세시대의 존재의 대연쇄는 얼마나 '영혼'을 갖고 있느냐와 물질을 갖고 있느냐에 따라 생물들을 분류하여 천사 아래에 인간, 인간 아래에 굴, 굴 아래에 암석을 위치시켰다. 이는 얼핏 옳게 느껴진다. 린네는 더욱 세속적인 기준인 복잡성을 이용하여 천사 - 인간 - 굴 - 암석의 순서를 바로 잡는 배열방법을 찾아냈다. 그러나 복잡성이란 그 자체로 복잡한 개념이었다. 쥐가 공작보다 복잡하고 모충이 버드나무보다 복잡하다고 확신할 수 있는가?

린네는 보이지 않는 손에 이끌려, 자신의 계획이 대략적으로 어떤 모습을 가질지 알게 되었다. 더글라스가 서랍에서 손수건처럼 부드러운 종이 카드로 된 얇은 다발을 꺼냈다. 린네는 섬세한 필적으로 각각의 카드에 종 하나의 이름을 기록해 놓았다. 만약 카드당 종 하나를 적는다면, 멘델레프가 원소를 다루었던 것처럼 혼자서 카드놀이를 한 셈이 된다. 카드를 합치고 분리하여 비슷한 카드를 서로 옆에 배치시킨다. 그렇게 하면 또 다른 지식의 도해가 그려지게 된다. 린네는 동물과 식물, 광물이 그들의 영역 내에 있는 생물들 위에 군림해서가 아니라 동물계, 식물계, 광물계가 정치적인 지도에서 가장 포괄적인 영역이기 때문에 가장 큰 그 단위들에 이름을 붙였던 것이다. 린네는 자신의 분류체계의 다섯 단계를 '왕국, 대교구, 보호령, 교구, 촌락'에 비유하면서 동물, 식물, 광물 이 세 왕국이 지도나 그림으로 묘사되어, 《자연 지리(Geographica Naturae)》라는 제목으로 출판되길 희망했다. 바로 그 때문에 《자연의 체계》의 크기가 컸던 것이다. 지도는 한 번에 볼 수 있어야 가장 잘 이해된다.

린네의 체계가 우연히 그 체계를 표현하는 종이의 특성을 공유한 것이 아니다. 속박되어 있고 변하지 않으며, 책을 읽는 모든 사람들에게 동일하고 이차원적이며, 따라서 예외와 복잡한 중복 부분을 간신히 표현할 수 있으며, 한눈에 모든 것이 보이는 특징을 고스란히 가지고 있었다. 린네가 만든 정리 체계는 종이로 만들어졌기 때문에 종이가 갖는 형태를 부분적으로 띨 수밖에 없었다. 실제로 그는 식물의 더욱 분명한 표지인 꽃 대신 수술과 암술로 식물을 분류했는데, 그가 흑백으로 된 삽화를 출간하고 싶어 했기 때문이었다. 그렇게 해야 많은 사람들이 읽고 책값이 저렴해질 수 있기 때문이었다. 린네는 비록 옷을 정리하진 않았지만 그가 종이를, 다시 말해 원자를 이용하여 자연계의 질서를 생각해냈기 때문에 그가 제안한 정리

방법은 평범한 가정에서 세탁물을 정리하는 모습을 그대로 재연할 수밖에 없었다.

종이 없는 나무구조

우리가 함유된 체계를 종이에 적어놓을 필요가 없다면, 그것은 어떤 모습을 보일까?

미국 IBM의 비즈니스 컨설팅 서비스의 전략 및 마케팅, 운영담당 부회장인 팻 하워드(Pat Howard)에겐 골칫거리가 하나 있었다. 그는 여러 국가에 걸쳐 빈번히 이루어지는 프로젝트를 담당할, 수준 높은 팀을 구성해야만 했다. 의존할 수 있는 컨설턴트가 25,000명에 달하는 상태라 살펴볼 기준이 한두 가지라면 그 일은 처리하기 쉬웠을지도 모른다. 그러나 기준들은 상당히 많았다. "만약 가장 낮은 비용의 적임자를 지금 당장은 이용하기 어려워도 3주 뒤에 이용할 수 있다면, 같은 자격을 갖춘 다른 사람을 쓰고 돈을 좀 더 낼 용의가 있는가, 아니면 시작 날짜를 연기해야 하는가?" 또 이렇게도 묻는다. "또는 지리적으로 딱 맞는 사람을 찾을 경우, 줄어든 여행 경비가 비용이 덜 드는 국가를 이용하여 얻는 절감액과 맞먹을까?" "언어능력은 어떠한가? 특정 생산품에 대한 전문적인 지식은? 이런 저런 뱅킹 시스템에 대한 자격증은? 그리고 만약 프랑스어를 유창하게 하고 SAP소프트웨어 패키지를 잘 아는 사람을 찾을 수 없다면, 프로젝트의 모든 조건에 맞는 팀을 만들 수 있는가?"

거기에는 평범한 문장을 검색하는 검색엔진 이상의 것이 필요했다. 검색엔진은 어떤 특정한 일련의 글자가 특정한 페이지에 사용되는지를 알려줄 뿐이다. 그것은 어떤 날짜가 컨설턴트의 바쁜 시기와 한가한 시기를 나타내는지 알려주지 못하며, 자신이 불어를 말한다는 사실이 너무나도 당연하여 그 사실을 명확히 밝히지 않은 프랑스의 모든 불어 사용자들을 놓치게 될 것이다. 대신 IBM은 관리자들에게 일종의 나무구조를 여러 차례 클릭하여 컨설턴트들을 찾을 수 있게 해주었다. 아마도 첫 단계에서 그것은 세계 지도처럼 보였을 것이다. 먼저 대륙을 클릭하면 자격을 갖춘 컨설턴트의 지원 분야 목록이 나타난다. 그 분야 중 회계를 예로 들면, 컨설턴트의 일당에 따라 다섯 등급으로 나뉘어져 있다. 가격대를 선택하고 그 등급의 컨설턴트들이 언제 일할 수 있는지 시기를 알아본다. 의뢰인이 여행 경비에 관심이 없고 컨설턴트가 사는 곳은 관계없이 최고의 회계 컨설턴트를 원하기 때문에 대륙별로 컨설턴트를 선택할 필요가 없는 경우엔, 이 나무의 가지들을 계속 쫓아가다보면 자신이 모으고 있는 완벽한 팀의 완벽한 구성원을 찾는 데 점점 더 가까워진다. 실제로 당신의 의뢰인이 경비가 얼마가 들든 최고의 인재들을 모으라고 했다고 하자. 따라서 선택 나무구조의 첫 번째 가지에 지역보다는 전문적인 지식 분야가 나오도록 했다. 가격대는 볼 생각도 하지 않고 컨설턴트들의 경험 연수로 그들을 분류하고자 한다. 불행히도 현재의 나무구조는 12단계까지밖에 갈 수가 없다.

당신은 곤경에 빠졌다. 당신이 정말로 원하는 것은 먼저 전문지식 분야에 따라 컨설턴트를 분류하고 그 다음엔 경험에 의해 분류하다가도 다음엔 언어로, 그 다음엔 비용과 위치, 전문지식에 따라 분류할 수 있는, 다시 말해 자신이 생각하는 방식에 따라 저절로 배열되는 나무구조다. 당신이 원하는 것은 당장 필요한 것을 정확히 충족시켜주는, 검색가능하고 가지를 친 나무구조를 역동적으로 만들어내는 다면분류법(faceted classification)이다. 그것이 정확히 IBM의 컨설턴트 데이터베이스가 작동하는 방식이다. 하워드에 따르면, 새 체계 덕분에 그들은 통상 몇 주가 걸리던 대형 보험사의 프로젝트 팀 구성을 이틀 만에 마칠 수 있었다고 한다. 바로 그와 같은 이점들을 보면 〈뉴욕타임즈〉나 반즈앤노블, NASA가 다면체계를 실행하고 있는 이유를 알 수 있다. 다면분류법을 제공하는 업체 중의 하나인 엔데카(Endeca)의 고객 중에는 엔데카의 소프트웨어를 이용하여 2천 5백만 개의 상이한 품목을 천 개가 넘는 서로 다른 특성들로 분류한 석유 및 가스업체가 있다. 그리고 엔데카의 경쟁사인 사이드린(Siderean)은 금융서비스와 의료보험 업계를 위해 2억 건의 고객 서비스 기록과 거래까지 다면적으로 접근할 수 있게 해주는 시스템을 고안 중이다.

다면분류법은 사용자가 편하게 나무구조를 검색할 수 있게 하는 특성과 디지털 계산방식이 갖는 힘을 결합시킨 것으로, 컴퓨터 없이는 생각할 수 없다. 따라서 그 방법이 컴퓨터가 없던 70년 전에 장난감 기계로부터 영감을 받은 한 사서에 의해 고안되었다는 사실은 놀라울 따름이다.

S. R. 랑가나단(S.R. Ranganathan)은 1892년 남부 인도의 웁하야베단타푸람(Ubhayavedantapuram)이라는 작은 마을에서 브라만 계급으로 태어났다. 17살에 대학에 들어갈 당시 그는 이미 결혼 2년차인 기혼자였다. 그의 아내는 결혼할 당시 11살이었다고 한다. 그는 수학과 물리학 교사가 되었는데, 사서직에는 전혀 관심도 없다가 단지 월급이 더 높다는 이유로 마드라스대학(University of Madras)의 첫 번째 사서 자리에 지원했다. 그러다가 도서관학을 공부하러 런던에 다녀온 뒤, 도서관은 그의 인생이 되었다. 도서관은 그의 정돈된 마음과 사람들을 도우려는 정신적인 소망에 어울리는 듯 보였다. 1931년 랑가나단이 발표한 '도서관학의 5대 법칙'은 그 두 가지를 모두 표현했다.

1. 책은 이용하기 위해서 존재한다.
2. 책을 읽는 모든 사람들에게 책은 존재한다.
3. 모든 책은 그 책을 읽는 사람에게로.
4. 책 읽는 사람들의 시간을 절약하라: 도서관 직원의 시간을 절약하라.
5. 도서관은 성장하는 유기체다.

당시 인도에서는 듀이의 10진 분류법이 널리 사용되고 있었다. 랑가나단은 듀이의 기독교적 세계관보다 인도에 어울리는 관점을 가진, 융통성 있는 새로운 체계를 원했다.

런던에 머물던 중, 그는 획기적인 돌파구를 찾을 수 있었다. 그는 나중에 이렇게 썼다. "나는 우연히 셀프리지 백화점에서 선전 중이던 메카노 세트(Meccano set, 어린아이들이 기계를 만들 수 있게 해주는 장난감)를 보게 되었다. 한 시간을 꼼짝도 않고 기본적인 부품들로 이루어진 작은 세트로부터 서로 다른 형태의 장난감들이 조립되는 과정을 지켜보고 서 있었다." 그는 성격(personality), 재료(matter), 에너지(energy), 공간(space), 시간(time)의 다섯 가지 분류영역, 즉 일면(facet)을 제안했다. 각각의 영역에 대해 그는 가능한 가치 목록을 제안하면서, 그 목록을 '독립세목(isolate)'이라 불렀다. 책은 다섯 가지 영역인 각각의 독립세목을 결합시킴으로써 모든 가능한 자리를 미리 명확히 밝히지 않고도 융통성 있게 분류될 수 있었다. 물론 그것은 간단한 방법은 아니었다. 1950년까지의 인도 은행 경영에 관한 책은 'X62 : 8.44N5'로 표현되는데, X는 경제학(성격)을 나타내고, 62는 은행(재료), 8은 경영(에너지), 44는 인도(공간), N5는 1950년(시간)을 의미한다. 1933년 그는 자신의 체계를 설명하는 대작, 《콜론 분류법(Colon Classification)》을 발표했다. 물론 그것은 세상에서 가장 형편없는 제목이었지만 그것이 설명하고 있는, 콜론으로 분리된 카테고리들을 이용하는 분류법은 가히 혁명적이었다. 초판은 출간되자마자 품절되었다.

《콜론 분류법》은 랑가나단의 성격을 그대로 보여주었다. 그는 요리를 하기 전에 모든 재료를 일렬로 늘어놨던 매우 신중한 사람이었다. 여행을 떠날 준비를 할 때도 그는 짐을 싸기 전에 일일이 물건의 무게를 재어 한도를 지켰다. 그의 일과표는 한 치도 틀림이 없는 바람에 도둑이 미리 시간을 정해 15분 동안 물건을 훔쳐간 적도 있었다. 멜빌 듀이와 마찬가지로 그 역시 사서들이 책을 갖다 주기를 기다리는 시간과 같은 피할 수 있는 비효율성은 질색하는 사람이었다. 그러나 랑가나단에게는 기이할 정도로 아주 비합리적인 측면도 있었다. 그는 서양의 분신사바 게임에 해당하는 위자 보드(Ouija board)에 손을 대기도 하고 힌두교단의 정식단원인 스와미를 방문하기도 했다. 랑가나단의 아들이 전하는 바에 따르면, 자신의 아버지가 동굴에 사는 스와얌프라카사(Swayamprakaasa)라는 스와미를 찾아간 적이 있었는데, 그 스와미는 긴 수염과 공깃돌 크기의 견과류로 만든 화환인 루드라크샤(rudraaksha) 외에는 아무것도 걸치고 있지 않았다고 한다. 랑가나단은 사서들이 직관을 이용하여 서적을 분류할 수 있도록 영적인 성향을 갖추길 기대했다. 그는 직관을 가진 사람은 눈으로 보이는 사건의 이면을 보며, 시간과 공간을 초월하고, 발생 단계로부터 모든 사물의 완벽한 조화를 이해한다고 주장했다. 직관으로 인해 그의 체계에는 애매모호함이 추가되었다. 그의 아들은 그 점에 대해 다음과 같이 말했다.

“아버지조차도 ‘성격’이라는 일면이 진정 무엇을 의미하는지 분명한 생각을 갖고 있지 않아 보였다.”

그러나 신비주의가 깃든 랑가나단의 체계는 컴퓨터를 기반으로 한 체계에서 이용될 경우 강력해지는 성질을 갖고 있었다. 그것은 바로 어떤 일면도 '기초'로 간주되어서는 안 된다는 점이었다. 팀 매니저들이 IBM 컨설턴트 데이터베이스를 이용하여 적합한 팀을 결성하는 것처럼, 컴퓨터는 미리 '적합한' 체계가 무엇인지 결정내리기보다는 사용자의 상호작용에 근거하여 거의 즉석에서 나무구조를 만들 수 있다. 자신의 현재 관심사에 가장 관련된 일면으로 시작한 다음 다른 일면을 이용하여 관심사를 더욱 좁혀나가면, 결국 자신이 원하는 것을 찾게 된다. 자신의 니즈에 맞는 방법이면 어떤 것이든 콜론으로 연결하기만 하면 되는 것이다.

물론 랑가나단이 본래 설정했던 성격, 재료, 에너지, 공간, 시간의 일면들은 석유 및 정유업계의 부분들을 정리하고 있다면 별 의미가 없다. 3밀리미터 쇠고리의 '성격'을 구성하는 것은 정확히 무엇인가? 정확히 말하자면, 각각의 수집물에는 자기만의 일면과 적합한 가치들이 존재한다. 종종 일면과 가치들은 기존의 데이터베이스로부터 자동적으로 찾아낼 수가 있으며, 그로 인해 우리가 이 가지에서 저 가지로 뛰어다니는 데이터 속의 다람쥐가 되는 체계가 탄생하는데, 우리가 어디를 뛰어다니든 신기하게도 가지는 나타나게 마련이다.

이는 시시한 컴퓨터 문제가 아니다. 다면 분류법을 제공하는 선두적인 기업들 중의 하나인 엔데카의 공동창립자이자 최고경영자, 스티브 파파(Steve Papa)는 〈와인 스펙테이터(Wine Spectator)〉라는 잡지에 실린 9만 건의 평가를 이용해 만든 실연과정을 통해 방문객들을 자신의 보스턴 사무실로 데려간다. 각각의 평가는 와인 종류, 국가, 양조장, 등급, 가격대, 연도, 특별 명칭, 마실 수 있는지 정도, 맛

등 9개의 영역들 중 어느 것으로든 분류될 수 있다. 자신이 원하는 방법대로 모두 분류할 수 있기 때문에, 논리적으로 가능한 방법은 10의 34제곱이 된다. 그러나 사용자들은 존재하는 와인 종류로 끝나는 방법들만을 보게 된다. 예를 들어 높은 등급의 와인을 보려고 한다면, 한 병에 5달러 미만의 와인은 제외된다. 불행히도 나무구조에서 좋지만 무척 싼 가지에는 아무것도 없기 때문이다. 이와 비슷하게 흑포도로 만든 적포도주, 진판델(Zinfandel)을 찾으려고 한다면 미국과 남아프리카를 제외한 모든 나라들은 사라진다. 다면체계에서는 막다른 골목에서 헤매며 다닐 가능성은 없다. 바로 그 때문에 2천 5백만 개의 가능성이 존재하는 데이터베이스에서 꼭 맞는 부분을 찾으려는 엔지니어들이 다면분류법에 의존하는 것이다.

또한 엔데카는 다면분류법과는 그리 상관없어 보이는 데이터 리포팅(데이터를 활용해 표준 보고서 양식을 만드는 일)과 시각화 제품(눈으로 볼 수 없었던 정보를 시각화한 제품)을 개발하기도 하였다. 예를 들면, 이 회사는 하버드 대학과 공동으로 동창관계에 있는 1천 명이 20개의 서로 다른 일면을 이용하여 기부금에 대한 보고서를 제출하게 해주는 시스템을 만들어내고 있다. 파파는 어떤 특정한 해에 기부금이 얼마였는지를 보여주는 세 개의 일면으로 차트를 작성하고 기부자의 연령대를 분석하는 과정을 보여준다. 그가 다른 일면을 선택하면, 보고서는 데이터를 경신하여 기금 모금 만찬을 개최했을 때 돈이 가장 많이 모금될 가능성이 있는 지역을 보여준다. 이는 정확히 엔데카가 작동 중에 검색 가능한 나무구조들을 만드는 데

이용한 다면으로 분류된 똑같은 정보다. 다면분류법은 이미 정리된 나무구조들은 파악하지 못하는 현실 세계의 조직이 가진 중요한 점을 잡아내기 때문에 어떤 식으로든 이용될 수 있다. 현실은 여러 면으로 이루어져 있으며 현실을 분리하는 방법은 무수히 많다. 현실을 어떻게 나누는지는 왜 나누고 있는지에 달려 있는 것이다.

시간이 지나면서 정확하고 진실한 지식의 나무구조는 오직 하나라는 아리스토텔레스의 믿음은 효력을 잃어갔지만, 우리가 정보를 보존하고 전달하는 데 원자, 대개는 종이를 사용해야 했기 때문에 그 법칙이 여전히 유효한 듯 여겨져 왔다. 종이 부전지를 배열하여 지식을 정리할 때는, 각각의 잎에 배당되는 자리가 하나인 나무를 이용하게 된다. 종이 위에 지식의 모습을 그릴 때 깨끗하게 경계선을 그려야 하고, 애매모호한 것은 자리를 차지할 수도 없다. 책으로 지식을 펴낼 때 지식은 권, 편, 장, 부, 단락, 문장으로 이루어지는 나무와 같은 구조에 맞게 분류된다. 은연중에 종이는 지식을 나무의 모습으로 만들어갔다.

이제 종이 없는 정리의 규칙을 갖게 되었는데도, 함유하는 카테고리들을 분명히 포기하려 하지 않는다. 함유라는 개념이 없었다면, 언어는 지적과 투덜거림을 벗어나지 못했을 것이다. 뛰기의 일종이라고 말하지 않고 '조깅'을 정의하거나 칵테일 종류라는 사실을 인정하지 않고 마티니를 정의해보라. 그래서 함유가 뿌리를 내린 것이다. 그러나 나무구조는 다른 문제다. 물론 지식을 통하는 길이 나무와 같은 모양을 띠는 경우는 많다. 하지만 항상 그런 것은 아니다.

나무구조는 군대 요리의 역사가 역사와 군대, 그리고 요리 분야에
매달려야 하는 경우엔 통하지가 않는다. 눈에 보이는 물체를 뭉치고
가르기 위해서는 그 물건들이 어디로 가야 할지를 놓고 이분법적 결
정을 내려야 한다. 개념과 정보, 지식이 그러한 한계로 인해 고통 받
아서는 안 된다.

세 번째 정리 체계에서 하나의 이파리는 여러 가지에 달려 있을
수 있다. 서로 다른 사람들을 위해 서로 다른 가지에 매달려 있을 수
있으며, 같은 사람인 경우에도 다른 주제를 찾겠다고 결정하면 가지
를 바꿀 수도 있다. 세상에 대한 지식이 나무와는 다른 어떤 모양을
띠거나 상상할 수 없는 4차원의 나무이기 때문이 아니다. 세 번째
정리 체계에서 지식은 어떤 모양을 갖고 있지 않다. 세상을 이해하
는 데 쓸 수 있는 유용하고 강력하고 아름다운 방법들이 그저 너무
나도 많기 때문이다.

5장

정글의 법칙

Everything is Miscellaneous

애기하기 부끄럽지만 가끔 나는 식기 세척기에 있는 것들을 모두 빼낼 때, 은 식기류 통에 있는 것들은 남겨놓는다. 그 일은 은근슬쩍 아내에게 떠넘기는 것이다. 우리의 결혼이 이토록 오랫동안 지속된 것은 기적이라 할 수 있다.

접시를 따로 정리하는 일은 정리수법을 알고 있어서 그리 어렵지 않다. 위에서부터 가능한 접시를 많이 꺼낸 다음, 샐러드 접시를 골라내고 계속해서 가장 큰 접시에서 가장 작은 접시까지 골라내면 된다. 그렇게 하는 이유는 내가 크기대로 물건을 정리하지 않고 못 배기는 강박증이 있어서가 아니다. 뭔가 원인을 찾자면 바로 우리의 현실이 강박증을 갖고 있다고 할 수 있다.

큰 접시는 작은 접시들보다 튀어 나오게 마련이라, 먼저 꺼내기가 더 쉽다. 그런데 은 식기류들은 그렇게 협력해주지 않는다. 그것들은 식기세척기 통에서 뒤죽박죽인 채로 반항하며 몰려 있다. 그래서 먼저 한 움큼을 쥐고 품목별로 차례차례 정리해야 한다.

물론 그것은 우리가 은 식기류를 뒤죽박죽인 상태에서 '구출' 해서 정해진 서랍에 분류시키려고 하기 때문에 생기는 문제일 뿐이다. 만약 그것들을 뒤섞인 상태로 놔둬도 된다면, 그냥 서랍에 넣어버리면 모든 게 끝난다.

실제로 내가 다른 대학생들과 생활할 때에는 그것이 은 식기류를 유지하는 방법이었다. 그러나 우리는 식탁을 차릴 때마다 미리 식기류를 분류해놓지 않았던 대범한 행동의 결과를 책임져야 했다. 우리는 서랍 여기저기를 뒤지며 필요한 것들을 골라내곤 했다. 만약 도구를 이용해서 식사를 하려면 어떤 식으로든 완전히 잡동사니가 된 상태에서 은 식기류를 꺼내야만 한다. 대학 때에는 먹을 준비가 될 때까지 그 순간을 미루었는데, 이제 결혼을 하고 책임감 있는 어른이 되면서 그것들을 사용하기 전에 분류해 놓고 식탁을 차릴 때 제대로 정리되어 있는 식기류를 볼 수 있게 되었다.

원자로 이루어진 세계에서는 전략에 맞게 자기 자리가 있다. 대학생들의 방식은 식기류 종류가 얼마 안 될 때 가장 잘 먹힌다. 일단 결혼선물로 식기류를 받고나서 자꾸 모으기 시작하다보면 칼이나 포크, 티스푼, 수프 숟가락만 갖게 되지 않는다. 버터 칼에 스테이크 칼, 과일 깎는 칼, 서비스 칼까지 갖게 되고 샐러드 포크에 일반 포크, 심지어는 새우를 먹을 때 쓰는 포크까지 갖게 된다. 그리고 나이가 들면서 식구들, 손님, 아주 특별한 손님을 위한 은제품까지 사들이게 된다. 만약 운이 좋아 정통 유대인과 결혼하게 된다면 고기가 들어가는 식사와 유제품이 들어가는 식사, 유월절을 위한 세트를 각각 따로따로 갖추게 된다. 그때가 되면 록가수 제퍼슨 에어플레인 (Jefferson Airplane)의 음악을 하이파이(hi-fi)로 들으며 모든 식기류를 엄청나게 쌓아놓는 것이 더 이상 좋은 생각처럼 보이지 않는다. 식사를 할 때마다 분류해놓지 않으면, 집 안의 은제품들은 혼란 속에 빠지기 때문이다.

디지털 시대에서 컴퓨터는 엄청나게 크고 복잡한 정보량을 분류하는 데 있어 천재적인 소질을 보여주고 있다. 생활 소품을 판매하는 크레이트앤배럴(Crate and Barrel)의 온라인 카탈로그에는 50가지의 식기세트가 있는데, 세트마다 상이한 포크와 스푼이 두 개씩 있고 칼이 하나 있다. 그 사이트에서는 나무 핸들이 달린 식기류와 잘 어울리는 구멍 난 서빙 스푼을, 완벽하게 정리된 서랍에서 여러 개의 수프 숟가락을 잡는 것보다 더 빨리 찾아낼 수 있다. 그리고 그것은 우리가 대학생일 때의 생각이 옳았다는 점을 의미한다. 우리는 그저 시대를 앞서갔던 것뿐이었다.

최고의 디지털 전략이란 모든 것은 하나의 커다란 잡동사니 속에 내던져 놓고, 오늘밤 저녁식사에 필요한 것들을 정확히 찾아내는 일은 기계에 맡기는 것이다.

벌레가 든 커다란 통

"앨리슨 루크스 에 시(Alison Lukes et Cie)는 워싱턴 최초의 옷장 컨설턴트이자, 개인 대리 구매업자 및 스타일리스트다."

그녀의 웹사이트에는 수십 개의 여성 신발이 색상별로 선반에 정리되어 있는 옷장 앞에서 찍은 자신의 사진이 올라와 있다. 그녀는 젊고, 세련되게 옷을 입었다. 그리고 예쁘고 자신감 있는 미소를 짓고 있다. 그렇지 않을 이유가 무엇이겠는가? 루크 양은 가정에서 마지막으로 뒤죽박죽된 채 남아 있는 곳들 중의 하나를 정리하는 일에 애쓰고 있다. 이것저것 잡동사니로 채워져 있는 옷장들은 그녀의 고상한 발소리를 들으면 두려움에 움츠려든다. 혼란 그 자체가 그녀의 것이라는 표가 달린 권총 앞에 주눅이 드는 것이다.

도대체 잡동사니가 무슨 문제가 되는가?

실제로 잡동사니는 아무런 공통점이 없는 것들이 모여 있는 것이다. 물론 아무런 공통점이 없다는 것은 상대적이다. 부엌의 뒤죽박죽된 서랍 안의 기구들 모두가 음식을 준비하고 먹는 데 쓰인다는 점과 모두가 서랍 자체보다는 작다는 공통점을 갖고 있다. 비슷하게, 축하 카드를 뒤죽박죽 모아놓은 곳에서 바순이나 잔디 깎는 기계를 볼 수는 없다. 그럼에도 불구하고 어떤 특정한 영역 내에서 잡동사니는 옆에 어떤 것이 오든 서로 다른 것들을 모아둔 것이다.

때때로 우리는 그것을 좋아한다. 대학교 친구들과 함께 자취할 때에는 제대로 분류하려면 분류하지 않을 때보다 더 힘이 들었다. 그리고 뒤죽박죽된 상태를 유지하면 좋은 점도 있다. 견식 있는 인사국장들은 일터의 다양성이 단순한 평등의 문제가 아니라고 말할 것이다. 펩시코(Pepsico)는 2004년 수익성장의 8분의 1이 다양성에 의해 자극을 받은 신제품으로부터 생겼다고 말했다. 아카데미상을 받은 영화 편집자, 월터 머치(Walter Murch)도 서로 다른 것들을 모아 성공을 거두었다. 영화 '자헤드, 그들만의 전쟁(Jarhead)'을 편집하고 있던 그는 영화 속에 나오는 5천 개의 장면들을 사진으로 찍어 스튜디오 벽에 정신없이 붙여놓았다. 그는 이렇게 말했다.

"아주 적절한 방법으로 사진들이 서로 충돌하게 되었다."

그럼에도 불구하고 머치가 그 일을 끝내고 사진을 보관할 때에는 분명 그것들을 분류하여 정리하길 원할 것이다. 첫 번째, 두 번째 정리 체계에서 물건들을 섞는다는 것은 창의성을 위해서는 좋을지 몰라도 그것들을 다시 찾으려면 재앙이 된다. '추레한 자매들(Slob Sisters : 팸 영과 페기 존스라는 실제 자매들로, 집 안 정리하는 법에 관한 책을 냈다 – 옮긴이)' 중의 한 사람이 《곁길로 빠진 가정주부들 (Sidetracked Home Executives)》에서 설명한 상황과 흡사하다.

"그 숙명적인 6월의 어느 날, 나는 잡동사니라고 표시되어 있는 157개의 이삿짐 박스에 둘러싸인 채 새로 이사 간 거실 바닥에 누워 있었다." 따라서 잡동사니가 좋은 것은 아니다.

마찬가지로, 분류 체계에 있어 지나치게 양이 많은 잡동사니 카테고리는 그 체계가 모든 관련된 정보를 이용하고 있지 못하다는 징표가 될 수 있다. 만약 코끼리를 점박이 올빼미와 함께 묶는다면 아리스토텔레스가 내린 카테고리의 정의에 따라 두 동물 모두 멸종 위기의 종이라는 정보가 추가된다. 그러나 그것들을 짧은 다리에 몸이 긴 독일산 개인 닥스훈트나 귀뚜라미와 함께 잡동사니 카테고리에 던져버린다면, 그 관계는 묻히게 된다. 따라서 진화론자 스테판 제이 굴드(Stephen Jay Gould)가 지적한대로, 분류 체계에 의해 어떤 영역이 심하게 차이가 나는 두 개의 주요한 부분으로 나뉜다면 의심스럽게 생각해야 한다. 린네가 동물을 척추동물과 무척추동물로 분류한 경우가 바로 여기에 해당되는데, 그는 척추동물(지금은 4천 종이 있다고 알려진)을 4개의 하위카테고리로 나누고, 무척추동물은(약 100만 종에 이르는) 다소 잘 정의된 곤충 카테고리와 지렁이에서 패류 및 해파리까지 기어다니고 물에 떠다니는 모든 것을 획일적으로 묶어 놓은 '연형동물(라틴어로 Vermes)', 이렇게 단지 두 개의 하위카테고리로 나누었다. 린네는 자신의 체계가 무척이나 왜곡되었다는 점을 알지 못했다. 사실 그는 동식물이 통틀어 15,000종이 못 된다고 생각했다. 그럼에도 불구하고 그는 자신처럼 척추가 있는 동물에는 과도한 관심을 갖고 있었다.

린네가 그토록 많은 종을 연형동물(Vermes)이라는 집단에 쑤셔 넣었는지는 분명하지 않다. 생물이 단순할수록 그것을 분간해내는 방법이 더 적은 것은 사실이지만, 린네는 연형동물보다도 복잡하지 않은 식물은 아주 자세히 분석했다. 아마도 린네는 식물을 사랑했고, 연형동물은 그리 좋아하지 않았던 것 같다. 이유가 어찌됐든, 그는 그 잡동사니 집단에 너무나도 많은 정보를 숨겨두었다.

린네의 연형동물을 다시 분류했을 뿐 아니라 린네의 나무구조의 기본적인 형태를 바꾼 사람은 바로 기린의 목이 길어진 과정을 틀리게 설명한 학자로 부당하게 알려진 장 밥티스트 라마르크(Jean Baptiste Lamarck)였다. 굴드의 설명에 따르면, 라마르크는 무척추동물을 무척이나 사랑하여 그의 나이 거의 쉰에 파리식물원(Museum National d'Histoire Naturelle)의 곤충 및 연형동물 담당 교수로 임명되었다고 한다. 라마르크는 연형동물이라는 카테고리를 서로 아주 다른 생물들이 함께 묶여 있는 일종의 대혼란 상태라고 부른 뒤, 1793년부터 그것들을 구분하기 시작했다. 1802년, 그가 장에 기생하는 벌레와 다른 기생충으로부터 지렁이 등의 환형동물을 구분해내면서(린네가 이 카테고리를 더욱 깊이 파고들지 않기로 한 결정은 점점 더 이해가 될 것이다.) 연형동물 집단에는 성게의 카테고리보다 복잡하지 않은 그 아래의 생물들만 남게 되었다. 굴드는 라마르크가 그 집단을 연구하는 과정에서 린네가 했던 대로 생물이 가장 복잡하지 않은 것에서부터 가장 복잡한 것으로 일렬로 정리될 수 있는 것이 아니라는 점을 깨닫게 되었다고 주장한다.

린네의 체계를 수정한 라마르크로부터 얻을 수 있는 교훈은 두 가지다. 정보를 숨기고 있던 잡동사니의 카테고리가 라마르크가 지나가다 그 집단을 유용하게 갈라주길 기다려준 점을 보면, 그러한 카테고리들은 우리를 신중하게 만든다고 할 수 있다. 또는 린네가 충분히 이것저것 섞어놓지 않았다고 말할 수도 있다. 분명한 점은 라마르크가 연형동물 간의 중요한 차이점을 발견했다는 점이다.

그러나 물질을 한 가지 방법으로 정리하는 것은 어찌 보면 그것을 어지럽히는 셈이다. 자신의 후식조리법을 케이크와 쿠키, 파이로 분류하는 것은 그것이 가진 탄수화물 순서를 혼란하게 만드는 것이다.

종종 정돈된 상태로 인해 밝혀지는 것보다 숨겨지는 것이 더 많다는 기본적인 사실은 세상을 분류하는 기술 내지 학문에서 알려지지 않는 경우가 간혹 있다. 우리가 직접 좋아하는 맹인을 선택해야 했다는 점만 빼면, 우리는 속담에 나오는 코끼리를 더듬은 7명의 맹인과도 비슷했었다. 라마르크가 연형동물을 다시 분류한 덕분에 린네가 놓친 관계가 드러났지만 어부의 경우엔 탐나는 물고기가 덥석 물을 지렁이가 어떤 종류냐에 따라 그 집단을 다르게 분류할 것이다. 라마르크와 어부의 분류 모두 장점이 있지만 그것이 첫 번째 정리 방법에 의해 분류된 집단이라면, 스테이플스가 프린터 잉크를 한 가지 방법으로 비치해야 하는 것처럼 우리도 그 집단을 단 한 가지 방법으로밖에 분류할 수 없다. 두 번째 정리방법에서는 주제, 작가, 제목별로 분류된 도서관 목록카드와 같이 융통성을 발휘하여 몇 가지 방법으로 물질적인 메타데이터를 정리할 수 있지만, 그 수준을 크게 넘어설 수 없거나 목록이 너무 커져서 이용할 수 없게 된다.

정보를 분류하는 방법에 가해지는 이러한 물리적인 한계는 사람들의 비전을 제한해왔을 뿐 아니라 정보를 만드는 사람들보다 정보 정리를 맡은 사람들에게 더 많은 권한을 부여해왔다. 편집자들이 취재기자들보다 더 힘이 있고 기사배급업체가 편집자들보다 더 힘이 있는 이유는 그들이 무엇을 겉으로 내보이고 무엇을 무시할지 결정하기 때문이다.

적어도 첫 번째, 두 번째 정리 체계에서는 그러하다. 하지만 세 번째 정리 체계에서는 비트가 왕이고 잡동사니 또한 왕이다.

이파리에 태그붙이기

잘 만들어진, 나무와도 같은 정보 체계는 때로 부조리한 면이 엿보이지만 대단한 점이 있는 게 사실이다. 뉴스 기사를 듀이의 방식처럼 정리한 국제언론통신협의회(International Press Telecommunications Council)의 '뉴스조항(NewsCodes)' 목록에는 '융자와 주식매물', '정부계약', '글로벌 확장', '내부자 거래' 등의 카테고리 목록이 들어 있는데, 어떻게 보면 하나의 기사를 요약한 제목들 같다는 느낌이 든다. 그 목록이 진짜로 특이한 점은 구체적으로 나타낸 카테고리들이 지나치게 균형이 맞지 않다는 점이다. '영화'라는 카테고리에는 '영화제'만이 올라 있고, '항해'라는 제목 아래에는 1인 요트 경기(4.57m/sq mainsail)를 포함한 7가지 종류의 요트경기들만 있다.

게티의 예술 및 건축 시소러스(Getty Art and Architecture Thesaurus)는 '뉴스조항'보다 더욱 야심차다. 이 시소러스를 담당했던 프로젝트 감독, 조세프 부쉬(Joseph Busch)는 이렇게 말한다. "우리의 목표는 물질세계를 분류하는 것이었다." 그리고 별로 어렵지 않은 프로젝트였다고 그는 장난처럼 덧붙였다. 그 시소러스는 여러 학회들이 갖고 있는 목차에 대한 정보를 찾고 공유할 수 있도록 만들어졌는데, 큐레이터와 학자들에겐 큰 도움이 되었다. 이토록 놀랍게 세상을 잘 정리한 전문가들은 128,000개의 용어들을 7개의 상위 카테고리들로 나누었다. '사과 씨 빼는 도구'를 검색해보면 그것이 씨를 빼는 도구 카테고리에 속해 있다는 점을 알게 되는데, 이 카테고리는 몇 번의 잔가지들을 지나 결국 나무의 주요 가지에 도달하게 된다.

씨 빼는 도구 – 빼내는 조리도구 – 음식 준비와 요리를 위한 조리장비 – 조리장비 – 상황별 장비 – 장비 – 도구와 장비 – 비품과 장비 – 물체

이 프로젝트는 어떤 장면을 묘사하는 예술 제작활동이 어떤 방법들로 설명되는지 알려주려 한다. 따라서 이 시소러스에는 물체와 활동 영역이 같은 위치에 포함되어 있다. 이러한 활동 영역에는 서 있기, 앉아 있기, 속삭이기, 궁술, 고문과 같은 하위 카테고리들이 있는데, 모두 동등한 위치에 같은 가지로부터 매달려 있다. 분류에 의해 기이한 동료가 만들어진 셈이다.

게티 시소러스는 소위 제어된 어휘(controlled vocabulary)라는 것을 제공하여, 큐레이터들이 19세기 영국 화가였던 J. M.W. 터너

(J.M.W. Turner)가 선박이나 보트를 그린 그림을 바다 그림으로 설명할지 여부를 놓고 자의적인 결정을 내리지 않아도 소장 작품을 분류할 수 있게 해준다. 표준화작업은 정보를 검색하기 더 쉽게 만들어준다. 만약 어떤 용어를 알고 있다면(혹은 나무구조를 검색한다면) 터너의 그림을 찾을 때 선박과 보트 중에 어떤 단어를 써야 할지 고민할 필요가 없다. 게티의 용어들이 나무구조로 정리된다는 사실은 애매모호함을 피하는 데 도움이 된다. 하지만 이 체계에서 암석(rock)이라는 단어는 물체라는 카테고리에서는 돌이지만, 휘슬러의 어머니(미국화가 제임스 휘슬러가 그린 자기 어머니 그림 – 옮긴이)가 활동 카테고리에서 몸을 흔들고 있는 것도 락(rock)이다.

게티의 시소러스는 굉장한 나무구조지만 이러한 다른 프로젝트들처럼 그것이 포함하고 있는 풍부한 내용을 축소해야지만 포괄적인 특징을 얻어낼 수 있다. 이것이 체계적인 나무구조가 갖는 성질인데, 그러한 나무구조들이 계속 반복해서 적용되는 획일적인 관계 위에 만들어지기 때문이다. 예를 들면 B는 A의 유형이라거나 B는 A에 보고한다거나, B는 A의 자식이라는 관계들이다. 나무구조 내의 가지에 의해 그 관계가 어떻게 설명되든, 그 관계는 분명 너무 단순하여 주제 내의 모든 관계들과 복잡성을 파악해낼 수 없다.

대부분 사람들은 그 점을 알고 있다. 우리는 혈통계보가 시간에 따른 DNA의 경로만을 표시해주고, 부모와 자식 간의 감정적인 유대감에 대해서는 아무것도 말해주지 않는다는 점을 알고 있다. 또한 게티의 시소러스가 세상이 어떻게 작동하는지에 대한 광범위한 안내서로써가 아니라 큐레이터들에게 편의를 제공하도록 만들어진 것이라는 점도 알고 있다. 아무리 그렇다고 해도 지식의 지도를 그릴 때 지식이 엄격하고 가차 없는 방법을 적용함으로써 정복될 수 있는 분야라는 생각에 빠지기란 지극히 쉬운 일이다.

게티의 사업은 어려운 결정을 내릴 수 있는 단일 조직에 의해 시행됐기 때문에 효과를 발휘할 수 있었다. 이 점은 여성 바지에 관한 문제를 설명해준다. 갭(Gap)의 사이트를 검색해보면 일반바지, 청바지, 카프리 바지로 나뉘어져 있다. 카프리바지는 무릎까지 오는 일반바지와 무릎까지 오는 청바지로 나뉘어져 있는데, 이 세 가지 종류가 중복된 경우가 있다. 제이크루(J. Crew)에는 일반바지와 평상복, 데님, 정장 바지가 있는데 일반바지와 청바지는 통이 좁은 매치스틱, 엉덩이에 걸치는 스타일의 힙슬렁, 무릎 아래통이 넓은 부츠컷, 보이 진, 슬라우치, 도시형 등으로 나뉜다. 앤스로팔로지(Anthropologie)는 바지를 통이 넓은 바지와 통이 좁은 바지, 양복바지, 면바지, 반바지, 사이즈 작은 바지, 큰 바지로 나눈다. 바지 종류를 모두 검색한다고 해도 반드시 모든 바지들을 보게 되는 것은 아니다. 갭의 경우, 카프리바지를 일반바지와 반바지 사이에 두는 것처럼 보이기 때문이다. 치마의 경우도 별반 나을 것이 없다. 앤스로팔로지는 그래픽, 쇼트, 스트레이트, 플러피, 프티 스커트로 치마를 나누는데 반해, 다른 의류회사들은 짧은 치마, 긴 치마, 정장 치마로 나눈다. 그리고 모든 매장에는 세일 품목들도 있다. 만약 제어된 어휘와 표준적인 바지의 나무구조가 있었다면, 물건을 사는 사람들이 카프리바지를 놓치지 않는다고 자신하면서 모든 매장을 검색하는 방법을 알 수 있을 것이다. 그렇게 할 수 없는 이유는 여성용 바지가 예술 활동에서 나타날 만한 모든 것들보다 더 복잡해서가 아니라 게티만큼의 지위를 갖고 표준적인 분류법을 선언할 단일한 조직이 없기 때문이다. 분류법은 정치적인 권력투쟁이다. 첫 번째, 두 번째 정리 체계에는 승자가 있어야 한다.

세 번째 정리 체계는 분류법에 의해 정복당한 영역을 빼앗아 해방시킨다. 그리고 그 영역을 강제로 카테고리들로 나누지 않고, 태그(tag)를 붙인다. 이렇게 태그를 붙이는 태깅 덕분에 웹페이지나 사진 등의 온라인 자료를 이용하는 사람들은 나중에 다시 그 자료들을 찾아볼 수 있다. 그러한 기본적인 아이디어가 오래 전부터 존재하긴 했지만, 그것은 딜리셔스닷컴(Delicious.com, ‘del.icio,us.’ 로도 쓰는)이라는 특정 사이트에 의해 뜨거운 관심의 대상이 될 수 있었다. 딜리셔스를 만든 조슈아 샤흐터(Joshua Schachter)는 그것을 가리켜 ‘웹사이트의 기억력을 증폭하는 체계’라고 했다. 딜리셔스는 가장 기초적인 차원에서 보면, 다시 찾고 싶을지도 모르는 웹페이지들을 목록으로 만들게 하는 북마킹 사이트다. 특히 자신의 목록이 브라우저의 북마크 메뉴에서 잘 어울리지 않을 때 필요하다. 딜리셔스는 북마크를 해둔 사이트를 찾는 데 도움을 주기 위해 고객이 원하는 말은 무엇이든지 붙일 수 있게 한다. 만약 어떤 페이지가 샌프란시스코에 대한 내용이라면, ‘샌프란시스코’, ‘SF’ 혹은 ‘나의 고향’, ‘4음절 도시’ 등의 태그를 붙일 수 있으며 그 태그 덕에 자기 방식대로 기억할 수 있다. 샌프란시스코에 대한 사이트를 다시 찾고 싶을 때, 딜리셔스닷컴의 자기 페이지에 표시된 태그 목록에 클릭하기만 하면 그 태그를 붙인 모든 사이트 목록이 나타난다.

태깅은 아주 개인적인 필요에 의해 생겨났다. 샤흐터 본인이 만든 웹 주소 목록이 2만여 개까지 불어났는데, 그는 그것들 중 상당수의 주소를 친구들과 공유하고 싶었다고 한다. 그래서 그는 지금은 존재하지 않는, 먹스웨이(Muxway)라는 사이트를 만들었고 그의 친구들은 그가 올려놓은 사이트들을 볼 수 있었다. 샤흐터의 친구들 역시 재미있는 사이트를 찾고 있었던 터라 그는 먹스웨이를 공개하여 다른 사람들도 자기들이 찾은 사이트를 제공할 수 있게 만들었다. 2003년, 당시 낮에는 재무 분석가로 일하고 있던 샤흐터는 자신이 먹스웨이로부터 알게 된 것을 바탕으로 딜리셔스를 만들었다. 몇 년 뒤 야후에 딜리셔스를 팔게 될 때까지 그는 자신의 아파트에서 이 사이트를 운영했다.

태킹은 샤흐터가 딜리셔스에 추가한 가장 중요한 특징이었다. 그 아이디어는 처음에 그가 만들었던 2만 개의 웹 주소로 이루어진 목록에서 비롯되었다. 처음에 샤흐터는 목록에 여덟 줄만 올리면서, 사이트의 웹 주소에 '#math'라는 주(註)를 달았다. 태그를 붙이는 데 '샵(#)' 표시를 이용함으로써, 샤흐터는 그 목록을 쉽게 찾을 수 있었다. 물론 딜리셔스의 사용자들은 태그를 만들고자 할 때 '샵(#)' 표시를 할 필요가 없다. 딜리셔스 페이지에 북마크를 하면, 쉽게 나타나기 때문이다.

샤흐터는 태그를 이용하는 대신, 일반적인 인터넷 브라우저의 북마크나 데스크톱 컴퓨터처럼 사용자들이 웹 주소들을 끌어와 폴더를 만들 수 있도록 딜리셔스를 세울 수도 있었다. 그러나 폴더는 태그에 비해 커다란 단점을 갖고 있다. 현실 속의 책이 오직 도서관 선반 한 곳에 올라갈 수 있듯이, 하나의 품목은 오직 하나의 폴더에 들어갈 수 있다는 점이다. 실제로 컴퓨터에 능숙한 사용자들은 윈도우에서 '즐겨찾기'라고 부르는 것을 만들어 파일에 연결된 링크들을 여러 개의 폴더에 넣을 수 있지만, 그 과정은 컴퓨터를 빠르게 어지럽히며 시간을 크게 잡아먹는다. 만약 '아루바', '카리브 해', '해변', '휴가', '스노컬링', '여행', '너무 비싸', '공상' 등의 이름으로 아루바에 대한 페이지를 보관하려고 한다면 각각의 제목에 따라 폴더를 만들어야만 한다. 하지만 딜리셔스에서는 그 페이지를 북마크할 때, 그 말들을 쳐두기만 하면 된다. 각각의 태그들은 딜리셔스 페이지의 태그 목록에 오르게 되어 그것 중 어느 한 가지만 클릭하더라도 그 말을 붙인 모든 웹사이트들이 소집된다. 또한 '해변'과 '휴가' 두 단어로 태그를 붙인 모든 웹사이트도 찾을 수 있는데, 이 경우 '휴가'와 '극지'로 태그를 단 그린란드에 관한 페이지들은 제외된다.

이것이 게티의 시소러스와 얼마나 다른지 생각해보자. 전문가에 의해 정해진 표준적인 카테고리들을 이용하는 대신, 딜리셔스와 이를 뒤따른 다수의 사이트들에서는 모든 사람들이 태그의 형식을 이용하여 자기만의 카테고리들을 만든다. 게티의 카테고리들은 신중하게 다른 카테고리들에 함유되어, 듀이와 아리스토텔레스를 뿌듯하게 할 만한 제대로 정리된 나무구조를 만들어냈다. 딜리셔스에서 태그들 간의 관계는 더욱 정신이 없다. 예를 들면, 전통적인 나무구조에서 어떤 사물은 오직 하나의 가지 위에 오를 수 있다. 딜리셔스에서 어떤 웹 주소에 다수의 태그를 붙이는 것은 실제로는 다수의 가지에 그 주소를 올리는 셈이다. 그러나 잘 정리된 카테고리 체계가 없는데도 딜리셔스는 2만 개의 웹 주소가 든 목록을 철저히 쓸모 있게 만들 수 있다.

태그가 개인이 페이지를 기억하고 다시 찾을 수 있게 해주는 방법으로 이용된다는 점이 바로 샤흐터의 통찰력이 발휘된 첫 번째 부분이었다. 그의 두 번째 통찰력은 사람들의 목록을 공개하여 얻는 효과를 간파했다는 점이다. 딜리셔스에서는 자신이 '샌프란시스코'로 태그를 붙인 모든 북마크를 찾을 수 있을 뿐 아니라 딜리셔스에서 '샌프란시스코'나 '샌프란시스코'와 '식당' 등으로 태그를 붙인 다른 사람들의 모든 북마크도 찾을 수도 있다. 더욱이 '채식주의자', '중국', '저렴한'과 같은 태그를 추가하여 자신의 검색범위를 더욱 집중적으로 좁혀갈 수 있다. 다시 딜리셔스에 와서 태그에 클릭을 할 때마다, 다른 사람들이 같은 태그를 붙인 최근의 페이지들을 볼 수 있다.

세상은 나중에 흥미를 갖게 되거나 자신의 업무에 관련 있어 보이거나, 아니면 단순히 재미있게 보이는 페이지들을 찾아 웹을 쑤시고 다니는 비슷한 관심사를 가진 사람들로 가득 찬 것처럼 보인다.

서로 알지도 못하는 사람들이 붙인 태그를 공유하는 페이지들을 디지털로 모아둔 목록인 태그 스트림(tag stream)은 어떤 특정한 주제에 관한 최신의 의견들과 발달상을 쫓아갈 때 무척이나 유용할 수 있다. 만약 공업화학자가 딜리셔스를 이용한다면, 사람들이 '폴리머(polymer)'라고 태그를 붙인 일련의 페이지에서 놓칠 수도 있었던 정보를 발견할 수도 있다. 심지어는 태그 피드(tag feed)에 가입하면, 매일 '폴리머'라는 태그가 붙는 새로운 페이지 목록을 이메일이나 '모집자'라는 소프트웨어를 통해 받을 수도 있다. 매일 그런 습관을 들이다보면, '폴리머'뿐 아니라 '폴리스티렌'으로 태그를 붙여 다른 화학자들에게 도움을 주고 이득을 얻게 해줄 수 있다고 생각할 수 있다. 실제로 기술회의의 주최측이 회의 참석자들에게 회의에 관련된 블로그나 사진, 온라인 기사들에 '이테크2006(etech2006)'이나 '팝테크07(poptech07)'과 같은 회의 특유의 태그를 붙여달라고 부탁하는 사례가 흔해지고 있다. 그러한 태그들은 테크노라티닷컴(Technorati.com)과 같은 태그 검색 사이트를 이용하는 사람들에 의해 쉽게 찾아질 수 있다. 태깅이 아주 쉽게 지식을 공유하는 방법이기 때문에, IBM과 같은 일부 기업들은 자기들만의 내부 딜리셔스 사이트를 만들어 회사 내에서 검색이 공유될 수 있도록 하고 있다.

딜리셔스의 태그들을 포괄적으로 살펴본다면, 나무구조는 하나도 보이지 않을 것이다. 실제로 그것은 가을의 숲 속 바닥과 흡사할 것이다. 딜리셔스에는 태그가 붙은 북마크들이 수백 만 개가 존재하여 각각의 북마크에는 평균 두 개의 태그가 붙어 있으며 50만 개가 넘는 상이한 태그들이 존재한다. 만약 프린터기로 뽑아낸다면 그 태그들은 색종이 조각처럼 질서정연할 것이다. 그러나 세 번째 정리 체계에서는 혼잡한 정보로 유발되는 어수선함 때문에 정보의 효용성이 줄어들지 않는다. 예를 들면, 사진공유 사이트인 플리커에 올라오는 사진은 2억 2천5백만 개가 넘고 현재도 매일 90만 개 정도가 추가되고 있는데, 총 5억 4천만 번에 걸쳐 570만 개의 서로 다른 태그들이 붙여져 있다. 그러나 플리커에서 '카프리(Capri)' 라는 태그가 붙은 사진을 검색해보면, 사진들은 사람들이 붙인 태그 분석을 통해 카프리 섬의 사진과 포드 카프리(Ford Capri) 사진으로 깔끔하게 분류된다.(많은 사람들이 자기 바지 사진은 찍지 않는 게 분명하다.) 사진의 태그만을 기준으로 분류했다는 점을 고려하면, 사진은 놀라울 정도로 정확히 나뉘어져 있다. 혼란이 클수록, 다시 말해 태그가 많을수록 그리고 사진 한 장에 붙은 태그가 많을수록 더욱 정확하다는 사실이 드러난다. 이와 함께 이파리들을 유용한 집단으로 분류하는 데 필요한 다른 기술들도 개발 중인데, 더 나은 사진 인식이나 상향식의 분류법 같은 단어를 붙일 때까지 두 사람이 동시에 사진에 태그를 달게 하는 구글의 게임과 같은 것들이 있다.

그러나 우리는 결코 이러한 정보 더미를 완벽하게 이해하지는 못할 것이다. 자기 자신에게 의미 있는 말을 사용하는 평범한 사람들에 의해 태그가 만들어지기 때문에, 언제나 애매모호한 부분이 존재할 것이다. 'SF' 가 샌프란시스코인지, 산페르난도(San Fernando)

인지, 아니면 샐리 필드(Sally Field)인지 모르는 것이다. 그러한 불투명한 부분은 이용 가능한 자원을 모두 찾아내야 하는 경우에만 문제가 될 수 있다. 허나 여행을 갈 생각에 플리커에서 샌프란시스코의 사진들을 검색하는 거라면, '샌프란시스코'로 태그가 붙여진 68만 개가 넘는 사진들 중에 실제로는 과테말라의 샌프란시스코 사진이 있다거나 'SF'라고 태그가 붙여졌기 때문에 몇 천 장에 이르는 금문교 사진을 놓쳤다고 해서 크게 문제가 되지는 않을 것이다. 그러한 모호함이 색다른 샌프란시스코를 소개해줄지도 모르는 일이다.

태그를 다는 일은 잡동사니가 제자리를 찾는 하나의 방법이지만, 유일한 방법은 아니다. 개인이나 단체가 정리하던 사물들은 오래된 체계를 벗어나 빠른 속도로 일반인에게 이용 가능해지고 있다. 온라인의 음악 사이트들은 세계의 음악을 모아 우리가 원하는 어떤 체계로든 접근할 수 있게 해주어, 마치 그 모든 음악이 상상할 수 없이 커다란 주크박스 안에 들어있는 듯하다. 일반인들의 백과사전, 위키피디아(Wikipedia)는 백과사전으로서 같은 역할을 한다. 새로운 온라인 서비스 덕분에 생물학자들은 종종 논쟁거리가 되는 생물의 체계에서 종을 찾아볼 필요 없이 그것들을 인용할 수 있다. 이베이가 차고세일의 세계를 잡동사니 더미로 변화시켰다면, 펜실베이니아대학의 펜태그 프로젝트(PennTags Project)의 경우처럼 아마존은 책을 상대로 그런 일을 하고 있다. IBM의 컨설턴트 데이터베이스는 예비 팀원들을 위해 그런 일을 하고 있다. 21세기 최대의 미디어 기업으로 간주될 수도 있는 구글은 웹페이지를 상대로, 대블닷컴

(Dabble.com)은 비디오를 상대로 그런 일을 하고 있다. 우리는 예전의 정리된 체계에서 사물을 탈출시키고 개인이 그것들을 빠른 시간 내에 분류하고 정리할 수 있게 함으로써, 세상을 빠르게 잡동사니로 만들어가고 있다. 이는 정보를 다시 찾을 수 있도록 정리하는 차원을 넘어서, 기업의 운영방법까지 변화시키고 있다.

새침 떼기 같은 이미지 때문에 오랜 세월 동안 '아줌마(Auntie)'라고 불린 영국방송협회(British Broadcasting Corporation), BBC는 영국국민들에게 뉴스와 오락을 전달하는 임무를 더 잘할 목적으로 한창 분리작업을 진행 중이다. 1922년 처음 방송을 시작한 이래로 BBC의 콘텐츠는 프로그램과 예정표, 채널로 구성되어 왔다. 오늘날, 채널들은 미국의 경우와 마찬가지로 자기들이 만든 프로그램을 당연히 소유하고 있다. 그러나 세기가 바뀌면서, BBC는 라디오 프로그램이(그리고 궁극적으로 텔레비전까지) 인터넷에서 방송되면서 청취자 및 시청자들이 더 이상 BBC의 편성표나 정리방법에 따라 행동하지 않을 거라는 점을 깨닫게 되었다.

BBC가 씨름해야 했던 체계는 모범적인 두 번째 정리 체계였다. 미디어자산관리 부장인 사라 헤이즈(Sarah Hayes)와 그녀의 부하직원들은 BBC의 번잡한 본부 건물의 넓고 밝은 공간에서 8킬로미터 떨어진 공장창고에 있는 물자들을 관리하고 있다. 어떤 자료를 찾아달라는 의뢰서가 제출되면 누군가 발을 질질 끌고 다니면서 80킬로미터 길이의 선반 위의 정확한 지점을 찾아내자마자 셔틀버스에 실려 전달되지만, '즉석에서 이루어진다' 는 정의에는 맞지 않는다. 결국 1999년에 BBC는 대략 1년에 1억 달러를 들여, 보관하고 있는 자료들을 현대적인 디지털 체제로 바꾸는 일에 착수했다.

BBC는 정보를 찾는 세 번째 정리 체계의 방법을 이용하기 위해 각 스테이션과 편성표 배치를 잡동사니의 프로그램 더미로 바꾸는 길고 복잡한 과정을 시작했다. 콘텐츠를 정리하는 전통적인 방식이 무너짐에 따라, 각 채널에 보수를 주는 방법에서부터 프로그램의 방송 시간이나 빈도를 조정할 수 있다고 생각하는 제작자와 아티스트들과의 라이센스 계약에 이르기까지, BBC가 벌이는 사업의 모든 부분이 영향을 받게 되었다. 그러나 BBC는 방송 규칙을 바꾸는 과정을 통해 시청자들이 BBC가 제작하는 콘텐츠로부터 더 많은 가치를 얻을 수 있다는 점을 깨달았다. 사람들은 자신들이 원할 때마다 프로그램을 듣거나 시청할 수 있기를 바란다. 예를 들어, 청취자들이 재즈 공연을 찾으려고 할 때, 그들은 그 프로그램이 나오는 곳이 BBC 라디오 1번인지 라디오 4번인지 신경 쓰지 않는다. 디지털 세계에서 채널은 정보를 사용하는 사람들보다 정보를 만드는 사람들에게 더 많은 의미를 갖는다. 또한 시청자들은 BBC 보관소에 오래도록 묻혀 있던 프로그램을 찾아 자신들이 원할 때 볼 수도 있다. 그리고 프로그램을 보는 것만이 아니다. BBC는 시청자들이 학문이나 독창력에 관한 새로운 작품을 만드는 데 한몫할 수 있도록 프로그램에 대한 권리문제를 해결하는 작업을 진행 중이다. 그 작업은 속도가 느리며 비용이 많이 드는데, 부분적으로는 경영진의 변화로 인해 진전이 고르게 나타나지 않고 있다. 그러나 방송 스케줄에 의해 프로그램이 구속되는 걸 막고 다시 사용할 수 있게 만들어 프로그램들을 뒤섞는 이러한 급진적인 과정 덕분에, 고객이 생각하는 BBC의 가치는 뚜렷이 증가하고 있다. 바로 이것이 정확하게 모든 기업의 임무이자 목표다.

A에서 Z까지의 잡동사니

누구든지, 심지어는 이름을 밝히지 않은 사람도 글을 쓰거나 고쳐 백과사전을 만든다는 생각은 이론상으로 따지면 말도 안 된다. 그러나 2001년 초반에 생겨난 위키피디아는 4년 만에 〈뉴욕타임즈〉 웹사이트보다 더 많은 독자수를 확보했다. 2006년 중반에 위키피디아 영어판은 100만 건이 넘는 문서를 자랑하게 되었고, 다른 언어로 된 백과사전도 100건이 넘었다. 권위주의적 지식을 담은 전통적인 자료들은 이 신출내기 백과사전과 그 내용에 지대한 관심을 기울이기 시작했다. 전통적으로 그 정도의 백과사전에 담긴 글들은 신중하게 정리되게 마련이다. 그러나 위키피디아의 정리 체계는 그 내용만큼이나 서민적이다.

《브리태니커백과사전》은 위키피디아만큼 철저하게 잡동사니가 되는 즐거움은 누리지 못한다. 만약 《브리태니커백과사전》에서 코끼리에 대한 글을 찾고 있다면, 사전에 E가 찍혀 있는 부분을 열어 알파벳순으로 된 글들을 넘기다가 우리가 원하는 코끼리에 다다를 수 있다. 만약 모험심이고 있다면, 글 아래에 신중하게 기획된 앞뒤 참조를 조사해볼 수 있다. 아니면 모티머 애들러(Mortimer Adler) 의 《프로파이디아(Propaedia)》를 펼쳐 애들러가 인정한 코끼리에 관련된 개념들을 찾아볼 수도 있다. 어떤 식으로든 우리는 《브리태 니커백과사전》이 뒤죽박죽되어 있지 않기 때문에 정확히 정보를 찾 을 수 있다.

위키피디아에서는 들춰서 훑어볼 책들이 없다. 심지어는 디지털 로 표시된 여러 권의 책들조차 없다. 그저 알파벳순으로 된 주제들 목록이 있지만, 그것도 형편없이 기재되어 있다. 모티머 애들러는 'M' 아래 들어가 있는데, 아마도 그 목록이 거의 사용되지 않기 때 문일 것이다. 평균적으로 각각의 자모에는 수만 개의 글들이 올라 있다. 알파벳순으로 찾으면 쓸데없이 이것저것 훑어보게 되는데 반 해, 코끼리의 철자, 8글자를 치고 엔터를 누르면 그 후피동물에 대 한 글들을 즉시 찾을 수 있을 것이다. 코끼리에 대한 글 맨 위에는 검색 박스에 코끼리라고 쳐서 찾으려고 했던 위키피디아의 다른 모 든 글들을 올려놓은 페이지로 연결되는 링크가 있다. 예를 들면 구 스 반 산트(Gus Van Sant)의 영화라든지, 화이트 스트라이프스 (White Stripes)의 앨범, 2차 세계대전 때 독일이 쓰던 대전차, 맥 주 상표 또는 코란의 105장 등이다. 위키피디아는 코끼리처럼 간단 한 말조차도 잡동사니의 감각을 갖고 있음을 일깨워준다.

위키피디아의 알파벳순 색인을 이용하더라도 그 페이지들은 제대 로 된 알파벳순으로 되어 있지 않다. 실제로 위키피디아에 오른 문서는 단일한 물체가 아니다. 문서의 웹페이지가 웹상의 많은 페이지들처럼 독자에게는 같아 보이지만 그 본문이나 그래픽, 포맷 규칙들은 각각 따로 저장되어 있다가 사용자가 링크를 클릭하여 페이지를 요구할 때만 함께 나타난다. 만약 위키피디아 사이트에서 코끼리를 검색한다면, 그 말을 사용한 글들이 수록된 목록을 제시하는 것은 아마도 빈센트(13세기에 3,718장으로 이루어진 백과사전을 편찬한 도미니크회의 사제, 빈센트 보베이스(Vincent Beauvais)의 이름을 따서)라는 이름의 컴퓨터일 것이다. 메인으로 링크된 페이지를 클릭을 하면, 다른 컴퓨터에 전달이 되고 그 글이 최근에 다른 사람에 의해 요청된 적이 있는지 검토된다. 만약 그렇다면 그 페이지의 사본이 준비되어 있다가 바로 보내지며, 아마도 철학역사가 윌 듀런트(Will Durant)의 이름을 딴 사람의 세 번째 컴퓨터가 당신이 찾고 있는 페이지를 보내줄 것이다. 만약 다른 사람에 의해 요청된 적이 없다면 위키피디아는 당신을 위해 페이지를 만들기 시작한다. 위키피디아는 현재 올라 있는 글들의 전문을 저장한 6개의 컴퓨터(모티머 애들러의 이름을 딴 컴퓨터도 포함하여) 중의 하나를 무작위로 본다. 그런 다음, 위키피디아는 그래픽을 저장한 다른 컴퓨터 중의 하나나 베이컨(철학자 프란시스 베이컨의 이름을 딴)의 컴퓨터를 보고 보기판을 근거로 웹 페이지에 콘텐츠를 모으는 일만 하는 수십 개의 컴퓨터들 중의 하나에 본문과 그래픽을 전달한다. 그렇게 해서 완성된 페이지가 독자의 컴퓨터에 전달되어, 코끼리에 관한 본문과 그래픽이 담긴 페이지가 나타난다.

한 차원 내려가보면 위키피디아는 모든 컴퓨터 응용프로그램과 마찬가지로 아주 뒤죽박죽되어 있다. 컴퓨터는 가장 많은 데이터를 드라이브에 공급하고 모든 정보를 검색하는 데 드는 시간을 최대한 활용하기 위해 어떤 글의 단 하나의 요소라도, 예를 들면 코끼리에 대한 문서나 사진 하나라도 하드 드라이브의 끊어진 부분에 저장하기로 결정할 수 있다. 바로 그 때문에 필자가 위키피디아의 기술담당 최고 책임자인 브리온 비버(Brion Vibber)에게 코끼리 관련 문서 정보가 실제로 어디에 저장되어 있는지 물었을 때, 그는 우리가 함께 있던 채팅방에서 다음과 같이 대답했던 것이다.

브리온: 신만이 아십니다.
브리온: 디스크 어딘가에 있지요.

섬뜩할 정도로 아무것도 모르면서 수줍게 입장을 허가하는가? 물론 아니다.

우리가 정보에 접근하는 방법과 컴퓨터가 정보에 접근하는 방법 간의 차이는 지식 혁명의 핵심적인 부분이다. 컴퓨터는 우리가 정보를 제공받고 싶어 하는 방식과는 전혀 관계없는 방법으로 정보를 저장하기 때문에, 우리에겐 결국 자신이 정보를 얻고자 하는 방식으로 원래의 정보를 정리해야 할 의무가 없어지는 것이다. 실제로 위키피디아의 부분 부분은 잡다한 정보들을 모은 거대한 저장소로서, 이 잡다한 정보는 정확히 정보가 필요한 순간에 정확히 필요한 방식으로 모아질 수 있다. 이는 하드 드라이브에 저장된 극히 작은 비트로부터 독자가 받아보는 완성된 글에 이르기까지 위키디피아 전체에 적용된다.

비트와 이미지, 문서, 글, 그리고 개념들이 뒤엉킨 부분에서 무언가 놀랄 만한 일이 발생한다. 영어로 된 백만 개의 글들은 알파벳순으로 배열되지 않는다. 이 글들은 듀이식의 분류체계로도 정리되지 않는다. 제어된 어휘도 없다. 그리고 쓸모 있는 개요도 없다. 그러나 이 거대한 잡동사니는 충분히, 그리고 엄청나게 자세히 정리된다. 어떻게 그런 일이 일어나는지 모티머 애들러가 알았다면 벼랑 끝으로 내몰렸을 것이다. 위키피디아의 글들은 시간을 들여 글을 추가하는 사람들에 의해 만들어진 하이퍼링크로 가득 차 있다. 어떤 자격도 필요하지 않으며, 위키피디아에 오른 글에 있는 '코끼리'라는 단어를 링크하려면, 코끼리를 쳐넣으면 된다는 사실 외엔 아무런 전문적인 지식도 필요하지 않다. 위키피디아에 올라 있는 글들 중에는 거의 두 단어에 하나씩 다른 글에 연결되어 있는 경우도 있다. 이러한 링크들이 모여 언제나 변화하며 너무나도 유용하며 공동으로 세워진 지식의 웹을 구성한다.

하이퍼링크로 연결된 위키피디아의 웹은 웹 그 자체처럼, 나무처럼 생기지 않았다. 그것은 더욱더 복잡한 조직이다. 그러나 2차원적인 종이로부터 해방된 위키피디아의 모습은 인간의 관심사와 통찰력이 가진 엄청난 다양성을 더 잘 표현해준다.

새로운 특성, 새로운 전략, 새로운 지식

대학생들의 은 식기류 서랍, 딜리셔스, 플리커, BBC, 그리고 위키피디아는 한 가지 점만 빼고 여러 가지 면에서 뒤죽박죽되어 있다. 그 한 가지 점은 바로 실제로 콘텐츠가 정리되는 방법이 사용자들에 의해 정리된다는 점과 정리될 방법을 결정 짓지 않는다는 점이다. 위키피디아를 예로 들면, 정리되지 않은 콘텐츠가 어디 있는지조차 정확히 알고 있는 사람이 전혀 없는 경우들도 있다. 이러한 사례들은 사용자들이 내부의 구조를 알 필요가 없기 때문에, 그 내부의 체계로 인해 특별히 선호되는 사용 체계가 생기지 않기 때문에, 그리고 사용자들이 융통성을 갖고 자신들이 원하는 대로, 심지어는 예기치 않은 방식으로 콘텐츠를 정리하기 때문에 뒤죽박죽되어 있는 것이다. 이는 이러한 정리되지 않은 상태로 인해 그 집합 내에 들어 있는 모든 정보가 시간이 지남에 따라 발견될 수 있음을 의미한다.

그러나 이는 뒤죽박죽된 상태가 지식에 대한 전통적인 견해와는 많이 다르다는 점을 의미하기도 한다. 이제껏 지식은 네 가지 특징들을 갖고 있다고 여겨졌다. 두 가지 특징은 현실의 고유한 성질을 본 뜬 것들이고, 나머지 둘은 정치적인 체계가 갖는 성질과 관련된 것들이다.

앞에서 보았듯이, 전통적인 지식의 첫 번째 특징은 하나의 현실이 존재하는 것처럼, 모든 것에 동일하게 하나의 지식이 존재한다는 점이다. 만약 두 사람이 어떤 사실에 입각한 문제에 대해 상반되는 생각을 갖고 있다면 두 사람이 동시에 옳을 수는 없다고 생각된다. 이는 지식이 현실을 정확히 표현한 것이고, 현실 세계는 자기모순적일 리가 없다고 생각되어왔기 때문이다. 이러한 지식에 대한 견해에 토를 다는 의견들은 무시당했다. 우리는 그런 의견들에 '상대주의'라는 이름을 붙이고 악마의 소행이라고 간주하며 '포스트모던'이라며 조롱했다. 그리고 프랑스의 사이비 지식인이 횡설수설하는 얘기에 불과하다고 여기거나 자유롭게 생각을 멈추기 위해 '뭐라 하든 상관없다'고 말하기도 했다.

두 번째로 현실이 불분명하지 않은 것처럼 지식 또한 그렇다고 여겨져 왔다. 만약 분명하지 않은 것이 있다면 그것은 우리가 이해하지 못한 것이었다. 나일 강과 아마존 강 중에서 어느 것이 가장 긴 강인지 100퍼센트 확신하지 못하지만, 그 중 하나는 가장 긴 강이라는 점은 확실하다. 한편 무와 사탕무 중에서 어느 것이 맛이 더 나은지 확신할 가능성이 없다면 그것은 지식의 문제가 아니라고 말한다.

세 번째로 지식은 현실만큼 거대하기 때문에 아무도 그것을 이해하지 못한다는 점이다. 따라서 학식과 경험, 분명한 사고를 이용하여 지식을 걸러줄 사람이 필요하다. 그들은 전문가라고 불리며 그들에겐 클립보드가 주어진다. 그들은 나쁜 정보는 멀리 내치고 가장 훌륭한 정보를 제공해준다.

네 번째로 전문가들은 사회기관에서의 활동을 통해 지위를 달성한다. 이러한 기관에서 일하는 사람들은 성실하고 도움을 주기 위해 최선을 다하고 있지만 인간이 신이 아닌 이상, 인간의 조직은 불가피하게 타락하게 된다. 어떤 집단이 돈을 확보하는지가 사회가 믿는 가치를 결정할 수 있으며, 종종 전문가들보다 잘 알지 못하는 사람들이 자금줄을 쥐고 있는 경우가 있다. 한 DNA 연구 센터의 운명이 리보솜과 트롬본을 구분하지도 못하는 의원들의 손에 달려 있을 수도 있는 것이다.

지식이 정리되어 온 방식은 대체로 이 네 가지 지식의 성질들에 의해 결정되어왔다. 우리는 너무나도 분명하고 포괄적인 카테고리들을 갖고 있어서 전문가들이 적합한 자리에 각각의 것을 놓을 수 있는, 하나의 포괄적인 지식의 틀을 잡으려고 애써왔다. 그러면서 여러 조직이 성장하여 그 지식의 틀을 유지해왔다. 전문가임을 증명해주고 지식의 증인이 되어준 사회기관의 능력으로 인해 그들은 강력해지고 때로는 부유해졌다. 따라서 잡동사니가 지식의 본성에 대한 인간의 확신을 뒤흔들자 카드 목록의 미래 그 이상의 것이 위기에 봉착하게 되었다. 세 번째 체계의 뒤죽박죽된 지식은 물리적인 것이 아니라 디지털이기 때문에, 더 이상 하나의 틀로 의견일치를 볼 필요가 없어졌다. 사물들은 하나의 자리가 아니라 여러 개의 자리를 갖고 있다. 그리고 사람들은 자기의 사고방식에 맞는 자기만의 카테고리를 만들게 되었다. 전문가들이 도움이 되기는 하지만 잡동사니의 시대에서는 전문가와 전문가 집단이 더 이상 사람들의 생각을 지배하지 않는다.

이러한 흐름이 커다란 변화이긴 하지만, 천 년의 세월에 걸쳐 인간이 지식을 개발하고 전달하고 보존하는 섬세한 방법과 과정을 발전시켜왔다는 점이야말로 가장 위협받고 있는 부분일 것이다. 인간 사회에는 그러한 업무에 전념하는 주요한 기관들이 있으며, 그들은 문화와 경제에 지대한 공헌을 해왔다.

이제 우리는 새로운 지식의 모습에 어울리는 새로운 방법을 만들어내야만 한다. 우리는 역사상 견줄 수 없을 정도의 속도로 그 일을 하고 있다. 네 가지 새로운 전략적 원칙들이 모습을 드러내면서, 사물과 개념을 정리하는 방식의 기반을 이루고 있다.

들어오는 것이 아니라, 나가는 것을 걸러라. 〈하버드 비즈니스 리뷰(Harvard Business Review)〉에서 일했던 필자의 한 친구는 출판을 의뢰하지도 않았는데 매일 도착하는 원고들에 대해 놀라운 이야기를 해준다. 〈하버드 비즈니스 리뷰〉는 학술연구와 사상에 관한 진지한 학술지인데 사람들이 시나 단편소설, 사이비 예술 같은 사진들을 보내온다는 것이다. 내 친구는 그 원고들을 훑어보고 진지하게 출판을 고려할 가치가 있는 내용이 있는지 알아내는 일을 하고 있었다. 말하자면 그녀는 정보의 유출을 통제하고 거르는 사람으로서 종이가 갖는 경제, 물리적인 측면으로 인해 어떤 지식을 출판하여 보존할 것인지 결정해야 하는 일을 하고 있었다. 우리는 필자의 친구와 같은 전문가들에 의지하여 그 산더미같이 쌓인 원고들을 가려내야 하는 수고를 덜 수 있다.

그러나 버튼 하나만 누르면 누구나 책을 낼 수 있게 되면서 정보의 유출을 통제하는 사람의 사회적인 역할은 변하고 있다. 예를 들어 '블로그스피어(공간적 의미인 사이버스페이스와 달리 상호 연결

을 통해 특유의 문화를 형성한다는 뜻의 용어 – 옮긴이)' 는 출판과
정에 존재하는 일반적인 여과과정을 통과하지 못할 제멋대로의 내
용들이 모여 있는 것처럼 보인다. 출판의 경제적인 측면으로 인해
대부분의 블로그가 출판의 문을 통과하지 못하게 되는데 반해 각각
의 블로그가 오직 소수에게서만 관심을 불러일으키는 면도 있긴 하
지만, '롱테일의 법칙(크리스 앤더슨(Chris Anderson)이 동명의
책에서 인기를 불러 모은 용어를 쓰자면)' 이 적용되는 모든 블로그
들의 합산된 가치는 헤아릴 수 없을 정도로 크다. 이는 이전의 모델
과는 완전히 반대의 양상을 띤다. 종이에 접근하기 어려운 시대의
여과장치들은 허접한 내용을 배제시킴으로써 입수한 원고의 가치를
증가시킨다. 그러나 자료도 풍부하고 그 자료에 접근할 수 있는 방
법도 풍부한 세 번째 체계에서는 여과장치를 통해 들어오는 것이 소
수의 사람들에게는 크게 소중할 수도 있는 품목들을 배제시킴으로
써 그 풍부함의 가치를 떨어뜨린다. 반면, 밖으로 나가는 것을 거르
는 행위는 어떤 특정한 순간에 특정한 사람에게 가치가 있는 것을
찾아냄으로써 그 풍부함의 가치를 증가시킨다. 예를 들어 맥길대학
(McGill University)의 물리학 교수인 밥 루트리지(Bob
Rutledge)는 빠른 시일 내에 요약되는 대로 어떤 천문학 분야든 새
로운 연구결과가 있으면 바로 게시하는 전자게시판을 만들었다. 루
트리지는 기준을 적용하여 독자들을 위해 그 연구결과가 게시판에
올라올 정도로 중요한지 결정하지 않는다.(현재 활동 중인 천문학
자들만이 사이트에 등록하여 글을 올릴 수 있긴 하다.) 내용을 거르

는 일은 전적으로 각각의 독자에게 맡겨진다. 비슷하게, 동업자들의 검토로 이루어지는 자유로운 온라인 자료이자 공공과학도서관(Public Library of Science)의 생물학 학술지인 〈플러스 원(PLoS One)〉이 2006년 11월에 시작되었다. 담당 편집자인 헤마이 파르타사라시(Hemai Parthasarathy)는 이렇게 말한다. "이는 동료들에 의한 검토 과정에서 개인적인 견해를 밝히는 과정을 제외시키자는 생각이다." 종이가 온전한 동안은 책으로 출간될 것이며, 훌륭한 지식이라면 누군가 그것을 유용하게 생각할 것이다. 사용자가 자신이 필요한 것을 발견하는 데 유용한 도구를 갖고 있는 한 - 사실 이 작업은 많은 사람들이 애쓰고 있는데 - 밖으로 나가는 것을 거르는 작업은 사람들이 공유하고 있는, 지식을 얻을 수 있는 가능성을 크게 증가시킨다.

각각의 이파리를 가능한 많은 가지에 얹어라. 현실 세계에서 하나의 이파리는 오직 한 가지에 매달릴 수 있다. 첫 번째 정리 체계에서는 그 한계를 넘어설 방법이 전혀 없다. 두 번째 체계에서, 목록을 작성하는 대부분의 체계는 한 가지 이상의 제목 아래 책을 올리는 규정을 갖고 있지만, 두 번째 체계가 갖는 물리적인 성질에 의해 가지 하나가 주요한 것으로 선택되도록 요구되고 2차적으로 목록에 오를 수 있는 것들의 수가 제한된다.

그러나 세 번째 체계에서는 가능한 많은 가지에 정보를 매다는 것이 유리하다. 새로이 카시오 디지털카메라를 온라인 매장에서 팔려고 한다면 카메라나 여행 장비, 카시오 제품, 졸업선물, 신상품, 세일 상품, 심지어는 스포츠 장비 등 생각할 수 있는 최대한 많은 카테고리 아래 상품을 올려놓고 싶어 할 것이다. 여러 가지에 이파리를 매달면 고객들이 그 상품을 더욱 찾기 쉬워질 것이다. 두 번째 체계와는 달리, 이렇게 해도 인터넷 매장이 혼잡스럽거나 번잡해지지 않는다. 오히려 더욱 이용하기 쉽고 더욱 수익을 낼 수 있게 된다.

모든 것이 메타데이터고 모든 것이 분류표시가 될 수 있다. 매장에서는 상품에서 상표를 구분하기가 쉽고, 도서관에서는 책과 그 책의 메타데이터가 따로 보관되어 있다. 그러나 온라인에서는 그렇게 명확하지 않다. 만약 셰익스피어의 희곡 중에 이름이 기억나지 않는 것이 있다면, 구글 책의 검색박스에 '셰익스피어 비극'이라고 쳐봐라. 그의 모든 희곡 목록을 볼 수 있다. 예를 들어, 《리어왕(King Lear)》을 클릭하면 '은혜를 모르는 자식을 두는 것은 독사의 이빨에 물리는 것보다 더 아프다'와 같은 유명한 대사를 포함하여 본문 전체를 읽을 수 있다. 이제 위의 대사가 정확히 어디서 나오는 것인지 알고 싶다고 가정해보자. 그 구절을 검색박스에 쳐넣으면, 구글 책은 《리어왕》을 보여줄 것이다. 너무나도 간단하다. 첫 번째 경우에서는 책의 내용을 찾기 위해 셰익스피어의 이름을 메타데이터로 사용한 것이고, 두 번째 경우에선 작가와 제목을 찾기 위해 책의 내용을 메타데이터로 사용했다. 이렇듯 뒤죽박죽된 체계에서 메타데이터와 데이터 간의 유일한 차이는 메타데이터는 이미 알고 있는 사실이고 데이터는 알아내려고 하는 사실이라는 점이다.

물질로 이루어진 세계에서는 메타데이터의 양이 제한되기 때문에 첫 번째, 두 번째 정리 체계에서 어떤 메타데이터를 손에 넣어야 할지 신중하게 생각해야 했다. 책의 목록 카드는 책 자체보다 훨씬 적은 양의 정보를 가져야 한다. 그러나 세 번째 정리 체계에서는 책 속의 모든 말이 메타데이터로 간주될 수 있을 뿐 아니라 그 책에 연결되는 자료 역시 무엇이든 메타데이터로 간주될 수 있다. 만약 고객이나 사용자가 정보를 찾도록 도와주길 원한다면, 가능한 한 많이 그 정보를 메타데이터로 활용할 수 있도록 애쓰게 될 것이다. 그 결과, 사이트를 사용하기가 더욱 쉬어지고 지식의 레버리지 효과가 더욱 커진다. 두 번째 체계의 카드나 라벨에 적합한 몇 마디 말로 무엇을 할 수 있는지 생각해보라. 이렇게 연결된 세상의 모든 것들이 메타데이터로 활용될 수 있게 되면서, 지식은 이해받아야 하는 단계를 뛰어넘을 수 있게 되었다. 약간의 흔적만이라도 손에 쥐고 있으면 그것을 기초로 원하는 것을 찾을 수 있을뿐더러 처음의 두 체계에서는 알 수 없었던 연관관계까지 찾아낼 수 있다.

세 번째 체계에서는 모든 것이 연결되어 있고 모든 것이 메타데이터라는 사실로 잡동사니의 힘이 생겨난다.

지배를 포기하라. 나무구조를 세워보자. 그러면, 혹여 그렇게 하지 않았으면 밝혀지지 않았을 정보가 드러나게 된다. 라마르크가 린네의 뒤죽박죽된 연형동물 집단에 숨어 있던 정보를 밝혀내었던 것처럼 말이다. 그러나 잡동사니의 정보로 이루어진 커다란 집단에는 예측을 뛰어넘는 관계들이 포함되어 있다. 어떤 사람이나 집단도 정보를 모든 가지에 매달아 모든 유용한 방법들로 정리해낼 수는 없을 것이다. 예를 들어, 아이튠즈는 사용자들에게 어떤 특정한 아티스트의 앨범들을 모아둔 하나의 가지를 보여주지만, 사용자들이 만든 수백만 개의 재생 목록들은 동요를 테크노 식으로 바꾼 노래로부터 누군가의 세 번째 결혼식에서 연주된 노래들까지, 아이튠즈를 세운 사람들조차 예측하지 못했을 관계들을 찾아내고 있다. 아이튠즈는 사람들이 무엇에 관심을 가질지, 어떤 노래가 그들에게 어떤 의미를 가질지, 그들이 어떤 관련성을 찾아낼 것인지, 전혀 예측할 수 없다. 어떤 목록들이 오직 한 사람에게는 잠깐 좋게 느껴질 수도 있지만, 다른 사람들은 어떤 낯선 사람이 분위기나 생각을 표현하기 위해 여러 곡을 모아놓은 방법에 의해 세상이 변했다고 생각할 수도 있다.

바로 그 때문에 사용자들이 스스로 정보를 섞어놓도록 놔두는 것이 이토록 강한 힘을 갖게 되는 것이다. 현실 속의 옷 가게에 들어가 자기 사이즈에 맞는 옷을 죄다 옷걸이에서 빼어 쇼핑 카트에 넣고 그 옷들을 차례차례 입어본다고 치자. 어쨌든 그것은 해볼 만한 이성적인 방법이다. 왜냐면, 자기 사이즈가 아닌 모든 것은 그저 시끄럽고 정신만 산란하게 만들기 때문이다. 그러나 90초 내에 그런 사람은 가게에서 쫓겨날 것이고 가게 주인은 다시는 오지 말라고 신신당부할 것이다.

한편, 온라인에서는 태그나 북마크, 재생 목록, 웹로그를 통해 자기 방식대로 정보를 정리할 수 있다고 당연히 생각한다. 그리고 자신의 리뷰를 통해 사이트가 제공하는 정보를 늘려준다.

이제 사용자들은 자신들이 검색하는 정보의 정리를 맡아서 하고 있다. 물론 그 정보의 주인들은 여전히 미리 정해진 분류방법을 제안하고 싶어 하겠지만 더 이상 그것은 이용할 수 있는 유일한, 혹은 최고의 방법이 아니다. 단순히 말하자면 정보의 주인들은 더 이상 그 정보가 정리되는 체계를 소유하지 못한다.

이미 지배자는 바뀌었다. 정보의 정글에는 새로운 법칙들이 시행되고 있다. 이는 사람들이 일하고, 물건을 사고, 배우고, 투표하고, 노는 모습을 바꾸고 있다.

똑똑한 이파리들

S. OPTATI AFR
EPISCOPI
DE
SCHISM. DONAT
LIBRI VII.
Everything is Miscellaneous

Everything is Miscellaneous

1948년 필라델피아, 드렉셀 공대
(Drexel Institute of Technology)의 2명의 대학원생은 우연히 지역의 식료품 체인 사장과 학장이 나누는 대화를 듣게 되었다. 그 사장은 학장에게 제품 정보를 자동적으로 읽는 방법에 대한 연구를 도와달라고 했다.

모스부호의 점과 장음에 영감을 받은 조셉 우드랜드(Joseph Woodland)와 버나드 실버(Bernard Silver)는 현대의 얼룩말 무늬 바코드와 흡사한 직선들을 고안해냈고 1951년, 그 바코드를 숫자로 바꿀 수 있는 기계를 세상에 선보였다. 그것은 검은색 유포로 싸여 있었고 책상 크기만 했는데, 광원으로 500와트의 전구를 사용했다. "눈에 피해를 입힐 수도 있었습니다." 우드랜드는 이렇게 회고했다.

실버가 38살의 나이로 세상을 떠나고 4년 뒤인 1966년, 식료품연쇄점협회(National Association of Food Chains)가 계산대의 속도를 높이기 위한 자동계산 기계의 필요성을 역설하면서, 그 아이디어는 상용화되었다. 최초의 자동계산 기계는 1972년, 신시내티의 크로거(Kroger) 매장에 설치된 RCA 시스템이었다. 하지만 바코드가 진정한 효율성을 가지기 위해서는 지역 매장에서 일하는 점원들이 아니라 제조업체들이 포장에 바코드를 붙여야 했다. 따라서 협회는 오늘날 사용되고 있는 세계상품코드(Universal Product Code; UPC)의 선조격인 통일식료품코드(Uniform Grocery Product Code)를 제정했다. 1974년 오하이오 주, 트리오에 있던 마쉬 슈퍼마켓(Marsh Supermarket)에서 최초의 작동 시스템이 리글리 주이시 프루트(Wrigley Juicy Fruit) 껌 10팩을 성공적으로 인식했다. 이 껌은 현재 스미소니언박물관에 소장되어 있다.

1981년, 미국 국방성(U.S. Department of Defense)이 구매하는 모든 제품에 바코드가 붙어야 한다고 요구하면서 UPC 시스템은 대세가 되었다. 오늘날 매일 140개가 넘는 나라에서 50억 개의 물품들이 UPC 시스템에 의해 탐지되고 있다.

세 번째 정리 체계에 들어선 지금, 바코드는 실제 제품과 그 제품의 디지털 정보 간에 편리한 통로를 제공하고 있다. 책 목록을 공유하는 라이브러리씽닷컴(LibraryThing.com)에서는 어떤 책의 바코드 사진이 올라오면 개인의 서가에 그 책을 올리는 데 필요한 정보를 찾아준다. 그리고 앞 커버의 사진까지 자동적으로 추가해준다.

펄프(PULP, Personal Ubiquitous Library Project)라는 교묘한 이름이 붙여진 프로젝트는 부분적으로 마이크로소프트의 후원을 받아, 기업들이 동일한 방법으로 사내 도서관을 세우는 일을 도와주고 있다. 세 번째 체계의 사물을 확인해내는 독특한 방법을 확보하고 나면, 그 사물은 똑똑한 이파리가 될 준비를 갖추게 되는 셈이다. 사람들이 그 이파리로 만드는 모든 발언내용과 메타데이터, 조직들을 찾아내기 쉬워지기 때문이다.

그러나 곤란한 점이 한 가지 있다. 수세미 6개 묶음이 버블 팩으로 포장되어 바코드가 붙어 있을 때, 그 바코드가 버블 팩 전체에 적용된다는 점은 모든 점원이나 고객에게 분명한 사실이다. 만약 계산대 직원이 바코드를 6번 찍는다면, 고객은 그 직원이 바코드가 어떻게 작동하는지 모른다고 당연히 불만을 제기할 것이다. 두 번째 체계에서 제조업체는 바코드로 몇 개의 수량을 추적하고자 하는지 밝힐 수 있는데, 세 번째 체계에서는 인터넷 계정을 가진 사람은 누구든지 온라인 자료의 '버블 팩'에서 하나의 사고나 단어, 이미지를 뽑아내어 자신이 원하는 어느 곳에서나 생각과 정보를 통합해낼 수 있다. 두 번째 체계에서 바코드는 제조업자가 제품의 구성요소와 포장방법을 결정하고 난 뒤에야 붙이지만, 세 번째 체계에서는 하나의 이파리에 ID를 붙이면 바로 그것이 이파리로 변하게 만든다.

즉, 이파리를 똑똑하게 만들기 위해 그것들을 어떻게 연결할지 묻기 전에 먼저 그 이파리가 무엇인지 알아내야 한다는 얘기다.

"월요일에 열린 전국 소매상협회(National Retail Merchant Association) 정기총회에서 늦게 도착한 사람들이 UPC 바코딩 회의에 참석하지 못하게 되자 난투극이 벌어졌다."

〈위민즈웨어데일리(Women's Wear Daily)〉는 이렇게 보도했다. 1987년, UPC는 반박의 여지없이 모든 시장을 접수하기에 이르렀다. 총회가 열리던 당시, 이미 25,000곳의 제조업체들이 UPC코드를 사용하고 있었는데, 코드의 효율성이 크게 높아질 가능성을 감지한 새로운 업체들의 참여가 코앞에 다가온 상태였다. 이미 의류업계가 1986년에 UPC를 자발적인 표준으로 채택한 바 있었고, 1989년에는 해산 식품 업계가 변칙적인 무게로 판매되는 해산물 제품을 조정하기 위해 사용되는 숫자의 수를 늘리려는 조치를 취할 예정이었다. 이는 너무나 성공적인 조치였고, 몇 년 뒤 다시 숫자 수를 늘리게 되었다.

UPC 숫자 덕분에 계산대는 더욱 빨리 움직일 수 있을 뿐 아니라, 전체 재고 정리 과정이 더욱 효율적이 되었다. 그리고 UPC는 소매상의 데이터베이스에 정보가 풍부함을 의미하기 때문에 소매상의 비용을 감소시켜주었다. 대개 소매상인들은 판매할 품목을 준비하기 위해 가격이라는 두드러진 데이터만을 추가했는데, 1986년에 이루어진 연구조사에 따르면 기업들 중 80퍼센트가 2년도 안 돼서 UPC 장비에 든 비용을 모두 회수했으며 45퍼센트가 1년도 안 되어 투자수익이 났다고 말했다. 그리고 25퍼센트의 기업들이 1년에 직접적으로 10만 달러(당시의 달러 가치로 보면 17만 달러 정도)를, 그리고 간접적으로도 같은 액수를 절약하고 있다고 밝혔다. 따라서 전국 소매상협회의 UPC 회의가 인산인해를 이루었다는 점은 전혀 놀랄 일이 아니었다.

UPC의 숫자들 덕분에 세계적인 정보 체계가 탄생했고 이는 세계 무역체제 형성에 도움을 주었다. 그러나 UPC를 '세계적인' 것으로 만드는 데에는 약간의 노력이 필요했다. 2005년부터 소매상의 스캐너가 13자리 수로 된 유럽물품번호(European Article Number, EAN) 또한 수용해야 했지만, UPC코드는 본래 12개의 숫자로 이루어진다. UPC는 제조업체 식별코드, 제품 식별코드, 앞의 12자리를 일정 공식에 대입하여 확인해주는 숫자, 이렇게 세 부분으로 나뉜다. 제조업체 숫자는 UPC 시스템을 소유한 GS1에 의해 배정되지만 제조업체의 개별적인 제품 코드는 업체가 지정하게 되어 있다. 어떤 제품의 구성요소는 제조업체들과 소매상들이 물품을 얼마나 추적해야 하는지에 의해 결정된다. 겨울 의류 제조업체는 대개 털모자의 소, 중, 대 사이즈마다 다른 UPC 숫자를 매길 뿐 아니라 색상에 따라서도 다른 숫자를 매기는데, 사실 어떻게 보면 그것들은 모두 같은 제품이다.

제조업체들은 듀이식의 목록작성자를 고용하여 털모자를 '겨울 장비'로 분류할지, '외투'로 분류할지 알아낼 필요 없이 어떤 품목에든 아무 숫자나 매길 수 있다. 그러나 그것은 또한 업계 전체에서 그러한 식별코드가 아무런 의미도 갖지 않는다는 얘기도 된다. 다시 말해 GE의 형광전구의 UPC 숫자가 실바니아(Sylvania) 형광전구의 UPC와 아무런 관계도 없다는 것으로, 전국적으로 얼마의 전구가 팔렸는지 알아볼 뚜렷한 방법이 존재하지 않는다는 것이다.

1998년에 개발된 UN표준제품서비스코드(United Nations Standard Products and Services Code; UNSPSC)는 정반대의 방식을 취하고 있다. 이 코드 숫자는 의미로 가득 차 있는데, 고양이(살아있는 식물과 동물, 액세서리 및 공급품〉 살아 있는 동물〉 살아 있는 물건)로부터 투표권 옹호협회(조직과 클럽〉 시민단체와 협회, 운동〉 인권보호와 옹호협회)까지 모든 것을 분류하는 거대한 5단계의 나무구조를 나타낸다. 현재 상업상의 마찰을 줄이기 위해 이 두 시스템은 통합되고 있는 중이다. 2003년 UNSPSC는 시스템 운영을 UPC관리그룹에 넘겼다. 그러나 UPC가 주로 판매를 위해 포장된 제품에 사용되는데 반해, UN의 숫자들은 세계적으로 유통되는 원재료에도 사용되기 때문에 완벽한 통합이 이루어지기는 어렵다. 세상의 사물들과 그것을 바라보는 시각이 너무나 다양하기 때문에 완전한 의견일치는 절대로 이루어지지 않을 것이다. 아무리 의도가 좋고 지도부가 단결되어 있어도 나머지 뒤죽박죽된 부분 또한 존재하게 마련이다.

UPC는 성공적인 경우다. 그러나 그것들은 컴퓨터가 브로드웨이 스타의 분장실 크기만 할 때인 1970년대에 만들어진 구식 기술이다. 이제 작아진 무선전파식별(Radio Frequency Identificaion;

RFID) 장치의 태그가 제품들에 대한 정보를 보내준다. 하지만 제조업체들은 RFID 장치에 대해 만족하지 못했다. 바코드는 어떤 물품 상자에서든 인쇄될 수 있는데 반해, RFID 태그는 돈을 주고 사서 프로그램으로 만들어 붙여야만 한다. 그러나 RFID는 UPC보다 더 많은 정보를 가질 수 있고 컴퓨팅 시스템과 바로 통합될 수 있다. RFID는 이미 자동 톨부스에서 사용 중이며, 젖소에 태그를 붙이거나 미국에너지국(U.S. Energy Department)이 금지한 물질을 감지하거나 이라크 전쟁에서 사용된 모든 화물과 장비를 추적하는 데에도 사용되고 있다. 크로거사는 온도감지기에 붙은 RFID 태그 덕분에 온도변화로 상하는 제품이 절반으로 줄어 1년에 수억 달러의 비용이 절감되고 있다고 추정한다. 월마트의 의뢰로 이루어진 아칸소 대학(University of Arkansas)의 한 연구 결과에 따르면, RFID 태그가 붙어 있을 경우 일시적으로 품절된 품목들이 3배는 빠르게 다시 매장 선반을 채운다고 한다. 버지니아에 있는 병원 세 곳은 RFID를 이용하여 이동 가능한 1만 개의 의료장비를 추적함으로써 더 적은 물품을 더 많이 활용하고 있다. 병원들은 1년 만에 그 시스템이 본전을 뽑을 것으로 기대하고 있다. 특히 태그의 값이 떨어지면서 이러한 수치들에 주목하고 제품포장에 RFID를 붙이는 기업들이 늘어날 것이며, 이는 문자 그대로 물질적인 시스템에 디지털 메타데이터를 새기는 것이라 할 수 있다. 물질로 이루어진 물체들은 브루스 스털링(Bruce Sterling)의 공상과학 소설에서 위치와 지위가 계속적으로 추적되고 기록되는 물체의 이름이었던 '스파임(spime)'이

되어, 사용자들뿐 아니라 제조업체들에게도 도움이 되도록 점점 더 똑똑해질지도 모른다. 제조업체들은 고객들이 제품으로 무엇을 하고 있는지 완벽한 기록을 가질 수 있게 된다.

시리얼 박스에는 바코드가 붙어 있고 오렌지 색 털모자에는 RFID가 고정되고 있다. 개념과 정보가 담긴 지적인 콘텐츠를 식별하기란 쉬운 일이 아닌데, BBC는 자사가 가진 물품들의 세세한 구성요소들을 확인해내는 이점을 한창 발견하고 있는 중이다.

100만 시간이 넘는 TV와 라디오 프로그램이 소장된 BBC의 거대한 도서관과 함께, BBC의 기록 보관소에는 400만 장이 넘는 사진과 120만 장의 CD 및 비닐 앨범, BBC의 5개 오케스트라를 위한 400만 장의 악보가 소장되어 있다. 이러한 모든 물품에 각각의 제목과 주제, 방송날짜를 꼼꼼히 붙인다고 해도 프로듀서가 글로벌화에 관한 다큐멘터리에 15초 동안 들어갈 베이징의 교통체증 장면을 찾아 다시 사용하는 데 도움이 되지는 않을 것이다. 결국 그 프로듀서는 다시 돈을 들여 새로 그 장면을 촬영해야 할 것이다. 어떤 프로그램을 똑똑한 이파리로 다룬다고 해서 프로그램의 구성요소들이 자동적으로 똑똑한 이파리들로 취급되지는 않는다.

이에 대한 해결책은 더 많은 메타데이터를 만드는 것이다. 존 굿(John Good)과 캐롤 오웬스(Carol Owens)의 주도로 이루어진 방법은 일단 표준적인 메타데이터를 확인하여 BBC의 자료에 추가시키는 것이었다. 굿은 BBC의 콘텐츠에 기여하는 7, 8백 곳의 단일 제작팀들을 가리키며 가장 명료한 점을 지적한다. "모든 분류법들은 '제목'이 무엇을 의미하는지 알아야 한다." '제목'과 같이 표준이 되는 라벨은 목록작성자들이 '이름'이나 '프로그램 제목'과 같은 라벨을 사용하여 검색자들을 당황하지 않게 만들어준다. 일단 라벨에 대해 의견이 맞으면, 데이터는 표준화된 방법으로 여러 분야로 나뉘어져야 한다. 그래야 어떤 시리즈물의 1회분의 제목이 '몬티 파이튼: 11회(Monty Phyton: Episode 11)'였다가 다른 때는 '몬티 파이튼의 날아다니는 서커스 #12(Monty Phyton's Flying Circus #12)'로 기재되지 않는다. 만약 그렇게 되지 않으면, 컴퓨팅 시스템이 그 시리즈물의 모든 방송분을 파악하지 못할 수도 있다. BBC의 시스템은 기록된 자료에 적용할 수 있는 특성들을 주제나 프로듀서, 언어, 길이, 매체 종류, 심지어는 시상 여부까지 포함하여 3백 개로 나누어 표준화하고 있다. 굿은 하나의 전체 시리즈물에서부터 특정 프로그램이 특정 국가에 맞게 변형된 내용에 나오는 단일한 화면까지 무엇이든 표시를 하는 데 사용된다고 말한다.

두 번째 방법은 톰 코츠(Tom Coates)와 매트 웹(Matt Webb)의 주도하에 2003년에 시작된 것으로, 사람들이 프로그램을 어떻게 찾고, 어떻게 검색하고, 어떻게 사용하는지에 주목한 방법이었다. 코츠와 웹은 BBC가 새로이 표준화된 시스템을 갖췄음에도 불구하고 식별자가 정확히 무엇을 지적하고 있는지에 대한 합의가 이루어지지 않았다는 기본적인 문제를 계속적으로 되짚어보고 있었다. 식별자가 시리즈물을 이야기하는 것인지, 아니면 한 시즌을 말하는 것인지, 재방송된 각각의 숫자가 적힌 시리즈물인지 알 수가 없었다. 결국 코츠와 웹은 시청자 및 청취자가 프로그램 편성에 대해 어떻게 생각하는지를 제대로 반영하는 가장 유용한 단위가 1회 방송분(episode)이라는 결론을 내렸다. 다시 말해, TV 시리즈물에서 특정한 한 시간이나 8시에서 10시에 방송되는 재즈 프로그램의 어떤 특정한 방송을 의미한다. 따라서 각각의 방송분에는 태그뿐 아니라 다섯 개의 문자로 된 독특한 식별자가 붙게 되었는데, 이는 UPC처럼 아무런 의미를 갖지 않으며, 그 시리즈물을 위해 자동적으로 만들어진 웹사이트 주소의 끄트머리로 이용된다. 그러나 코츠와 웹은 '몬티 파이튼'의 11회분을 찾고 있는 누군가가 그 프로그램의 나머지 방송분도 당연히 보고 싶어 할 거라고 생각했다. 따라서 그들의 시스템은 자동적으로 전체 시리즈물의 웹사이트를 만들어주며, 'www.usa.com/florida/miami.html'이나 'www.usa.com/ florida/orlando.html'과 같은 주소처럼, 각각의 방송분은 전체 시리즈 아래에 페이지로 표시된다. 프로그램 사이트의 나무구조와 유사한 체계는 프로그램들 간의 관계에 대한 중요한 정보를 포착해낸다.

어떤 구성요소가 식별자를 얻을 것인지 결정하는 데 있어, 각각의 두 시스템은 유용하고 식별이 가능한 이파리가 무엇으로 이루어지는지에 대해 선택을 내려야 했다. 식별자는 사용자들이 스스로 콘텐츠를 거르는 데 필요한 모든 메타데이터가 걸려 있을 수 있는 하나의 '고리'를 제공해준다. 그러한 시스템이 정착되어 있으면 프로듀서들은 장면 하나처럼 작은 부분들을 재사용할 수 있을 것이며 시청자들은 시리즈물 전체를 찾을 수 있을 것이다. 두 시스템은 때로는 협력하고 때로는 개별적으로, 단순히 BBC가 가진 중요한 자산이 무엇인지 알려주게 만드는 것만으로도 그 자산들의 새로운 가치를 일깨워줄 것이다.

포함시키고 유예하라

해산물 업계는 표준적인 UPC를 채택하면서, 1988년에《어류 리스트: 각 주 간의 통상에서 판매되는 해산물의 용인된 시장 명칭에 대한 미국식품의약청 가이드(The Fish List: FDA Guide to Accetable Market Names for Food Fish Sold in Interstate Commerce)》로 처음 출간된 200종이 넘는 어패류의 명칭에 맞게 업계 용어를 바꾸었다.(1993년 FDA는 그 책을《해산물 리스트(The Seafood List)》로 이름을 바꾸었다.) 온라인에 올라와 있는 이 리스트에서 가다랑어(bonito)를 찾아보면, 방어류(amberjack, Seriola dumerili)에서부터 참다랑어(northern bluefin tuna, Thunnus tonggol)까지 17개나 된다. 그 페이지의 맨 위쪽과 아래쪽에는 해산물부(Office of Seafood)의 다음과 같은 경고를 볼 수 있다.

"주의: 통속명 사용은 권장되지 않으며, 해산물이 잘못 분류되는 사태를 유발할 수 있다."

단순히 생선장수들만 아니라 과학자들 역시 물고기에 이름을 붙이는 데 어려움을 겪고 있다. 미국 동부해안에서 '가다랑어'로 알려진 물고기는 사르다 사르다(Sarda sarda)로 분류되는데, 서부해안에서 '가다랑어'로 알려진 물고기는 사르다 칠리엔시스(Sarda chiliensis)로 분류된다. 그래서 서부 쪽의 과학자들이 동부 해안에 와서 사르다 사르다를 잡으면, 이렇게 외칠 것이다. "와, 저 가다랑어 크기 좀 봐!" 실제로 가다랑어에는 거의 백여 개의 상이한 학명과 통속명이 존재하는데, 《해산물리스트》에는 그 17종만이 상세히 분류되어 있는 것이 아니다.

매사추세츠 주, 우즈홀(Woods Hole)에 있는 해양생물학연구소(Marine Biology Laboratory)의 도서관장인 데이비드 렘슨(David Remsen)은 해양생물의 명칭을 놓고 너도나도 의견이 분분해서 과학자들이 어떤 특정한 물고기에 대한 정보를 제대로 찾지 못하는 결과가 초래되고 있음을 인정했다. 렘슨은 종의 명칭에 관한 모든 의문점이 풀릴 때까지 기다릴 수가 없었다. 특히 그 의문점들이 절대로 풀리지 않을 것처럼 느껴지면서 더욱 초조해졌다. 결국 그는 유바이오(uBio) 프로젝트, 즉 보편적 생물학 색인자 및 조직자(Universal Biological Indexer and Organizer) 프로젝트를 시작했다. 이는 모든 살아 있는(그리고 예전에 살았던) 생물의 명칭을 포괄적이고 협동적인 목록으로 작성함으로써 18세기로부터 분류학을 구출하려는 시도였다.

그것은 완벽한 세 번째 정리 체계로서 결코 만만한 작업은 아니었다. 먼저, 그는 첫 번째 집단에 프로젝트에서 찾을 수 있는 지구상의 150만에서 175만 종에 이르는 동식물 이름 모두를 하나의 집단에 묶어놓았다. 렘슨은 학명과 통속명 중 하나를 택해서 모아놓으면, 1천만 개가 있다고 추정했다. 그는 어떤 생물이 가진 명칭의 수를 제한하려고 하기보다는 어떤 경우든 있을 수 있는 가능성을 모두 환영했다. 즉, 아무리 지역적이거나 별나더라도 제외시키기보다는 포함시키는 것이 더 낫다는 생각이었다. 그리고 두 번째 집단에는 그가 찾을 수 있는 모든 합리적인 과학적 분류법을 모아놓았다. 지금까지 그는 60개의 상이한 분류법을 파악했는데, 앞으로 몇 년 후엔 적어도 두 배가 될 것으로 기대하고 있다.

이는 잡동사니가 되기 위해(정보들이 알아서 제갈길을 찾아가는) 취할 수 있는 두 갈래의 슬기로운 기본 전략, 즉 포함시키고 유예하라는 전략을 제대로 보여주는 사례다. 한편으로 유바이오에는 카나리아제도의 가다랑어 통속명까지, 찾을 수 있는 모든 이름이 포함되어 있다. 왜냐하면 언젠가 누군가가 그 이름을 아는 것이 유용하다고 생각할 수도 있기 때문이다. 그리고 다른 한편으로, 유바이오는 학자들이 의견을 같이 하지 않기 때문에 분류와 정리시기를 유예하고 있다. 올바른 분류법이 무엇인지에 대한 데이비드 렘슨의 생각을 위주로 체계를 세우지 않고 유바이오는 학자들이 스스로 결정을 내리도록 놔둠으로써 더 많은 학자들의 입맛을 맞출 수 있었다. 렘슨은 단 하나의 정답을 전달하기 위해서가 아니라 가능성 있는 지식을 최대한 제공하려고 유바이오를 만들었던 것이다.

종을 제대로 파악하는 일은 근본적으로 필요하기 때문에 유바이오 외에도 몇 번의 시도가 있었다. 올스피시즈협회(All Species Foundation)는 25년 내에 모든 종의 이름을 기록하고 그것들 모두를 설명한다는 목표를 세운 바 있다. 그리고 국제동물명협회(International Commission on Zoological Nomenclature)는 종의 명칭을 밝히기 위해 동물원은행(ZooBank)이라는 온라인 목록을 만들었다. 하지만 유바이오와는 달리, 이 협회는 공식적인 감시자가 되어 어떤 명칭이 기준에 맞는지 결정하는 역할을 수행하고자 한다. IBM, 오라클(Oracle), 썬(Sun)사 등의 지원을 받고 있는 생명과학식별자(Life Sciences Identifier; LSID)프로젝트의 활동범위는 더욱 넓은데, 의학 및 제약연구사들과 같이 이미 생명과학 데이터베이스를 확보하고 있는 조직들이 자신들의 데이터베이스에는 전혀 손대지 않고도 정보를 공유할 수 있게 해준다. LSID는 형식면에서 랑가나단의 콜론 분류법과 비슷한데, 연구자들이 데이터를 명확하게 인용할 수 있도록 데이터를 식별하는, 콜론으로 분리된 여섯 개의 파라미터로 이루어져 있다. 그리고 1993년에 설립된 생명 웹 계보 프로젝트는 각각의 종에 고유의 페이지를 제공하고 그 모든 페이지들을 하나의 나무구조로 연결하고 있다.

이러한 해결책의 증가는 상황을 악화시키고 있는 것처럼 보일 수도 있다. 하지만 런던에 소재한 린네학회 본부에서 되돌아볼 수 있듯이, 예전의 체계는 겉으로는 간단해 보여도 실제로는 심각한 문제들을 일부 감추고 있었다. 신중하게 모양을 만든 먼지에 불과해 보이는 수백 년 된 생물 견본들은 조심스럽게 보존되어 있다. 그 견본들은 린네의 종명이 무엇을 가리키는지 최종적으로 보여주는 것이다. 견본이 없다면 정확히 어떤 이름이 무슨 종을 가리키는지에 대한 논쟁을 해결할 방법이 없다. 그렇다고 고대의 물고기를 탁자에 탁 내려놓으며 '자, 이게 바로 사르다 사르다야, 이 친구야' 라고 외치며 생물 분류에 대한 모든 논쟁을 불식시킬 수는 없는 일이다. 누군가가 다른 견본을 세게 내던지며 그것이 같은 종의 것이라고 주장할 수도 있다. 그 종이 다른 종으로 간주되어야 할 정도로 충분히 다른가? 이는 생물학자들이 수백 년 동안 가져왔던 논쟁이지만, 특히 분류될 사물도 분류하겠다는 사람도 많을 때, 사람들이 사물을 식별하기 시작하면서 논쟁이 더욱 확산되었음을 말해준다. 종이나 책, TV 방송, 오렌지 색 털모자처럼 어떤 사물이 무엇인지 의견을 같이할 수 없다면, 그것에 대한 광범위한 지식을 어떻게 통합시킬 수 있겠는가?

문제의 본질

남서아프리카의 들새 관찰자들은 발로우 종다리(Barlow's lark)와 남부 검은 작은느시(southern black korhaan), 아굴라스 긴 부리 종다리(agulhas long billed lark)를 포함한 새로운 종들이 휴대용 도감에 나타나자 흥분을 감추지 못했다. 이 종들은 긴 꼬리 논종

다리(long tailed pipit)와 같이 새로이 발견된 것이 아니라, 예전에 하나의 부류로 통합되어 있는 새들이 새로운 종으로 나뉜 것이다. 단순히 갈색 깃털에 희고 검은색 장식이 있는 남아프리카 종다리를 어디에 고정시킬지가 문제가 아니라, 종의 구성요소가 무엇인지를 직접 풀어야 할 문제로 부상하게 되는데, 이는 인간의 문화가 종에 대해 생각을 많이 할수록 명확히 구별하기 어려워진다는 뜻이다.

모든 것이 그 사물의 현재 모습을 만든, 분명하고 알 수 있는 특징들로 규정된다는 본질주의가 인정받는 동안 종의 본질에 대한 개념은 무척이나 간단했다. 아리스토텔레스와 그가 야기한 전통에서 종의 본질이란 종을 하나의 카테고리로 독특하게 규정하는 일단의 특징들이다. 린네는 하느님이 다양한 종을 에덴동산에 살게 했으며 (아리스토텔레스의 영향을 크게 받아), 각각의 종이 지금의 모습 그대로라는 일반적인 기독교적 신념을 갖고 연구를 시작했다. 그러나 이종교배에 의해 잡종이 탄생하는 과정을 살펴본 린네는 정확히 하느님의 정밀한 계획에 맞게 동물들이 다양하게 번식해나감에 따라 시간이 지나면서 존재의 대연쇄의 단계들이 모두 채워졌다고 믿었다.

현대의 생물학자들은 본질주의자라기보다는 '우연론자'라 할 수 있다. 진화의 과정은 어떤 동물이 다른 어떤 동물들에 올라타는지, 건강한 자손을 생산할 능력을 높여줄 어떤 돌연변이가 발생하는지에 달려 있다. 또한 오늘날의 생물학자들은 종을 완벽하게 정의내릴 수 있는 명확하고 본질적인 특징들로 이루어진 체계가 존재한다고 생각하지도 않는다. 종이 비슷하거나 반대로 다르다고 여겨질 수 있는 경우는 너무나도 수두룩하다. 바로 그 때문에 긴 부리 종다리에 대한 논쟁에서 사람들이 취하는 입장은 그 사람이 깃털 색, 부리 모양, DNA의 유사성, 서식지, 번식 상대가 되는 새, 날면서 부르는 노래와 같은 특징들 중에서 어떤 것을 결정적으로 간주하는지에 달려 있다.

다윈이 종을 진화의 영향을 받는 대상이라고 간주했기 때문에 사람들은 그가 종이란 용어의 명확한 정의를 내렸을 거라고 생각할 것이다. 그러나 《종의 기원(Origin of Species)》이 출간되기 2년 전에 다윈은 다음과 같이 썼다.

'종'에 대해서 말할 때 여러 자연주의자들이 얼마나 다른 생각을 갖고 있는지 알게 되면 정말로 재미있을 것이다. 유사성이 전부이며 혈통은 거의 중요하지 않다고 생각하는 학자들이 있는 반면, 유사성은 전혀 중요하지 않고 천지창조를 우선적으로 생각하는 학자들도 있다. 또한 생식불능이 틀림없는 기준이라고 보는 사람들이 있는 반면, 그것이 일말의 고려 가치도 없다고 생각하는 사람들이 있다. 나는 이 모든 것들이 정의 내릴 수 없는 것을 정의 내리려고 했기 때문에 생긴 것이라고 믿는다.

그리고 그는 《종의 기원》에서 이렇게 썼다. "발견되지 않았고 발견될 수도 없는 종은 용어의 본질을 찾느라 헛수고를 하지 않도록 그

저 편의를 위해 만들어진 인위적인 조합으로 간주해야 한다." 그의
책 제목을 보면, 다윈은 종을 단순히 동물왕국을 분할하는 자의적,
혹은 허구의 방법이라고 말할 의도는 아니었음을 자신할 수 있다.
'종이라는 용어의 본질'이라는 표현을 통해 본질주의에 대해 신랄한
입장을 취한 다윈은 자신이 보기에 자연의 진정한 접합점이란 완벽
하게 정의 내리기가 어렵다는 점을 지적하고 있었던 것이다. 그러나
생물학자들은 다윈 이후로 정확히 어디서 갈라야 할지를 놓고 논쟁
을 벌여왔다. 마르크 에레셰프스키(Marc Ereshefsky)는 종에 대한
개념들이 12개나 된다고 설명한다. 일부 과학자들은 종이 객관적인
내용을 전혀 의미하지 않는다고 진지하게 주장하는데, 이러한 입장
은 '강, 목, 속, 종은 자연의 작품이 아니다. 자연의 창조물은 각 존
재들의 것이다.'라고 주장했던 토머스 제퍼슨의 견해와 다를 바가
없다.

따라서 긴 부리 종다리에 대한 논쟁은 계속된다. 본질주의가 상실
된 상태지만, 세상의 사물들을 분류하는 데 뛰어난 대체물을 찾지
못했으며 사물의 여러 형태로 세상을 분류하는 확실한 방법이 있다
고 자신하지도 못하고 있다. 그리고 세상이 더욱 뒤죽박죽되면서 우
리가 무언가를 명확히 구별하지 못하면 정보를 통합시키지 못하기
때문에 그것은 문제가 된다.

더 이상 진화론적 과학자들이 본질주의를 선택하지 않는다고 해
도 그것은 여전히 우리 곁에 존재한다. 철학자인 제임스 데이너허
(James Danaher)는 다음과 같이 지적했다. 사람들은 '암'이라는

질병에 몇 가지 본질적인 특징들이 있다고 생각해왔다. 그리고 치료법은 그러한 본질적인 특징들을 공격하는 것이다. 그러나 이제 암은 수백 가지 질병들의 집단인 듯 보인다. 유방암만 해도 수십 가지의 상이한 질병들이 포함될 수 있는데, 이들 각각에도 여러 가지 발병 원인이 있을 수 있다. 쌍극성 장애나 정신분열증, 중년의 위기, 감기에도 똑같은 얘기가 적용될 수 있다. 이러한 각각의 질병에 대한 하나의 치료법을 찾는 것은 본질주의로 인한 결과다.

기업들이 자사의 제품이 왜 필요한지 안다고 생각하고 사명선언(mission statement)을 너무 오랫동안, 그리고 너무 열심히 고집하는 모습을 보면 그들 역시 본질주의의 영향을 받아 어려움을 겪고 있는 듯하다. 솔직히 자기 회사에서 파는 '에너지 초콜릿'이 단순히 단 과자가 아니라 운동에 도움을 주고 있다고 확신할 수 있는가? 시장이라는 개념은 사물을 너무 분명하게 규정하려는 본질주의 성향이 강한 듯하다. 마케터들은 여러 인구집단으로 분리된 시장에 어필하는 메시지를 제안하는 것이 자기들의 임무인 듯 행동해왔다. 그들은 자신들이 동일한 메시지를 잘 받아들일 어떤 집단을 규정해내고 있다고 믿으며, 특정 인구집단의 특성들을 선별한다. 그 결과 교외에 거주하는 18세에서 24세까지의 남성들은 '그것이 당신을 터프하게 만들 것이다'라는 광고를 듣게 되는데 반해, 여성들은 '남자들이 당신을 좋아할 것이다'라는 메시지를 받게 된다. 시장은 어떤 메시지를 받아들일 무언가로서 존재한다. 그런 메시지를 제공하는 행위를 그만 두면, 교외에 거주하는 18세에서 24세까지의 남성 시장은 인구를 나누는 무수한 방법들 중의 하나로 존재할 뿐이다. 교외에 거주하는 18세에서 24세까지의 남성들이 하나의 시장으로서, 다시 말해 무작위로 분할된 하나의 집단 그 이상으로서 존재한다는 생각은 고객들이 본질적인 인구통계학적 특징을 공유해서가 아니라 서로 이야기를 나누고 있기 때문에 디지털 세상에서 서로를 찾아내고 진정한 사회 집단을 형성하고 있다는, 진정으로 놀라운 현상을 보는 데 방해가 된다. 대화가 만들어내는 시장은 단순히 통계적인 집단이 아니라 진정한 시장이다.

본질주의는 세상을 더욱 다루기 쉬운 듯 보이게 만들지만, 실제로 진행되고 있는 일을 놓치게 만들 수도 있다.

책이란 무엇인가?

도서관 카드 목록에 들어 있는 카드들을 보면 위안이 되는 부분이 있다. 우리가 이해할 수 있는 정도 이상의 개념과 지식의 세계가 꼼꼼하게 색인이 붙여진 상태로 깨끗이 서랍 속에 정렬되어 우리를 기다리고 있기 때문이다. 그러나 두 번째 체계는 세 번째 체계가 직면한 복잡성, 즉 정말로 책이 무엇인지 모르겠는 상황을 감추고 있다.

두 번째 정리 체계가 정보를 급격히 축약하기 때문에 사람들은 스스로 책이 무엇인지 알고 있다고 생각한다. 사실 두 번째 체계의 운영 원리가 바로 그것이다. 카드 목록은 거기에 빠진 것 때문에 가치를 가진다. 1877년 멜빌 듀이가 현재 쓰이는 표준 카드를 구상했는데, 그 크기는 가로 12.5센티미터에 세로 7.5센티미터로 인치로는 대략 5인치와 3인치다. 이는 고대 그리스와 르네상스 시대의 예술가들이 너무나도 소중히 생각했던 황금직사각형에 아주 가깝다. 카드가 아주 크지는 않기 때문에 목록작성자들은 어떤 정보를 포함시킬지 어려운 결정을 내려야 한다. 일반적으로 카드에는 책의 청구번호와 저자, 제목, 출판사, 출간장소, 출간날짜, 페이지 수, 크기, 국제표준도서번호(International Standard Book Number; ISBN), 건명 목록, 삽화 수록 여부 등이 올라 있다. 일반적으로 책이 얼마나 잘 팔렸는지, 어떤 나라에서 금서된 경우가 있는지, 책에서 인용된 다른 책들의 목록이라든지, 저자가 다닌 대학, 비평가들이 책에 대해 뭐라고 했는지, 책의 뒷부분에 있는 색인 전문, 몇 번이나 대출되었는지 등은 카드를 봐도 알 수 없다. 존 실리 브라운(John Seely Brown)과 폴 두기드(Paul Duguid)가 《비트에서 인간으로(The Social Life of Information)》에서 지적했듯이, 사람들이 카드를 얼마나 많이 찾아봤는지는 카드 모서리가 얼마나 닳았는지를 보면 알 수 있는 사항이다.

그러나 어쩌겠는가? 도서관 카드는 두 번째 정리 체계이기 때문에 목록 작성자들은 할 수 있는 한 최고의 결정을 내리고, 사람들은 그 카드 목록들이 제공하는 아주 좁은 틈새를 통해 도서관을 돌아다닐 수밖에 없다. 그와는 달리, 디지털 세계는 자기가 좋아하지 않는 정보는 조금도 만나지 않는다. 그리고 붙잡을 것 하나만 있으면 된다. 예를 들면, 출판사들이 1960년대부터 세상에 판매되는 모든 책의 부수를 확인하기 위해 사용해온 국제표준도서번호 같은 것이다.

락웰 켄트(Rockwell Kent)의 삽화가 들어간 허먼 멜빌(Herman Melville)의 《모비 딕(Moby Dik)》의 ISBN은 0679600108이다. 미 의회도서관 사이트에서 이 ISBN을 찾으면, 출판사는 모던 라이브러리(Modern Library)이고 822페이지에 21센티미터 크기, 재생 중성지로 인쇄된 책이 나온다. 아마존닷컴에서 이 ISBN을 찾으면, 아마존이 분석한 그 책의 독특한 표현들―'이교도의 작살(pagan harpooner)'과 같은―과 이 책이 어제는 43,631번째로 가장 많이 구매한 책이었는데 오늘은 49,581위로 떨어졌다는 사실과 책에 들어간 단어 수가 208,968개라는 사실, 내용의 난이도가 중간 수준이며, 책을 구매하면 1달러당 14,634단어를 얻게 되고 286명이 서평을 썼는데 5개의 별 중에서 평균적으로 4개 정도의 별을 주었다는 사실들을 알 수 있다. 또한 1998년, 저널리스트인 글렌 플라이시만(Glenn Fleishman)이 세운 'ISBN.nu'에 가보면 온라인에서 그 책을 어디에서 구매할지 다른 ISBN으로 이용 가능한 목록, 오디오로 나온 《모비 딕》에 대한 정보 등을 얻을 수 있다. 그리고 또 다른 저널리스트, 존 우델(John Udell)이 만든 라이브러리룩업닷컴(LibraryLookup.com)에서는 그 ISBN으로 동네의 도서관에 그 책이 있는지 알 수 있다. PULP 프로젝트는 여러 사이트에 나온 책에 대한 정보를 비롯하여 서평과 주석까지 모든 정보를 종합해줄 것이다. 하버드의 실험적인 'H20' 사이트에서는 시간표에 《모비 딕》이

들어가 있는 모든 강의들을 볼 수 있는데, 여기에는 대부분의 사람들이 생각지도 못했을 연관성을 제시하는 '주요 작가들: 멜빌과 〔토니〕 모리슨(Major Authors: Melville and 〔Toni〕 Morrison.'과 같은 MIT대학의 강의도 포함되어 있다.

똑똑한 이파리들은 목록카드와는 달리 공간도 더 많고 IQ가 40점이 더 높다. 조그만 사각형에 수록된 얼마 안 되는 정보를 갖는 것이 아니라, 끊임없는 정보의 거미줄이 인터넷 상의 무한한 공간으로 뻗어나간다. 필요할 때에는 분배된 정보를 뭉치게 만드는 ISBN과 같은 색인자는 C급 이파리를 천재로 변화시킨다.

그러나 바코드와 마찬가지로 ISBN도 근본적으로는 두 번째 체계의 구성요소로서, 책의 정확한 판명(版名)을 일일이 지적한다. 출판업자나 서점주인 외의 일반 사람들은 보급판인지 큰 활자인쇄판인지를 놓고 논쟁을 벌이는 게 아니라 《다빈치코드(Da Vinci Code)》에 대한 논쟁에 관심을 갖고 있다. 판명은 따지지 않고 책의 식별자를 다루는 체계는 존재하지 않는데, 지적인 콘텐츠의 세계가 일반적으로 보이는 것보다 훨씬 더 복잡하기 때문이다.

《햄릿(Hamlet)》은 어떤 희곡인가? 제퍼디(Jeopardy, 미국의 유명한 퀴즈 프로그램 - 옮긴이)에서는 이렇게 물을 것이다. "셰익스피어가 쓴 희곡은 무엇입니까? 알렉스." 그러나 만약 교수가 내일의 퀴즈를 위해 《햄릿》을 읽어오라고 하면, 당장 그 희곡을 살 수만은 없다. 문자 그대로는 전혀 말이 되지 않는 표현이기 때문이다. 대신 당신은 그 책의 판본들을 찾아야 한다. 그러나 그것은 원문이 전혀 수록되지 않은 판본이다. 이제껏 완벽한《햄릿》은 결코 없었다. 현재의《햄릿》번안물들은 초기의 세 개의 자료에서 얻은 것들로, 그 자료들은 1603년 어떤 배우에 의해 재구성된 자료 - 나 쁜 사절판(The Bad Quarto) - 와 1604년과 1605년에 출판된 더욱 정확해진 제2사절판(Second Quarto), 그리고 셰익스피어가 죽은 지 7년 뒤인 1623년에 출간된 공식적인 제1이절판(First Folio)이다. 첫 번째 번안물에서 햄릿은 너무 신앙심이 깊어 기도하고 있는 왕을 죽이지 못한다. 두 번째 번안물에서 햄릿은 너무 복수심에 차서 왕을 죽이지 못하는데, 그렇게 하면 그가 바로 천국에 가기 때문이었다. 문학 역사가, 제임스 샤피로(James Shapiro)는 이 번안물들이 천양지차라고 지적한다. 1막 1장의 대사 한 줄을 찾아봐도 그 차이는 뚜렷이 나타나는데, 그 희곡이 겨우 제1이절판에 이르러서야 막과 장으로 나누어졌기 때문이다. 그렇다면 제퍼디! 정답에 적절한 질문은 무엇인가? 1960년대부터 출간되어온 여러 책들에는 각자 고유의 ISBN이 붙어 있는 반면,《햄릿》그 자체에는 아무것도 없다.

사람들이 '같은 희곡'이라고 표현할 때 무엇을 말하는지 확신하고 있다고 해도, 실제로 그 모든 책들이 같은 희곡을 출간한 책들이라는 점을 자동적으로 알아내는, 쉽고 포괄적인 방법 또한 존재하지 않는다. 듀이의 10진 분류법을 관리하는 온라인 컴퓨터 도서관 센터(Online Computer Library Center; OCLC)의 최고 연구원, 톰 히키(Tom Hickey)는 이 문제를 계속해서 연구해왔다. 이 문제는 보기보다 더 어려운데, ISBN이 듀이의 10진 분류법과는 달리 출판사를 나타내는 처음 몇 개의 숫자와 그 숫자가 합법적이라는 점을 증명하는 마지막 숫자를 제외하고는 그 책에 대해 아무런 정보도 제공해주지 않기 때문이다. 이는 UPC의 처리 방법과 유사하다. 대형 출판사들은 한 번에 10만 개의 숫자들을 사기업인 바우커(Bowker)로부터 구매한 뒤, 《햄릿》이 어떤 희곡인가 라는 거창한 논의에 의한 것이 아니라 단순히 재고를 추적해야 할 필요성에 의거하여, 마침 그때 무슨 책을 출간하고 있든 관계없이 순서에 따라 숫자들을 부여한다. 히키는 이렇게 지적한다. "햄릿에는 여러 가지 제목들이 수두룩하다."《햄릿》,《덴마크 왕자, 햄릿의 비극(The Tragedy of Hamlet, Prince of Denmark)》, 《셰익스피어의 햄릿(Shakespeare's Hamlet)》,《햄릿, 덴마크 왕자(Hamlet, Prince of Denmark)》 등이 그것들이다. 만약《햄릿》의 사본을 구하는 사람이라면, 아마도 《셰익스피어 선집(The Collected Works of Shakespeare)》,《셰익스피어 전집(The Complete Works of Shakespeare)》,《셰익스피어의 비극(Shakespeare's Tragedies)》, 《셰익스피어의 히트작(Shakespeare's Greatest Hits)》에 대해서도 알고 싶어 할 것이다. 컴퓨터가 판매 중인《햄릿》책들 중에 이용 가능한 모든 책을 찾아내려면 제목만으로는 충분하지 않다. 그리고 본문을 비교하는 것도 보기만큼 쉽지 않은데, 책의 머리말 부분도 다를 뿐 아니라 책마다 광범위한 각주나 주석들이 달려 있기 때문이다. 인간은 그렇게 추가된 것들을 일괄적으로 다룰 수 있지만, 컴퓨터는 사람들만큼 이해가 빠르지 않다. 평범한 방법으로 본문을 비교해보면, 본래의 철자법으로 쓰인 《햄릿》과 현대어로 쓰인 《햄릿》은 확실히 다르다. 거기다 프랑스어, 스페인어, 스와힐리어, 터키어로 쓰인 《햄릿》 또한 따로따로 생각해야 한다. 어쨌든 OCLC의 도서 데이터베이스에는 카드 목록과 마찬가지로 책의 본문 전체가 담겨져 있지 않다. 히키의 프로젝트, xISBN은 손으로 서적들을 분류하는 사서들에 의존하면서 인간의 통찰력이 보태어진 자동화된 비교를 수행한다. ISBN이 어떤 특정한 책이 다른 책과 어떻게 관련되어 있는지에 대해 전혀 이야기해주는 것이 없기 때문에, xISBN은 영리한 프로그래밍과 인간의 간섭, 추측작업에 의존해야 한다. 그 결과, 《햄릿》의 어떤 ISBN 하나를 입력하면 아주 긴 《햄릿》 목록을 얻게 된다고 히키는 말한다. 그 모든 책들을 모두 살 것인가? 물론 아니다. 게다가 《햄릿》이 아닌 책에 대한 정보까지 얻는 경우도 있다. 그러나 불완전하게 이파리들을 모으는 것이 그것들을 흩어진 채로 놔두는 것보다는 낫다.

사서들은 책이 관념적인 개념을 지닌 《햄릿》과 고등학생이 갖고 다니는 낡은 보급판 사이에서 여러 단계로 존재한다고 생각한다. 따라서 국제도서관협회연맹(International Federation of Libraries Association)은 서지기록을 위한 기능상 요건(Functional Requirements for Bibliographic Records; FRBR) 기준을 만들어냈다. 이 기준이 설명하는 가장 이론적인 개념은 작품(work)인데, 모든 다양한 방법으로 상연되고 출간되는 《햄릿》과 같은 것이다. 다음으로 그 기준은 표현형(expression)을 정의 내리는데, 《햄릿》이라는 작품의 제1이절판이나 폴저판(Folger edition)과 같은 것이다. 그 다음은 구현형(manifestation)으로, 그 표현형을 종이(또는 CD나 인터넷)에 올려놓은 것인데, 폴저의 양장본이나 종이로 만든 보급판, 큰 활자로 인쇄된 판을 말한다. 마지막으로 개별 자료(item)가 있는데, 이는 작품의 실제 카피들이다. 이 모든 것들이 상당히 정리된 듯 보이지만, 금세 정신이 없어진다. 어린이들을 위해 해피엔딩으로 다시 쓴《햄릿》책은 여전히《햄릿》인가? 톰 스톱파드(Tom Stoppard)의 《로젠크랜츠와 길든스턴은 죽었다(Rosencrantz and Guildenstern Are Dead)》나 리사 피들러(Lisa Fiedler)의《햄릿과의 데이트: 오필리아 이야기(Dating Hamlet: Ophelia's Story)》와 같이《햄릿》에 의해 영감을 받은 작품들은 어떻게 분류되어야 하는가? FRBR은 어떤 작품을 수정한 것이 상당한 수준의 독립적인 지력이나 예술적인 활동이 포함되어 있으면 새로운 작품이 된다고 말한다. 그러한 설명은 합리적으로 보이지만(우리가 '상당한 수준'의 구성요건에 대해 동의할 수 있다면), 폴저의 완벽한《햄릿》과 어린이용 TV 프로그램인 '세서미 스트리트(Sesame Street)'의 《버트와 어니가 햄릿을 만나다(Bert and Ernie Meet Hamlet)》사이에 어떤 관계가 있는지는 여전히 궁금하다. 이는 하나의 나무구조가 갖는 장점들 중의 하나인데, 이 모든 판들과 수정한 내용들이 가지 위에 조심스럽게 놓여 있다면, 우리는 그 나무를 걸어올라 그것들이 모두《햄릿》의 변형물이라는 점을 발견할 수 있을 것이다.

그러나 《햄릿》은 나무구조가 되기에는 너무나도 복잡하다. 책에 대해 이야기하는 데에는 놀랄 정도로 많은 어휘들이 존재한다. 요약본, 번역본, 주석본, 현대판, 다른 책에 근거한 책들, 원문과 번역문을 나란히 실은 번역본, 줄거리 요약, 만화소설, 무엇에 영감을 받은 시집, 재해석, 공부 안내서, 오디오서적, 현대어판, 패러디 등 너무나도 다양하다. 이러한 다양한 관계들은 작품의 다양한 표현형과 구현형에 해당된다. 어떤 나무구조도 예외가 되지 않고는 이러한 것들을 표현할 수가 없다.

또한 다른 차원에서도 《햄릿》은 여전히 복잡하다. 《햄릿》은 제1이절판 이후로 막과 장으로 구성되어 있다. 장은 번호가 매겨진 행으로 이루어지기도 하지만, 동시에 등장인물에 따라 구분된 대사로도 이루어진다. 일부 《햄릿》 책에서는 그러한 대사들에 성가신 각주들이 붙어 있는데, 이는 또 다른 차원의 섬세한 부분들이다. 《햄릿》 그 자체는 셰익스피어의 비극들로 알려진 더 큰 전집에 속해 있는데, 비극은 셰익스피어의 희곡들이나 그의 작품, 엘리자베스 시대 문학의 일부이기도 하다. 뒤죽박죽된 세상이라는 이 새로운 시각에서 하나의 이파리를 구성하는 것은 무엇인가? 희곡? 장? 희곡에서 유명한 인용구? 대사 한 줄? 어떤 등장인물의 전체 대사? 엘리자베스시대의 희곡들?

우리가 더 깊이 살펴볼수록, 그 이파리가 은유하는 내용은 더욱 적어진다. 이파리들은 제대로 규정되고 알기 쉬우며 셀 수 있거나 적어도 지적할 수 있을 정도의 지속성과 강점을 갖고 있는 실체들을 암시한다. 우리가 그 이파리들을 딱 부러지게 식별해내는 쉬운 방법을 찾을 수 없고 그것들 모두가 연관되어 있는 사물을 파악해내는 방법조차 찾을 수 없지만, 대신 우리 앞에는 지금 《햄릿》과 관계가 있어 보이는 이파리 더미들이 있다.

그것은 사람들이 본질주의를 갈망하게 만들기에 충분하다. 그러나 세 번째 체계는 우리가 아주 좁은 범위의 본질적인 《햄릿》의 작품들과 변형물들만을 알아보는 엄격한 해석자들이 되게 놔두지 않는다. 이파리들은 사람들이 그것들의 관련성을 찾을 수 있게 해주는 예측불가능하고 제한 없는 방식 때문에 똑똑하다. 우리가 최종적으로 《햄릿》이라고 부를 수 있는 하나를 제출할 수 없는 이유는 책들과 그 책들이 기록하는 작품들이 너무나도 풍부하고 복잡하기 때문이다. 관계의 범위는 인간의 상상력만큼이나 광대하다. 우리가 컴퓨터와 인간의 지성을 섞어 책과 책 사이의 관계에 대한 모든 종류의 이파리를 긁어모음에 따라, 그러한 이파리는 더욱더 많은 방식으로 서로 관계를 맺을 것이며 이따금 생각난 듯이 잡동사니가 되어 있는 이파리 더미들을 쉬지 않고 만들어낼 것이다. 그것은 버블 팩으로 포장하고 최종적인 바코드를 붙일 수 있는 단 하나의 이상적인 《햄릿》이 없기 때문에 불완전할 것이다. 그러나 그러한 불완전성 또한 풍부함의 밑천이다.

예를 들면, 어떤 사이트에서 누군가가 '규칙을 준수하는 것보다 위반하는 것이 더욱 명예롭다' 라는 표현을 보고 그것을 '햄릿' 으로 표시해놓거나 심지어는 '1막 4장, 16행' 이라고까지 표시해놓는다고 하자. 그렇게 되면, 그 사이트의 인용문은 똑똑한 이파리가 될 것이다. 이파리에 붙은 태그는 그 이파리를 제1이절판의 온라인 복사 전송장치와 연결시켜줄 것이다. 그 전송장치는 하나의 이파리이고, 그 연결 또한 하나의 이파리다. 4막 3장에 대한 신문 기사는 태그나 그 본문의 분석을 통해 《햄릿》과 연결될 수 있는 하나의 이파리가 된다. 따라서 어떤 고등학교 신문에 실린 사설 만화에 햄릿처럼 옷을 입은 학교 교장선생님이 등장하게 되는 것이다. 이러한 조각들 사이의 관계는 잠재적인 것으로, 발견되고 이용되기를 기다리고 있다. 온라인 세상 전역을 휩쓰는 모든 태그와 모든 링크, 모든 컴퓨터는 결코 생각한 적이 없었던 상황 속에서 관계를 알아내고 사물을 이해하면서 인간의 잠재력을 풍부하게 한다.

이러한 정보와 지식, 통찰력, 의견의 연결망은 이들 이파리 중 어느 것도 아리스토텔레스의 종처럼 분명하고 빈틈없이 규정된 자리를 갖지 못하기 때문에 존재할 수 있다. 그 연결망의 가치는 뒤죽박죽된 상태로부터, 다시 말해 정리가 유예되어 있다는 사실로부터 발생한다. 물론 이는 단순히 책이나 고전 희곡뿐 아니라 세 번째 체계의 정보 전체에도 적용된다. 의료분야를 예로 들어보면, 각자의 담당 내과의사는 유일한 전문가가 아니라 자신이 만날 수 있는 유일한 전문가였다. 비록 그 의사가 다른 인정받는 의사를 만나보라고 특별히 허락을 해주어도 말이다. 그런데 세월이 흐르면서 인터넷이 확산되자 의료 전문가들은, 사람들이 담당 의사들에게 독점적인 치료권한을 계속적으로 부여하면서도, 더 이상 그 의사가 정보의 독점적인 공급원이 되게 놔둘 의향은 없다고 생각하게 되었다. 이미 의료 분야의 이파리들은 아주 잘 연결되어 있다. 만약 당뇨병 진단이 내려진 사람이 있다면, 그 사람은 당뇨가 자기 생활에 어떤 영향을 미치는지를 알기 위해, 혹은 단순히 그레이프프루트가 혈당수치를 얼마나 급격히 높이는지 알고 싶어 인터넷을 검색할 가능성이 높다. 그리고 인터넷에서 찾은 페이지에는 링크가 있다. 그 링크들은 미국당뇨병협회(American Diabetes Association)의 홈페이지인 'Diabetes.org'와 같이 믿을 만한 전문가들이 만든 공식적인 사이트에 이르게 해줄 것이다. 또한 그 링크들은 당뇨병 환자나 학자들, 별난 사람들의 블로그나 당뇨병 환자들이 그 병을 갖고 살아가는 세세한 내용들에 대해 이야기하는 온라인 게시판과 같이 예측할 수도 없었던 곳들도 가게 할 것이다. 왜 운동 후에 혈당이 올라갈까? 블랙커피를 간절히 마시고 싶어 하는 사람은 없을까? 설탕이 들어가지 않은 치즈 케이크를 어디서 살 수 있을까? 온라인 게시판에는 이러한 내용들이 올라와 있을 터인데, 그러한 정보는 《의사처방참고전(Physicians' Desk Reference)》과는 어울리지 않으며, 의사들 중에서도 가장 숙달된 의사의 머릿속과도 어울리지 않는다. 그것은 오직 각자의 관심사를 가진 사람들로 이루어진 세상에 의해 한 번에 하나의 이파리씩 만들어졌기 때문에 존재한다. 그것은 누군가 그것을 원할 때만 함께 나타난다. 그것은 오직 하나의 주제로서의 당뇨병이 《햄릿》처럼 산만하고 여러 면으로 이루어져 있고 명백히 뒤엉켜 있기 때문에 유망한 후보로 거기에 존재하는 것이다.

뒤엉킨 상태(intertwingularity)

"사람들은 하지도 못하면서 계속해서 사물을 위계질서에 맞게 순차적으로 분류할 수 있는 척한다. 모든 것들은 깊이 서로 뒤엉켜 연결되어 있다." 1960년대에 하이퍼텍스트(hypertext)라는 말을 만들어낸 별난 공상가, 테드 넬슨(Ted Nelson)은 이렇게 말했다. 세 번째 정리 체계에서 정보는 서로 뒤엉켜 연결되어 있을 뿐 아니라, 그렇게 뒤엉킨 상태가 지식을 가능하게 만든다. 그리고 그 뒤엉킨 상태는 독특한 식별자들에 의해 만들어진다. 비록 많은 독특한 식별자들이 동일한 사물에 대해 존재하고 여러 추상적인 단계에 걸쳐 존재할 수 있기 때문에 그 식별자들이 역시 뒤엉키게 되지만 말이다.

마이크로소프트가 후원하는 연구 개발팀인 마이크로소프트 리서치(Microsoft Research)는 아우라(AURA), 즉 고급사용자 자원 주석(Advanced User Resource Annotation)이라는 명칭의 프로젝트를 여러 해 동안 연구해오고 있다. 휴대전화나 다른 장비를 이용해 어떤 제품의 바코드 사진을 찍으면, 아우라가 그것을 인터넷에 연결시켜 그 제품에 대한 모든 것들 알아낸다. 연구팀의 수석연구원인 마크 스미스(Marc Smith)는 식료품 가게에서 벌어지는 상황을 설명해준다. 그가 자신이 좋아하는 아침식사용 식품을 스캔하자, 아우라는 그 제품의 성분목록이 부정확하기 때문에 FDA가 그 시리얼을 회수시켰다는 신문 제목을 발견했다. '주석(annotation)'은 아우라의 약자(略字) 중의 하나인데, 아우라의 슬로건은 '지구에 주석을 달자!'이다. 그것이 사용자들에게 어떤 제품에 대한 정보를 발견할 수 있게 해줄 뿐 아니라 제품에 대한 평가와 의견을 달게 하여 더 많은 정보를 세상 전체에 대한 정보와 연결시켜주기 때문이다.

스미스가 머지않아 아우라가 탑재된 자신의 전화로 참치캔 바코드를 스캔해본다고 하자. 프로그램은 수은 경고와 함께 인터넷에서 참치가 들어가는 니스와즈 샐러드(salade nicoise)의 요리법을 바로 알려준다. 만약 그가 니스와즈 샐러드를 잘 모를 경우엔 클릭 한 번만 하면 위키피디아나 리베라(Riviera)의 음식역사를 읽어볼 수 있다. 그는 미 FDA의 규제어류백과사전(FDA Regulatory Fish Encyclopedia)에서 참치가 날개다랑어(albacore), 점다랑어(kawakawa), 가다랑어(skipjack), 황다랑어(yellowfin) 등 네 가지로 등록되어 있는 것을 알 수도 있다. 그가 가다랑어를 클릭하면, 일곱 종류의 고등어와 참치로 이루어진 고등어과(Scombridae family)를 만나게 될 것이다. 그 중 3번이 사르다 칠리엔시스인 태평양 가다랑어로 사진과 지리 정보, 그 물고기가 가진 독특한 단백질 유형, 그리고 DNA순서까지 살펴볼 수 있다.(극히 미세한 DNA를 종을 식별하는 수단으로 이용하려는 DNA 바코딩 프로젝트가 성공하면 많은 이파리들이 통합되는 결과가 가능해질 것이다.) 그런 다음 스미스는 공식 학명(사르다 칠리엔시스)이나 통속명(태평양 가다랑어)을 이용하여 유바이오에서 그 물고기를 찾아볼 수도 있다. 유바이오에서 그는 그 물고기의 다른 통속명들도 알 수 있는데, 그런 이름들을 이용해 구글에서 과학논문이나 요리책, 전설들을 뒤져

볼 수도 있다. 그는 《세상의 고등어과: 지금까지 알려진 참치, 고등
어, 가다랑어와 관련 종들(Scombrids of the World: An
Annotated and Illustrated Catalogue of Tunas, Mackerels,
Bonitos, and Related Species Known to Date), ISBN
9251013810》과 같이 아마존에 있는 가다랑어에 관한 책에도 연결
될 수 있다. 그 ISBN에 의해 그는 어디든 마음 내키는 대로 갈 수 있
다. 이렇게 서로 연관된 웹에서, 가다랑어 과의 의학적 응용에 대한
획기적인 연구는 태평양에서 낚시를 했다는 누군가의 휴가 이야기
로부터 링크 하나면 만날 수 있고, 록웰 켄트가 삽화를 그린 책에 나
왔던 가장 훌륭한 고래 이야기로부터도 그저 몇 링크만 떨어져 있을
뿐이다.

다음 단계에서 스미스는 휴대전화 카메라를 주방용 세제에 붙은
바코드에 들이대고는 그 제품이 어떤 사람들에게는 특이한 알레르
기를 일으킨다는 점과 진드기를 익사시키기에 알맞다는 점을 알 수
도 있다. 아기들이 쥐고 노는 장난감에 붙은 바코드는 아기를 데리
고 비행기로 여행하는 방법에 관한 조언이나 아기를 재우기 위해 안
고 걸으면서 들으면 좋은 음악이 바하인지 비틀즈인지를 놓고 벌이
는 논쟁으로부터 두 번만 클릭하면 만날 수 있다.

그러나 독특한 식별자가 단순히 정보를 통합하는 방법만을 제공
하지는 않는다. 그것은 정보를 분산되게 만들 수도 있다. 바로 그 덕
분에 《취미공주 블로그》를 쓴 핀란드인, 울라 마리아 무타넨(Ulla-
Maaria Mutanen)은 장인들이 만든 물품들에 독특한 ID를 부여하

는 웹 서비스인 씽링크스(Thinglinks.org)를 만들게 되었다. ISBN 과는 달리 씽링크는 개인의 물품을 의미하는데, 손으로 직접 만든 각각의 물품이 모두 독특하기 때문이다. 예를 들어 2006년 4월에 헬싱키에 있는 예술 디자인 대학(University of Art and Design) 은 졸업을 앞둔 석사 학생들의 작품 전시회에서 각각의 물품에 씽링 크 ID를 지급했다. 그렇게 해서 사람들은 자신들의 블로그나 평가 사이트, 온라인 공예품 시장 등 원하는 곳에 작품에 대해 글을 쓸 수 있었다. 'THING:378RGD'와 같은 ID에서 알 수 있듯이 검색 엔진 들은 ID가 독특하기 때문에 그 ID를 언급하는 모든 웹페이지를 찾 아낼 수 있는데 반해, '전날 본 아름다운 갈색 울 스웨터'라고만 언 급한 블로그 포스트는 거의 무한한 이파리들 속에서 길을 잃게 될 것이다. ID가 특이하기 때문에 스웨터에 대한 논의가 서로 뒤엉켜 연관된 상태를 유지할 거라고 자신하며 그 논의를 여러 곳에 분산시 킬 수 있는 것이다.

이토록 번잡한 상황 속의 식별자들은 그 자체로 혼합되어 있다. 일부는 씽링크나 바코드, ISBN, 유바이오 식별자들처럼 신중하게 분류되어 있는 것도 있지만, 물고기의 통속명처럼 산만한 식별자들 도 있다. 이파리들을 분명하고 명확하게 식별하는 일이 가능하다면 독특한 식별자들 덕분에 관련된 개념들은 분산된 발전을 할 수 있으 며, 개개의 이파리들은 점점 더 똑똑해진다. 그러한 상황에서 의미 없는 ID들은 잡동사니들을 정리하는 일을 연기시키는 더 나은 역할 을 한다. 그리고 모든 부분, 구성요소, 입자는 ID가 붙여져야 한다.

누군가가 바로 그 작은 부분을 조회해보려고 할 수도 있기 때문이다. 그러나 ID가 의미가 없는 분야에서는 여전히 모든 개념을 연결시키게 될 것이다. 우리의 컴퓨터가 《햄릿》이나 당뇨병처럼 산만하게 정의된 것에 대해 이야기하고 있는 모든 이파리들을 모으는 일은 더욱 잘할 수밖에 없다. 그리고 그렇게 해야 한다. 그것이 우리 스스로 만들어가고 있는 개념과 정보로 뒤죽박죽된 세상을 의미 있게 만드는 방법이기 때문이다.

7장

사회적 지식

Everything is Miscellaneous

전 세계 뉴스 편집실에서는 날마다 인상적인 장면이 연출된다. 지저분한 책상과 분주한 사람들이 내다보이는 통유리로 둘러싸인 방. 그곳의 테이블 둘레에 중년의 백인 남자들이 앉아 있다. 이는 영화 '모두가 대통령의 사람들(All the President's Men)'을 비롯한 수십 편의 영화와 TV 프로그램을 통해 유명해진 편집회의실의 풍경이다. 이러한 장면을 할리우드는 제대로 짚어낸 편이다. 편집회의는 신문사에서 권세가 절정을 이루는 곳으로, 여러 해 동안 기자로 일한 사람은 그곳에 초대받을 가능성이 높다.

신문사 부장들은 세상에서 가장 비싼 부동산 중의 한 곳, 즉 0.2제곱미터도 안 되는 신문 1면에 무엇을 세울지 결정을 내림으로써 힘

을 행사한다. 그들은 그 전날 일어난 가장 중요한 사건들이 무엇이
라고 생각하는지를 자신들의 선택을 통해 전해준다. 그들은 독자들
이 암묵적으로 이해하고 있는 하나의 규칙을 통해 각각의 기사에 등
급을 매긴다. 몇 면의 어디에 위치하는지, 접히는 부분 위에 있는지,
제목은 얼마나 큰지, 독자들의 관심을 끌 정도로 발칙한 부제가 달
려 있는지. 부장들은 독자들이 신문지면이 보여주는 보디랭귀지를
읽을 수 있다고 기대한다.

스스로 '사용자 위주의 사회 콘텐츠 웹사이트'라고 설명하는 디그
닷컴(Digg.com) 역시 1면이 있다. 그 1면은 특별히 멋지지는 않은
데, 두 줄로 된 요약 내용과 함께 제목 목록을 보여준다. 각각의 제
목 옆에는 각각의 기사가 받은 '디그'의 횟수가 있는데, '디그'란
독자들의 추천을 의미한다. 어떤 독자든 기사를 제안할 수 있고, 충
분히 많은 사람들이 투표로 그 기사를 '디그 대기열(digg area
queue)'에서 내보내면, 그 기사는 1면에서 하차해야 한다. 어떤 기
사가 중요한 이유에 대한 토론이 사무실 탁자에서 이루어지는 것이
아니라 그 기사의 정확성과 중요성, 의미에 대해 서로 이야기를 나
누는 수십 명 때로는 수백 명의 독자들이 남긴 의견을 남기는 공개
적인 페이지에서 이루어진다.

디그가 유일한 것은 아니다. 디그와 비슷한 사이트로, 여름방학
동안에 몇 명의 대학생들이 만든 레디트닷컴(Reditt.com)이 있고,
중도좌파 정치인들의 디그닷컴이라 할 수 있는 커먼타임즈
(Common Times)가 있다. 그리고 읽을 가치가 있는 기사들을 규

칙적으로 찾아내기 때문에 이와 비슷한 사이트들은 계속해서 만들어지고 있다. 실제로 독자들을 편집자로 이용하자는 아이디어는 이미 두 가지 유용한 방향으로 확대되고 있다. 한편으론 뉴스와 아무런 관계가 없는 사이트들이 그 아이디어를 이용하고 있고, 다른 한편으론 일반 독자 내의 여러 집단에 근거하여 순위를 결정하는 사이트들이 부상하고 있다. 예를 들면 로조닷컴(Rojo.com)의 경우, 로조 사용자들 중에 자신의 친구들이 누구인지 얘기해놓으면, 그 사이트는 친구들 사이에 인기 있는 기사들을 목록으로 만들어줄 것이다. 그리고 친구들이 관심을 가질 법한 특정 기사들을 표시해두면, 그들이 다음에 로조를 찾아왔을 때 당신의 의견을 비롯하여 당신이 직접 추천한 기사 목록을 볼 수 있다. 또 다른 사이트인 테일랭크(TailRank)에서는 자신의 피드(사이트에 올라온 기사의 제목 혹은 내용을 모아 하나의 파일로 만든 것 – 옮긴이)나 태그, 친구들로부터의 뉴스로만 결과를 좁힐 수 있다고 사장인 케빈 버튼(Kevin Burton)은 말한다. 레디트 역시 비슷한 능력을 추가하고 있다. 롤리오닷컴(Rollyo.com)은 단순히 뉴스만이 아니라 친구나 유명인들이 제공하는 목록 등, 다양한 형태의 정보원을 검색한다. 그 결과 친구들뿐 아니라 영화배우 데브라 메싱(Debra Messing)과 세계적인 디자이너 다이앤 폰 포스텐버그(Diane von Furstenberg)와 같은 명사들이 편집한 온라인 쇼핑 사이트에서 어떤 제품들이 판매중인지도 알 수 있다.

이 사이트들 모두가 살아남지는 않을 것이다. 실제로 이 책이 출간될 즈음 사라지고 없을 사이트들도 있을 것이다. 그러나 살아남는 사이트들도 있고 새로 생길 사이트들도 있을 것이다. 서로의 1면에 영향을 줄, 능력 있는 독자 집단이 더욱 적절한 정보를 제공해줄 뿐 아니라 그러한 집단들을 사회적으로 결속시키기 때문이다.

이러한 결속은 방송매체가 미국의 전설적인 앵커 월터 크론카이트(Walter Kronkite) 아래 하나의 부족연합을 형성한 방식과는 분명 다르다. 모든 사람들이 똑같은 전국 뉴스를 보고 몇 안 되는 지역 신문을 읽는 상황에서는 경험이 공유될 것이라고 기대할 수 있었다. 이제 사회 네트워크가 자기 집단의 관심사에 어울리는 세 번째 정리 체계를 가진 1면을 만들어내면서, 우리는 적어도 니콜라스 네그로폰테(Nicolas Negroponte, MIT 미디어랩의 설립자)가 '나만의 신문(The Daily Me)'이라고 지적한 사태에 의해 문화가 고립된 개인들로 분해되고 있다는, 반대 의견을 무시할 수 있게 되었다. 실제로는 자신과 친구, 자신이 존경하는 사람들이 만든 신문을 읽고 있다고 보는 게 더 맞다. 우리는 원자가 되어 가고 있는 것이 아니라 분자가 되어 가고 있는 것이다. 분자처럼 지역문화를 만들어내는 집단을 형성하고 있는 것이다. 현재 일어나고 있는 현상은 편집회의실에 있는 사람들의 전문적인 지식과 '군중의 지혜(wisdom of crowds)'의 중간 정도에 해당한다. 그것은 사회적 전문지식(social expertise)을 이용하는 집단들의 지혜로 그 지식을 이용하면 사람들 사이의 관계를 통해 그 집단이 무엇을 배우고 무엇을 알지 안내받을 수 있다.

〈뉴욕타임즈〉는 1851년에 설립되었고, 연합통신사(Associated Press)는 1848년에 설립되었다. 그러한 조직들은 과소평가할 수 없는 탄성을 갖고 있다. 그러나 이 조직들이 현재 일어나고 있는 생태학적인 변화 속에서 살아남고자 한다면 그들에겐 사회적 전문지식이 필요할 것이다. 우리는 단순히 무엇이 신문에 도전장을 내밀지 모르고 있을 뿐이다. 멜빌 듀이가 구글을 예측하거나 《브리태니커 백과사전》이 위키피디아를 예측하지 못했던 것처럼 말이다.

그러나 분명 그 변화는 잡동사니를 향해갈 것이며, 밝게 불이 켜진 회의실에 있는 사람들에 의지하기보다는 사회적 전문지식에 의존할 것이다.

통제라는 어려운 문제

2005년 2월, 미국도서관협회 회장인 마이클 고먼(Michael Gorman)이 협회의 주요 잡지인 〈도서관저널(Library Journal)〉에 웹로그를 크게 비난하는 글을 실었다.

블로그는 쌍방향 전자일기의 일종으로 편집자나 문법규칙에 의해 구속받지 않고 출간되기 힘든 내용들을 웹을 통해 전달할 수 있다. 내가 읽은 블로그 글들의 수준을 보면, 블로그를 이용하는 많은 사람들이 어려운 글들을 꾸준히 읽는 습관에 빠져 있는 게 아닐까 의심스럽다. 그들의 지적인 욕구가 하잘 것 없는 사실들과 글로 충족되는 것은 충분히 가능한 일이다.

일부 사서들은, 특히 자신들도 블로그를 이용하던 사서들은 크게 분노했다. "이는 무책임한 지도자가 보여준 최악의 사례다." 사라 휴턴(Sarah Houghton)은 자신의 블로그, '검은 옷을 입은 사서(Librarian in Black)'에 이렇게 썼다. '프리 레인지 사서(Free Range Librarian)'라는 블로그를 가진 카렌 쉬나이더(Karen Schneider)는 이렇게 덧붙였다. "과장된 학문적 표현으로 포장한 가혹한 인신공격이다. 물론 언급할 필요조차 없다." 최고의 블로그 포스트 제목은 '베이츠라인(BatesLines)'의 마이클 D. 베이츠(Michael D. Bates)가 쓴 '칠면조 알라 킹(Turkey ALA King, 치킨 알라 킹이라는 닭으로 만든 요리 – 옮긴이)'이었다.

고먼은 누군가 자기 견해를 널리 알리고 그 의견이 진지하게 받아들여지기를 바란다면 출판이나 편집 과정을 거쳐야 한다는, 다소 시대에 뒤떨어진 생각을 자신이 갖고 있다며, 자신에게 쏟아진 비판들을 내쳤다. 고먼이 자체 내에 잡지를 갖고 있는 조직의 우두머리라는 게 얼마나 다행인지 모른다.

그러나 당시 온라인 자료들에 대해 의심을 품고 있던 사람은 고먼 혼자가 아니었다. 같은 해 10월, 사서이자 인터넷 컨설턴트인 필립 브래들리(Philip Bradley)는 〈가디언(Guardian)〉지를 상대로 위키피디아가 이론적으로는 '매력 있는 아이디어'지만, 자신은 그것을 절대로 사용하지 않을 것이며 그것을 사용할 사서를 단 한 명도 알지 못한다고 말했다.

《브리태니커백과사전》의 편집부장을 지냈던 로버트 맥헨리 (Robert McHenry)는 자신이 위키피디아에 대해 분석한 내용을 다음과 같이 요약했다.

어떤 주제에 대해 배우거나 어떤 사실을 확인하기 위해 위키피디아를 방문하는 사용자는 공중화장실을 사용하는 사람과 처지가 같다. 그것이 더러울 게 분명하기 때문에 그는 아주 조심스럽게 행동해야 한다는 점을 알고 있다. 반대로 상당히 깨끗해 보인다고 해서 어리석게 편안한 마음을 가질 수도 있다. 분명 그가 모르는 것은 자기 앞에 누가 그 시설을 사용했는지다.

두 번째 정리 체계의 전문가들이 한 말들이 조금은 히스테리처럼 들리지만 이해가 되는 부분도 있다. 잡동사니의 체계로부터 그들이 직면한 변화는 심오하고 대단하다. 그들은 오래도록 사람들을 위해 정보를 거르고 정리해오면서, 시대적으로 가치가 없는 것들로부터 사람들을 보호하고 우리의 믿음에 굳건한 기초를 다지기 위해 필요한 것을 찾는 데 도움을 주었다. 그러나 잡동사니의 세상이 오면서 모든 것이 거르지 않은 상태로도 존재하고 이용 가능해진 것이었다.

도서관을 어떻게 정리할 것인지보다 더욱 다급한 문제가 있다. 전통적으로 기업들은 자기들이 가진 정보 자산을 소유하고 있었을 뿐 아니라 그 정보의 정리 체계 역시 소유하고 있었다. 일부 기업들의 경우, 정보 정리가 주요 사업이기도 하다.

1988년에 온라인 컴퓨터 도서관 센터(OCLC)는 포레스트 출판사 (Forest Press)를 인수하면서 듀이의 10진 분류법을 손에 넣었다. 2003년, OCLC는 그 분류법의 특징을 보호하기 위해 호텔 객실을 도서관처럼 듀이의 숫자들로 표시한 뉴욕의 한 호텔을 상대로 소송을 걸었다. 온라인 법률 조사 서비스 업체인 웨스트로(Westlaw)는 소송 사례들의 표준적인 상품코드를 제공하고 독점적 메타데이터를 대중 영역에 적용하여 상당한 이익을 내고 있다. 그러나 개념이나 정보, 형태를 막론한 창의성과 같은 콘텐츠를 만들어내고 분배하는 업체들은 거의 모두가 그 콘텐츠의 정리방법에 대해 통제력을 행사한다. 신문의 1면이나 동네 극장에서 상연되는 영화목록, 연감에 기재된 대중적으로 이용 가능한 사실들의 순서, 음악 매장의 배치, 추수감사절 메이시백화점 퍼레이드의 행진 악단 순서, 이 모든 것이 그것을 감독하고 있는 기업에게 중요한 가치를 가져다준다.

이는 디지털 체계에 들어선 기업들에겐 어려운 문제를 안겨준다. 사용자들이 스스로 정보를 구축하게 할 수 없다면 기업들은 후원자를 잃게 될 것이다. 반면 후원자들이 스스로 정보를 구축하게 한다면, 그 조직은 자신들이 가졌던 권한과 힘, 통제력의 상당 부분을 잃게 될 것이다.

그러한 역설적인 상황은 이미 나타나고 있다. 고객, 후원자, 사용자, 시민들은 정보를 찾고 정리하라는 허락이 떨어지길 기다리지 않

는다. 그리고 그 일을 단순히 개인 자격으로 하고 있지 않다. 지식의
콘텐츠와 그것의 정리는 사회적인 행위가 되어가고 있다.

무명의 작가들

부동산 업계는 전국 880개 지역의 멀티플 리스팅 서비스(Multiple
Listing Services; MLS)를 감독하는 전미부동산협회(National
Association of Realtors; NAR)를 통해 시장을 계속적으로 장악하
고 있다. 전미부동산협회는 북미 최대의 동업자 협회이자 세 번째로
큰 로비단체이며, 2004년 대선에서 세 번째로 기부를 많이 한 단체
였다. 이 협회의 회원수는 130만 명에 달하는데, 이는 미국인 230
명 중에 1명꼴로 그 협회에 속해 있다는 얘기다. 전미부동산협회는
값을 싸게 받는 중개인들을 지역 명부에서 제외시키고 5, 6퍼센트
의 표준 수수료를 지지해줌으로써 회원들의 이익을 보호해주었다.
따라서 프롭스마트닷컴(PropSmart.com)과 질로우닷컴
(Zillow.com)과 같은 부동산 사이트들이 성공을 거두자, 전미부동
산협회는 마음이 편치 않았다. 프롭스마트는 자동적으로 인터넷을
뒤지고 다니면서 찾을 수 있는 모든 부동산 목록을 구글 지도에 올
려놓는다. 만약 어떤 사용자가 프롭스마트에서 관심이 있는 목록을
발견하면, 그 사이트는 매물을 제공하고 있는 지역의 부동산업소와
연락할 수 있게 조치해준다. 이것이 그 지역 업소에만 이익이 되고

아무것도 아닌 듯이 보이지만, 프롭스마트의 창립자인 론 혼베이커 (Ron Hornbaker)는 멀티플 리스팅 서비스의 변호사들로부터 정기적으로 항의 서한을 받는다. 2004년, 주거용 부동산의 수수료가 610억 달러에 달하는 상황이라 전미부동산협회는 그 목록을 중앙에 집중시켜 자신들의 통제하에 두려고 혈안이 되어 있었기 때문이다. 프롭스마트와 질로우가 사용자들이 학교와의 거리나 환경 수준, 범죄 안전 통계치 등에 따라 목록을 구분할 수 있는 복수의 자료들로부터 이파리들을 모을 수 있게 해주는 특별 프로그램을 추가하기 때문에, 전미부동산협회가 자신들의 비즈니스 모델이 위협받고 있다고 느끼는 것은 당연하다. 그러한 위협은 프롭스마트와 같은 특정한 사이트 때문이 아니라 정보를 잡동사니가 되지 않게 하는 데 있어 겪는 어려움 때문에 발생한다.

정보를 잡동사니로 만드는 이러한 행위는 사회의 안정된 기구들, 특히 직접 지식을 장악하여 권위를 확보한 기구들을 위험에 빠뜨린다.《브리태니커백과사전》의 경우, 그 권위의 진원지가 대단하다. 이 백과사전의 자문편집위원회에는 노벨상 수상자나 퓰리처상 수상자, 유력한 학자, 작가, 예술가, 공무원, 활동가 등 자기 분야에서 최고에 있는 사람들이 포함되어 있다고 한다.《브리태니커백과사전》은 앨버트 아인슈타인이나 지그문트 프로이트, 마리 퀴리와 같은 과거의 기고자들을 과시한다. 그토록 신뢰받는 작가들이나 편집자들이《브리태니커백과사전》이 가진 권위의 기초인 것이다.

따라서 위키피디아가《브리태니커백과사전》의 허를 찔렀다고 해서 전혀 놀랄 일이 아니다. 위키피디아에는 공식적인 편집자나 제대로 규정된 편집 과정, 어떤 글의 발표 준비 여부를 판단하는 시점에 대한 통제 같은 것이 전혀 없다. 위키피디아에서 글을 쓰는 사람들은 자격증 같은 것이 전혀 필요 없다. 실제로 글을 쓰는 사람들은 이름도 가질 필요가 없다. 위키피디아가 뒤죽박죽된 무명의 작가들을 용인해주기 때문에 가끔은 이해에 방해가 될 정도로 강한 저항이 생겨나기도 한다.

이제는 유명해진 '사이겐탈러 사건(Seigenthaler Affair)'에 대한 모진 반응을 달리 어떻게 설명할 수 있을까? 2005년 봄, 위키피디아 독자들은 넉 달에 걸쳐 존경받는 언론인이자 편집인인 존 사이겐탈러가 존 케네디와 로버트 케네디 형제의 암살사건에 연루되었다고 주장하는 글을 찾을 수 있었다. 그것은 사이겐탈러가 로버트 케네디 밑에서 일했고 로버트의 장례식에서 그의 관을 운구했던 사람이라는 점을 고려하면, 정말로 악의적인 거짓말이었다.

사이겐탈러가 한 친구에게 그 글에 대해 이야기하자마자 그 친구는 글을 고쳤다. 그러나 사이겐탈러는 그 4개월 동안 위키피디아에서 자신을 검색해본 사람은 누구든 자신을 그토록 헐뜯는 글을 읽었을 거라는 생각에 충격을 받았다.

"일흔 여덟이나 된 나는 나에 대한 어떤 부정적인 말에도 놀라거나 상처받지 않을 거라고 생각했다. 하지만 내 생각은 틀렸다. 당연히 나는 나의 '전기작가'의 실체를 밝히고 싶다. 그리고 나는 많은 사람들이 위키피디아가 결함 있고 무책임한 검색도구라는 점을 알게 하는 데 관심을 갖고 있다."

그는 〈USA투데이(USA Today)〉의 특별기고문에 이렇게 썼다.

후에 위키피디아의 창립자, 지미 웨일스(Jimmy Wales)는 수선을 떨던 미디어를 겨냥하고 이렇게 말했다. "위키피디아에는 실수가 포함되어 있었습니다. 너무나도 쇼킹한 일이지요." 웨일스는 사이겐탈러의 고통을 무시한 것이 아니라, 미디어를 조롱하고 있었다. 실제로 웨일스는 위키피디아의 행동원칙을 수정하는 것으로 신속히 대응책을 내놓았다. 이제 익명의 사용자들은 기존의 글을 편집하는 행동은 계속할 수 있지만, 새로이 글을 올릴 수는 없게 되었다. 각종 언론 매체들은 위키피디아가 마침내 진정한 지식은 자신이 한 말을 책임지는 믿을 수 있는 전문가로부터 생겨난다는 점을 인정했다고 일제히 환호성을 올렸다. 그리고 그들은 위키피디아가 성장하고 있는 중이라는 점을 넌지시 암시했다.

불행히도 눈에 불을 켜고 위키피디아를 내몰려던 미디어는 상황을 정반대로 이해했다. 실제로 웨일스가 원칙을 고치고 나자, 위키피디아의 이름 없는 글들은 되레 증가했다. 위키피디아에 등록을 하려면 별명, 즉 필명과 패스워드를 만들어야 한다. 그것이 위키피디아가 등록된 사용자들에 대해 아는 전부이며, 그들을 더 깊이 확인해낼 방법은 전혀 없다. 그러나 만약 등록을 하지 않는 사람이 있다면, 위키피디아는 인터넷 서비스 제공업체가 지정하는 독특한 식별자인 IP주소를 알아차린다. 새로운 글을 작성하기 전에 등록을 요구하는 규정은 실제로 기고자들의 이름이 더욱 알려지지 않게 만든다.

웨일스는 이렇게 설명한다. "우리는 어떤 사람의 진짜 신원이 아니라 가짜 신원에 대해 관심을 갖는다. 어떤 사용자가 오랫동안 가짜 이름을 꾸준히 갖고 있으면, 그가 정말로 어떤 사람인지 전혀 모른다고 해도 그 사람의 수준에 대해 판단할 수 있다." 위키피디아에서 말하는 신뢰성이란 어떤 작가의 자격증이 아니라 그 사람의 글을 놓고 하는 말이다.

《브리태니커백과사전》에는 노벨상 수상자들과 학자들이 있지만, 위키피디아에는 조키(Zocky)가 있다. 조키는 수백 건의 글을 위키피디아에 올렸는데, 웨일스와 위키피디아 공동체는 조키에 의해 편집된 글은 가치가 있다고 인정한다. 조키의 많은 글들이 뛰어난 명성을 형성했기 때문이다. 그러나 웨일스를 포함하여 어느 누구도, 그녀 혹은 그에 대해 그 이상은 알지 못한다. 조키는 70세의 옥스퍼드 연구원일 수도 있고, 쓰레기통을 뒤지고 다니는 마약중독자일 수도 있다. 위키피디아의 가장 훌륭한 기고가의 개인적인 과오가 감옥 병실에서 얻은 훌륭한 연구결과를 《옥스퍼드 영어사전(Oxford English Dictionary)》에 기고한 광기의 살인자의 과오보다 더 심각할 수도 있다. 하지만 그것이 중요할 이유는 없다.

위키피디아에서 작가로서 성공하려면, 다시 말해 자신의 글이 계속 살아남아 그 글로 명성을 높이려면 자기가 쓰는 내용만 알아서는 충분하지 않다. 다른 사람들과 잘 어울리는 법도 알아야 한다. 처음으로 누군가가 자기 글에 손을 대어 씩씩거리게 되었다고 해도 그 글에 더 이상 영향을 미칠 수는 없다. 꼼짝하지 않고 기다리다가 자기 입장을 주장하고 협상할 수 있어야 한다. 목표는 회의 시간처럼 지루한 글을 제출하지 않는 것이다. 예를 들어, 로버트 케네디에 대한 글은 그의 암살에 대한 반응을 솔직하게 설명할 때 되레 감동적이다. 위키피디아의 주장에 따르면 위키피디아가 중립적인 관점 달성을 중요하게 여기기 때문에 작가들이 이야기를 나누고 협상한다고 한다.

중립성(Neutrality)은 다루기 힘든 용어다. 1950년대의 본질주의와 1960년대의 뉴 저널리즘, 그리고 최근의 포스트모더니즘까지 이 모든 사조들은 인간이 중립적일 수 없으며, 중립성에 대한 요구는 여러 기관들이 권력과 특권을 누리는 자신들의 위치를 유지하기 위해 흔히 사용하는 무기라고 말해 왔다. 처음 지미 웨일스와 이야기를 나눌 때, 나는 그에게 중립성이 성립할 수 없다는 점에 대한 질문으로 시작했다. 웨일스는 정중하고 재빠르게 내 말을 끊으며 이렇게 말했다. "나는 프랑스 철학에 대해서는 전혀 관심이 없습니다. 사람들이 글을 더 이상 바꾸지 않을 때, 그 글이 중립적인 것입니다."

이는 중립성에 대한 뛰어난 운영상의 정의로, 중립성은 높은 곳에서 글의 수준을 판단하는 기준이 아니라 사회적 상호작용의 기능이 되게 하는 정의다. 그리고 대개 위키피디아의 접근방식은 좋은 효과를 거둔다. 2004년 대선 동안 존 케리(John Kerry)의 베트남전과(戰果)기록을 비난했던 단체인 '진실을 위한 쾌속정 참전용사들(Swift Boat Veterans for Truth)'의 경우를 예로 들어보자. 위키피디아에 케리가 세 개의 무공훈장을 받았다는 글이 올라와 당신이 화가 났다고 치자. 당신이 보기에 그는 훈장 하나를 받았을지는 몰라도 나머지 둘은 온당치 못하게 받은 것이고, 어떤 경우든 전투와는 아무런 상관이 없었다. 따라서 당신은 그 글에 손을 대어 그 훈장들을 '복무' 훈장이라고 불렀다. 그런데 나중에 다시 그 글에 돌아가 보니 누군가가 '무공'이라는 말을 다시 살려놓았다. 당신이 다시 글을 고쳐놓을 수는 있지만, 그것 역시 다시 '무공' 훈장으로 바뀔 가능성이 높았다. 당신은 각각의 위키피디아 글에 붙어 있는 토론 페이지에 가서 '무공훈장'이라고 부르는 것이 왜 케리에게 유리한 내용이 되는지 설명할 수 있다. 아니면 자신과 의견을 달리하는 사람들을 만족시킬 만한 다른 글을 다시 제출할 수도 있다. 예를 들면 모든 논쟁자들이 받아들일 방법으로 그러한 훈장에 대한 논쟁을 자세히 설명하는 내용을 추가할 수도 있다. 어쨌든 위키피디아는 이런 과정을 통해 위키피디아 사람들이 너무나도 소중히 여겨 NPOV(neutral point of view)라는 약자로 바꾸어놓은 중립적인 관점에 더욱 가까이 간다.

이와 똑같은 논쟁이 쾌속정에 관한 글에서 제기되었다. 그 글의 토론 페이지에 들어가보면, '무공'이라는 말을 사용하는 데 절대적으로 반대해야 한다고 선언하는 기고자와 '무공'이 맞는 말이라고 주장하는 사람들 사이에 벌어진 논쟁을 읽어볼 수 있다. 그들 사이의 언쟁은 격렬해지는데, 한 기고자는 가상의 손을 들어 포기의사를 밝히면서 다른 사람의 망가진 행동을 지적했다. 평소에는 참가자들이 합심하여 무엇이 올바르고 정확한지에 대해 모든 사람들의 생각을 충족시킬 만한 표현을 만들어낸다. 쓸데없는 일을 따지는 것처럼 보일 수 있는 의미상의 미묘한 차이를 논쟁거리로 던져보면, 예를 들어, 케리가 '장식품'을 백악관 담장 너머로 던졌는지, '장식용구'를 던졌는지를 두고 벌어지는 토론은 사실상 중립성을 겨냥한 협상이다.

물론 '쾌속정' 글을 읽은 모든 사람이 중립적 관점에 도달했다고 동의하지는 않을 것이다. 그러나 만약 '쾌속정' 글의 중립성에 의문을 제기하는 사람이 있다면, 수정을 가하기 전에 토론 페이지를 읽어보라는 충고를 듣게 될 것이다. 이런 글과 같이 많은 시선이 집중되는 글에서는 자신에게 거슬리는 논점이 잘 논의되고, 증거가 제시되며 침착함이 유지되며, 말이 조심스럽게 오고간다는 점을 알게 될 것이다. 드물게 합의가 이루어지지 않아 머리가 어지러울 정도로 편집이 가해지는 경우에 위키피디아는 일시적으로 그 페이지를 잠가놓는데, 아주 잠깐 동안이다.

어떤 토론의 경우엔 합의가 이루어지기까지 여러 해가 걸릴 수도 있다. 매사추세츠 주, 캠브리지에서 '모든 어린이에게 노트북을' 프로젝트(One Laptop Per Child project)의 콘텐츠 담당자이자 자신을 '자유로운 지식 활동가'라고 설명하는 사무엘 클라인(Samuel Klein)은 'SJ'라는 필명으로 위키피디아에 글을 올리는 존경받는 기고자다. 그는 폴란드의 6번째로 큰 도시를 언급한 글들이 그 도시를 폴란드어로 그다니스크(Gdańsk)라고 해야 하는지, 아니면 독일어로 단찌히(Danzig)라고 해야 하는지에 대해 3년 동안 불붙었던 논쟁을 설명한다. 이 '편집 전쟁'은 너무나도 격렬해진 나머지 결국엔 투표에 붙여졌는데, 1308년에서 1945년 사이의 도시를 지칭할 때에는 독일 이름을 써야 하지만, 다른 시기에 해당하는 경우에는 폴란드 이름을 써야 하는 것으로 결정이 내려졌다. 또한 그 투표에서는 처음 그 이름을 사용할 때, 다른 이름을 괄호 안에 넣어주어야 한다는 결정도 내려졌다. 만약 그 논쟁 과정을 읽고 흔적을 따라가 보고 싶다면, 누구에게나 오픈되어 있는 위키피디아의 토론 페이지를 보면 된다.

단순히 독립된 개인들이 만들어낸 것이 아니라 하나의 공동체가 만들어낸 것이기 때문에, 위키피디아는《브리태니커백과사전》만큼 제대로 작동하고 있다. 〈네이처〉지가 위키피디아와《브리태니커백과사전》의 과학 관련 글들이 정확성에 있어서 거의 같다고 발표한 것은 로르샤흐 테스트(잉크의 얼룩 같은 무의미한 무늬를 해석해 사람의 성격 등을 알아내는 검사 – 옮긴이)에 해당되었다. 주류 미디어의 계속된 주장에도 불구하고 위키피디아는 순수하게 서민의 백과사전이 아니며, 그렇게 될 의도도 전혀 없었다.

웨일스는 실용주의적인 자유의지론자다. 옵션 거래자로 일했던 그는 2000년 전문가들과 동료들의 평가에 의존하는 뉴페디아 (Nupedia)라는 온라인 백과사전을 공동으로 설립했는데, 회사 자금은 주로 웨일스가 덜 노골적인 포르노를 찾아주는 '보미스 (Bomis)' 라는 남자 취향의 검색엔진을 만들어 번 돈으로 충당했다. 3년이란 세월 동안 24건의 글들이 뉴페디아의 평가과정을 모두 거쳤는데, 전문적인 지식들이 사업의 속도를 점점 더 느려지게 만들고 있었다. 2001년 그는 한 동료와 함께 위키피디아를 설립했고 웨일스는 2002년 뉴페디아를 떠났다.

자신의 신념에 단호한 태도를 보이는 동시에, 개방적인 웨일스는 처음부터 자신의 목표가 사회 평등을 실험하는 것이 아니라 세계 일류의 백과사전을 만드는 것이었다고 강조한다. 수준 있는 백과사전이 되려면 비전문가적 순수함이 희생되어야 하는데, 웨일스는 수준 있는 백과사전 쪽을 선택했다. 그러나 대중 미디어는 위키피디아가 순수하게 평등주의를 지향하지 않는다는 점을 알고 계속해서 충격을 받고 있으며, 마치 그것이 위키피디아의 추잡한 비밀인양 떠들어대고 있다. 웨일스는 800명 정도로 이루어진 한 집단이 형성되어 필요한 대로 위키피디아를 보좌하고 관리하게 되었다는 사실을 자랑스럽게 여긴다. 이러한 관리자들에게는 특권이 부여된다. 예를 들면, 앞 페이지로 돌려놓음으로써 파괴자의 행동을 무력화시키거나 편집 전쟁에 빠져 빠르게 뒤집어지고 있는 페이지들을 봉쇄한다든지, 심지어는 이유는 설명하지 않고 논쟁이 되는 수정된 글을 계속해서 올리는 기고자를 추방할 수도 있다. 이러한 형태의 서열은 비전문적인 순수주의자들이 질색할 수도 있는데, 그런 서열이 없으면 위키피디아는 작동하지 못할 것이다. 실제로 웨일스는 자주 하는 '가두연설(stump speech)'에서, 편집의 절반이 모든 사용자들 중의 1퍼센트도 안 되는 약 600명에 의해 이루어지고, 사용자들 중 가장 적극적인 2퍼센트의 사용자들(150명 정도)은 모든 편집의 3분의 2정도를 담당한다는 조사결과를 인용한다. 웨일스는 이러한 서열을 감추기는커녕, 어쩌면 그것을 과장하고 있는 듯 보인다. 위키피디아의 관리자인 아론 스와르츠(Aaron Swartz)는 각각의 사용자가 편집을 하는 데 몇 개의 글자를 쳐넣는지 분석하여 상당량의 콘텐츠가 실제로 등록도 하지 않은 우연의 기고자들에 의해 이루어지는데 반해, 앞서의 2퍼센트에 해당하는 사용자들은 일반적으로 위키피디아에 오른 내용과 단어 사용의 형식을 미세하게 조정한다고 결론지었다. 어떤 경우든 위키피디아는 미디어의 계속된 주장처럼 순수한 비전문적 백과사전은 아니다. 그것은 최소한의 체계로 시작된 실용주의적인 이상주의 공동체로서, 이 공동체를 통해 사회구조가 형성되어가고 있는 것이다. 위키피디아를 지켜보면, 전통적인 지식의 장신구 중에서 어떤 것이 단순한 치장이고 어떤 것이 지식의 본질에 내재된 것인지를 알 수 있다.

그렇다면 위키피디아에서 얻을 수 있는 가장 중요한 교훈은 무엇인가? 그것은 바로 위키피디아가 존재할 수 있다는 점이다. 이름도 없고 필명을 쓰는 작가들이 뒤죽박죽 모인 이 집단이 지식의 형성을 촉진시키고 있는 것이다.

권력과 진실

오즈의 마법사가 진실을 이야기해도 충분하지 않았다. 그는 가장 사나운 사자조차도 겁먹게 만들 정도로 웅장한 방에서 확대된 얼굴상으로부터 나오는 큰 목소리로 진실을 이야기해야 했다. 진실과 권력 중에 선택을 내려야 하는 마법사는 아마도 권력을 선택했을 것이다.

사회적 지식은 다른 방향을 취한다. 지식이 사회적으로 처리되는 과정을 통해 중립적인 글이 탄생하지 않으면, 위키피디아는 페이지 상단에 공지사항을 올려놓는 방법에 의존한다.

이 글의 중립성은 논쟁이 되고 있습니다.
토론 페이지에서 이루어지는 토론을 봐주세요.

위키피디아는 이러한 공지사항들을 여럿 갖고 있는데, 일부를 소개하면 다음과 같다.

- 이 문서의 중립성과 사실의 정확성은 논쟁이 되고 있습니다.
- 이 문서의 진실성에 이의가 제기되었습니다. 문서 내용 전체나 일부가 날조된 부분으로 이루어져 있을 수도 있습니다.
- 어떤 편집자가 이 문서의 주제가 백과사전에 오를 수 없는 것이라는 우려를 표명했습니다.
- 이 문서나 부분에서 나타난 일부 정보는 입증이 되지 않았기 때문에 믿을 수 없을 수도 있습니다. 정확하지 않은 부분에 대한 검토가 이루어져야 하고, 필요하다면 수정되어야 합니다.
- 현재 이 문서나 일부분은 광고처럼 보입니다.

- 현재 이 문서나 일부분은 설교처럼 보입니다.
- 이 문서나 일부분의 중립성은 '책임을 회피하는 애매한 말'로 손상되어 있습니다.
- 이 문서는 자주 열띤 논쟁의 소재가 됩니다. 이 토론 페이지에 오른 의견에 반응할 때는 냉정을 지키도록 노력해주세요.

이상하게도 이러한 꼬리표들이 위키피디아의 신뢰성을 높인다. 위키피디아가 완벽한 척하는 데 관심이 없고 약점을 감추려고 하지 않는다는 점을 직접 확인할 수 있기 때문이다.

그렇다면 왜 전통적인 신문이나 백과사전에서는 위키피디아에서처럼 그 내용을 부인하는 사람들이 있다고 상상하기가 힘든가? 때때로 신문기사는 정보 출처의 신뢰성을 제한하는 경우가 있긴 하다. 예를 들면, '관료와 가까운 소식통이 전하는 이야기지만 실제 그 관료가 회의에 참석하지 않았기 때문에, 이름을 밝히지 않은 다른 회의 참석자에 의해 그 주장이 논쟁이 되고 있다'는 글이 기사에 포함되기도 한다. 그러나 대체로 신문기사들은 완벽히 믿을 수 있는 것으로 제시된다. 물론 신문 안쪽을 들여다보면, 1면에서 발견된 실수들을 정정하는 내용이나 자기에게 먹이를 주는 손을 불어버리는 옴부즈맨의 글, 편집자들이 조심스럽게 선별한 편집자에게 보내는 편지와 같은 내용을 담은 작은 박스 기사들이 눈에 띈다. 그러나 전통적인 정보 제공자들이 수정에 당황해한다는 느낌은 여전히 남아 있다. 반면에 위키피디아는 실수와 생략을 솔직히 드러내야만 진전할 수 있다. 위키피디아는 소크라테스처럼 고쳐지는 상황을 한껏 즐기고 있다.

　주저하지 않고 약점을 보여주는 위키피디아는 그와 동시에 오즈와 같은 권력자가 되는 걸 포기하고 사람들이 무엇을 믿어야 할지 더 잘 결정할 수 있도록 도와준다. 권력과 지식이 갈라짐에 따라 전통적인 정보 제공자들에겐 심각한 결과가 초래될 수도 있다. 정보의 경제적인 가치는 사람들이 정보를 믿느냐에 달려 있기 때문이다. 정보의 신뢰성이 높아질수록 그것이 갖는 가치는 더욱 크게 인식된다. 게다가 두 번째 정리 체계를 가진 출판물에서 실수를 고치려면 편집 과정과 인쇄기, 배달차량을 다시 가동시켜야 하기 때문에 더욱 일이 커진다. 위키피디아에서는 어떤 존경받는 언론인을 헐뜯는 글을 누군가가 알아보면 수 초 안에 고쳐질 수 있다. 그리고 너무나도 많은 이파리들이 연결되어 있기 때문에, 문자 그대로 누군가가 그 잘못을 알아보는 데에는 몇 초밖에 걸리지 않는다. 〈네이처〉지가 위키피디아와 《브리태니커백과사전》의 오류율을 비교한 내용을 발표하자, 위키피디아의 사람들은 대부분의 교정이 며칠 내에 이루어지고 모든 잘못된 내용이 35일 만에 수정된다는 점에 자부심을 느꼈다. 멘델레프가 17명의 형제 중 13번째였는지, 14번째였는지와 같은 내용의 수정에는 광범위한 조사가 필요하긴 하다. 위키피디아에는 《브리태니커백과사전》에 나오는 실수들을 올려놓은 페이지도 있는데, 같은 위키피디아 문서에서 수정이 되었다. 그렇다고 뚜렷하게 고소해하는 모습은 보이지 않는다.

작가들은 이름이 없고 편집자도 없고 전문가들에게 부여되는 특권도 없다. 문서에는 부족한 부분을 세세히 설명하는 표시들이 덕지덕지 붙어 있고, 각각의 문서에 대한 논쟁은 공개적으로 게시된다. 고쳐진 부분이 구체적으로 표시되어 있는 이전의 모든 원고들 또한 쉽게 찾아볼 수 있다. 어떤 문서가 완벽하게 준비되어 있다고 증명할 수 있는 사람은 아무도 없다. 위키피디아가 권력자가 되지 않으려고 자기가 할 수 있는 일은 뭐든지 하고 있다는 느낌이 들 정도인데, 되레 그것이 위키피디아의 권위를 높여주는 듯 보인다. 권력 자체의 특징에 중요한 변화가 있음을 보여주는 역설이다.

위키피디아와 《브리태니커백과사전》은 서로 다른 원천으로부터 권력을 끌어낸다. 어떤 글이 《브리태니커백과사전》에 실려 있다는 사실은 그 글이 광범위한 편집 과정을 거쳤다는 것을 모두들 알고 있기 때문에 사람들이 그 글을 믿을 거라는 점을 의미한다. 반면, 어떤 글이 위키피디아에 올랐다고 해서 그 글이 믿을 수 있다는 얘기는 아니다. 어떤 이름 없는 괴짜가 로버트 케네디의 암살 사건에 존 사이겐탈러가 연루되었다는 글을 쓴 직후에 그 글을 우연히 읽게 된 사람도 있을 수 있다. 그래도 사람들은 당연히 위키피디아에 오른 글들에 의존한다. 사람들이 이용할 수 있는 다른 표시들이 있기 때문이다. 글의 내용이 너무 시시해서 손을 댄 사람이 거의 없나? 중립적인 시각이 부족하다는 점이 분명히 나타나는가? 글이 형편없이 쓰였고 정리되었는가? 토론 페이지에 아무런 주석도 올라와 있지 않은가? 우리가 세상에 대해 알고 있는 사실과 일치하는가? 이러한 표시들은 대화에서 서로를 믿게 만들어주는 점들과 크게 다를 게 없다. 그녀의 목소리 톤은 어떤가? 그녀의 생각이 대화에 의해 누그러진 듯 들리는가? 아니면 그녀는 확고한 자신의 의견을 고압적으로 우리를 향해 외쳐대고 있는가? 사람들은 대화에서 전후관계로 판단되는 이러한 형태의 메타데이터에 의존하는데, 아주 가끔그런 메타데이터에 의해 상황판단을 잘못할 때가 생긴다. 다른 사람이 당신에게 말한 문장이 거짓말보다는 진실일 가능성이 높은 것처럼, 위키피디아에 오른 글은 틀리기보다는 맞을 가능성이 더 높다.

《브리태니커백과사전》에 대해 갖는 신뢰로 인해 사람들은 수동적으로 지식을 얻게 된다. 사람들은 어떤 주제에 대해 알아내기 위해 단순히 사전을 찾아볼 수밖에 없다. 그러나 위키피디아는 편집, 토론, 경고, 기고자들의 다른 편집 내용으로의 링크와 같이, 어떤 글을 둘러싸고 있는 메타데이터를 제공한다. 위키피디아는 그 글을 읽은 사람이 글에 붙은 표시들을 경계하면서 적극적으로 참여하길 기대하기 때문이다. 이러한 부담은 뒤죽박죽 섞여 있는 것이 본디 갖고 있는 성질로부터 생겨난다. 사람들은 증거를 걸러내고 평가해주는 전문가들이 쓴 《브리태니커백과사전》의 글은 수동적으로 받아들일 것이다. 그러나 경계선도 볼 수 없을 정도로 규모가 커서 길을 찾아가려면 메타데이터가 점점 더 필요하게 될 이파리 더미 속에 사람들을 풀어놓아보자. 이제 무엇을 믿을지 결정하는 일은 사람들의 몫이 된다. 그 일은 언제나 부담이었지만, 출판하는 데 비용이 많이 들기 때문에 정보를 걸러주는 사람들이 필요했던 종이로 정리되는 세상에서는 우리의 수동적인 입장이 배움의 불가피한 부분이라고 생각하는 것이 마음 편했다. 우리는 지식이 그런 식으로밖에 작동할 수 없다고 생각해왔다.

점점 더 우리는 수동성에 대한 전통적인 가정을 거부하고 있다. 지금까지 10년 동안 고객들은 기업의 사이트가 무미건조한 브로셔 수준을 벗어나야 한다고 요구해왔다. 그들은 완벽하게 상세한 내용을 얻고 여과되지 않은 고객 평가를 읽고 좋든 나쁘든 자신의 평가서를 쓰고 싶어 했다. 영화 '다빈치코드'의 웹사이트에서는 누구든 영화의 종교적인 논쟁 부분을 토론할 수 없었다. 그 과정을 통해 영화사는 미디어의 주목과 활기찬 영화시장, 관객의 참여를 거둬들일 수 있었다. 시민들은 웹사이트에서 가상의 꽃가루만 날리고 있는 정치 후보들을 너그럽게 봐주지 않기 시작했다. 그들은 정치인의 정강을 깊숙이 알아낼 수 있기를 바라며, 자신의 지지자들이 웹사이트에서 자신에 대해 터놓고 이야기해줄 거라고 정치가가 믿어줄 때, 그 후보에게 무한한 열정을 선사한다.

잡동사니의 세계에서는 흔들리지 않는 자신감을 갖고 혼자만 떠들어대는 오즈와 같은 권력자는 허풍선이로 취급된다. 이제 권력은 불가피하게 틀리기 쉬운 우리 인간들이 함께 서로의 차이를 알아낼 수 있도록 해주는 데서 발생한다.

사회적으로 지식을 얻는 사람들

두 사람이 위키피디아에 오른 어떤 글을 편집하고, 재편집하고, 토론 페이지에서 서로 간의 차이를 똑똑히 밝히고 있다고 상상해보자. 그들은 공개적인 지식의 협상을 통해 두 사람 모두가 받아들일 수 있는 글을 얻어내고 있다. 그러나 그들이 협상을 벌인 페이지는 각자의 관점을 정확하게 나타내지 못할 수도 있다. 무언가를 알아가는 과정은 그 둘 중 누군가의 머리에서가 아니라 그들의 대화에서 발생했던 것이다. 지식은 그 기고자들 사이 어딘가에 존재하게 되며, 지식은 있는데 그 지식을 얻은 사람은 없는 상황이 발생한다. 사회적으로 얻는 지식은 어떤 지식을 바꾸기보다는 누가 알고, 어떻게 아느냐를 바꾸어 놓는다.

이제 한 학년이 끝나가는 교실을 살짝 들여다보자. 내가 사는 매사추세츠 주에서는 그때쯤이면 학생들이 매사추세츠 포괄평가제(Massachusetts Comprehensive Assessment System)에 따른 시험을 치르느라 정신없는 모습을 볼 확률이 높다. 연방정부의 '낙오자 없는 교육에 관한 법(No Child Left Behind Act)'을 준수하기 위해, 매사추세츠 포괄평가제는 학교들이 주 정부가 정해준 표준화된 교과과정을 얼마나 잘 가르치고 있는지, 그리고 학생들이 고등학교에 갈 수준을 갖추고 있는지를 평가한다. 학생 교육은 3학년부터 매년 법에서 요구하는 대로 학생들이 답안지용 종이를 갖고 혼자 앉아 종이 위에 답을 하는 그 순간에 맞춰 조정되고 있다. 은연중에 얻어지는 교훈은 명백하다. 공부라는 것은 개개인이 해야 할 일이라는 점이다. 그것은 자기 머릿속에서 일어나는 일이며, 무언가를 안다는 표시는 정답으로 종이를 채울 수 있느냐로 나타난다. 확실히 지식은 사회적인 것이 될 수 있다. 실제로 지식이 사회적인 것이 되는 상황에서 우리는 그것을 부정행위라고 한다.

교육에 관한 주의 공식적인 시각과 우리 아이들이 배우고 있는 현실은 그 간격이 너무나도 크다. 대부분 미국의 가정에서, 학생들이 숙제를 하는 데 이용하는 컴퓨터는 인터넷에 연결되어 있을 공산이 크다. 교사들이 승인된 자료만을 인터넷에서 보게 하더라도 내 아들, 딸을 막론하고 어느 아이든 숙제를 하면서 네, 다섯 개의 메신저를 열어놓고 있다. 아이들은 배우면서도 친구들과 함께한다. 자기들 사회에서의 친구관계를 주제로 잡담을 하면서 그들은 서로 답을 비교하고 어려운 문제를 도와달라고 하며 불평을 털어놓는다. 우리 아이들이 비록 칸막이로 고립된 공간에서 각자 공부를 하고 있는 듯 점수가 매겨지고 시험을 보긴 하지만, 아이들은 학교 숙제를 사회적으로 하고 있는 것이다. 그러나 디지털 세계에서 그들의 접근방식은 합당하다. 이제 사실을 암기하는 능력은 인생보다는 퀴즈쇼에 더욱 적합한 기술로 인식된다.

한 가지는 분명하다. 우리 아이들이 선생님이 되었을 때, 그들은 커튼을 내리고 따로 떨어진 책상들에 학생들을 앉혀놓고 시험 감독을 하지는 않을 것이다.

기업들 역시 오래전부터 비슷한 단절현상으로 문제를 겪어왔다.

기업들은 자기 회사의 직원들이 가능한 한 똑똑하고 정보를 제대로 알고 있기를 바란다. 대부분의 기업들은 남보다 더 똑똑하고 많이 아는 개인들에게 상을 주는 구조를 갖고 있다. 예를 들면, 중앙정보국(Central Intelligence Agency)에서 정보 분석가들은 자신의 전문분야에 대해 작성한 보고서를 근거로 승진된다. 비공식적인 협동이 이루어지긴 하지만, 보고서는 전문가 한 사람의 이름으로 제출된다. 그 보고서에는 여러 사람들이 나누었던 대화에 대한 기록은 전혀 없다. 이는 협동에 대한 의욕을 떨어뜨릴 뿐 아니라 위키피디아의 토론 페이지가 만들어낼 수 있는 확대된 문맥을 만들어낼 기회를 놓치고 만다. CIA는 거의 이 방식을 고수하는데, 결과물이 인쇄된 보고서로 이루어질 경우 당연한 결과라 할 수 있다. 인쇄에는 어떤 시점까지 완료된 것으로 선언되는 서류들이 필요한데, 그러한 서류들에서 애매한 내용들은 모두 제거되기 마련이다. 그리고 당연히, 인쇄된 서류들은 쉽게 연결될 수 없기 때문에 정보를 얻어낸 자료들이 갖는 폭과 깊이가 모두 제거된 채 홀로 제출되어야만 한다. 그러나 이제는 CIA도 서서히 이러한 한계가 극복될 수 있다는 점을 알게 되었다. 블로그가 보고서를 작성할 준비를 마치기 전에 아이디어를 띄어볼 수 있는 유용한 공간을 제공하고 있으며, 위키피디아와 동일한 소프트웨어를 사용하는 내부 사이트, 인텔리피디아(Intellipedia)에 정보국 공동체가 관심을 가질 만한 5천 건의 문서들이 올라 있다.

위키피디아가 주는 교훈 중 하나는 대화가 약점을 노출시키고 새로운 관점을 소개하고 아이디어를 접근 가능한 형태로 만들어줌으로써 전문적인 지식을 향상시킨다는 점이다. 이러한 이점들은 기업 내의 위키(wiki), 즉, 누구나 편집할 수 있는 온라인 페이지 사용을 증가시키고 있다. 투자은행인 드레즈너 클라인보르트 바서슈타인(Dresdner Kleinwort Wasserstein)의 최고정보책임자인 J. P. 랑가스와미(J.P.Rangaswami)는 위키로 인해 프로젝트에 관한 이메일이 75퍼센트가 감소하고 회의 횟수가 절반으로 줄었다고 한다. 노키아 인사이트앤포사이트(Nokia's Insight&Foresight)의 수잔 슈타인(Suzanne Stein)은 '집단 지식이 위키에서 발전한다.'고 말한다. 세계적 타이어 회사인 미쉐린 차이나(Michelin China)는 2001년, 팀 내부와 다른 직원들 간에 프로젝트 정보를 공유하기 위해 위키를 사용하기 시작했다. 3년 만에 이 위키의 사용자는 400명에 이르렀고 규모 또한 1,600페이지로 커졌다. 디즈니와 SAP, 일부 대형 제약회사들 모두 위키를 사용하고 있다.

위키가 같은 페이지에 사람들을 모아놓는 것이라면, 웹로그는 대화와 지식을 시공간적으로 퍼뜨린다. 처음에 주류 미디어들은 블로그를 자비를 들인 서명 기사 정도로 생각했다. 이미 알려져 있는 블로그들이 5천만 개(23억 개의 링크를 가진)가 넘고 그 수가 매분 증가하는 상황에서 블로그는 아이디어와 의견들로 뒤죽박죽된 세상을 제대로 나타내주고 있는 것이다. 그러나 전체적으로 본 블로그스피어는 다른 모양새를 갖고 있다. 어떤 주제를 상상하든 그 주제에 대한 모든 내용을 찾을 수 있을뿐더러 블로그들은 서로 대화를 나누고 있다. 따라서 이민 문제를 조사하는 데 관심을 갖고 있는 경우 《브리태니커백과사전》이나 위키피디아에서 그 문제를 찾아보거나, 아니면 테크노라티(Technorati)와 같은 블로그 검색엔진을 이용할 수 있다. 테크노라티에서는 그 말을 사용하고 있는 블로그 포스트가 623,933개가 있고, 스스로 '이민'이라는 태그를 붙인 블로그는 38,075개다. 각각의 블로그로부터의 링크와 각각의 블로그에 의견을 올린 사람들은 서로 환경과 생각은 다르지만 공통의 관심사를 가진 전 세계 사람들과 대화를 나누게 된다.

우리가 얻는 지식은 사전에 걸러져 승인된 것이 아니며, 선반에 올라 소비되기만을 기다리고 있는 것들도 아니다. 일부 정보는 터무니없이 틀린 것도 있고, 때로는 악의적으로 틀리게 기재된 것들도 있다. 또한 너무 조잡하게 진실을 표현해놓은 것들도 있다.

지식은 서로 간의 관계와 간격 사이에 존재하기 때문에 적극적인 참여가 필요하다. 예상할 수 없는 여러 번의 클릭을 통해 도처에서 사람들이 나타난다. 사람들이 온라인에서 의사를 전달함에 따라, 그 대화는 생기 있고 의미 있고 대중적인 디지털 지식의 일부가 되고 있다. 모든 사람들이 친구나 동료들로 이루어진 작은 집단과 한 순간 잡담을 나누기보다는 전 세계에 분포된 독자들과 이야기를 나눌 수 있게 되었다. 통틀어보면, 그 대화는 또한 우리가 이전에는 전혀 가지지 못했던 하나의 지식 형태를 만들어낸다. 주관성과 마찬가지로 그것은 개인적인 관점과 열정에 뿌리를 두는데, 이는 비트에 확실성을 부여한다. 그러나 동시에, 이토록 다양한 관점들은 위키피디아의 협상 과정을 통해 여러 문서들이 중립적인 관점을 갖게 되는 것처럼 개인들이 가진 편견을 극복할 수 있게 도와준다. 이 세상에는 언제나 수많은 개인적인 관점들이 존재해왔다. 이제 그러한 관점들이 서로 대화를 나누고 있고, 단지 듣고 있고만 있는 것이 아니라 참여까지 할 수 있는 것이다.

2500년 동안 우리는 지식을 얻는 것이 인간이란 종의 운명이자 소명이라고 들어왔다. 이제 우리는 지식이 우리 머릿속에 있는 게 아니라, 우리 인간들 사이에 있다는 점을 직접 확인하게 되었다. 지식은 공개된 사회적 생각으로부터 생겨나고 거기에 머물고 있다. 사회적인 지식은 그 지식을 발생시키는 전 세계 사람들의 대화와 같이 결코 끝나지 않을 것이기 때문이다.

8장

—

무언의 의미

Everything is Miscellaneous

다음처럼 바보 같은 설명서로 유명해진 제품들이 있다.

"잘 때는 사용하지 마십시오."(통신판매회사 시어스(Sears)의 헤어드라이어)

"몸에 옷을 대고 다리지 마십시오."(로웬타(Rowenta)의 다리미 포장지)

"주의! 졸음을 유발할 수도 있습니다."(니톨(Nytol) 수면제)

"주의! 열매가 들어 있습니다."(세인즈베리(Sainsbury) 땅콩)

"이 옷을 입어도 날지 못합니다."(아동용 망토)

그리고 우리 아들이 좋아하는 설명서가 있다. 아들 녀석이 11살 때, 나는 난방용보다는 분위기용으로 쓰이는 땔나무를 사다준 적이 있었다. 거기에 불을 붙이려면 종이로 된 포장지에 성냥을 갖다 댄 다음, 화학약품이 배어든 압착된 섬유 '땔나무'에 불이 붙을 정도로 불꽃을 뜨겁게 만들어야 하는데, 스스로 점화하는 땔나무의 포장지에는 제품이 화재 위험을 갖고 있다는 경고가 붙어 있다.

그리고 내가 좋아하는 설명서가 있다. 1970년대 중반에 핵무기 협상의 밀고 당기기를 설명하기 위해 CBS 뉴스는 미사일을 말로 표시한 체스판을 만화로 그려 방송했다. 화면에 보이지 않는 기자는 소련 측이 이만큼의 말들을 제거하기로 동의했고, 미국도 그만큼의 말을 제거하기로 동의했다고 설명했다. CBS 뉴스는 화면 아래에 미국과 소련이 거대한 체스판에 미사일을 보유하고 있다고 생각할 수도 있는 시청자들을 위해 '시뮬레이션'이란 자막을 바로 넣었다.

이제 그 유명한 화성인이 지구를 방문했다고 상상해보자. 화성인은 인터넷에서 사람들을 웃음거리로 만드는 그 바보 같은 제품 설명서들을 볼 뿐 아니라 과일에 붙은 설명서나 어디서 끝나는지 씌어 있는 에스컬레이터의 설명서, 그런 설명서를 크게 읽어주는 에스컬레이터, 어떤 설명서가 법적으로 필요하다는 것을 알려주는 설명서들도 보게 된다. 그 화성인은 우주에서 의식은 있지만 가장 멍청한 종을 만났다는 점을 빼고 어떤 결론에 도달할 수 있을까? "그들은 상대적으로 진화된 의식을 갖고 있지만, 스스로 만든 물건들을 전혀 이해하지 못하는 게 분명하다." 화성인의 보고서는 이러할 것이다.

그러면서 눈살을 찌푸리며 투덜거릴 것이다. "정말 이상해."

사람들은 대개 메타데이터를 잘 알아본다. 일요일에 주간지 〈퍼레이드(Parade)〉를 읽은 8천 2백만 명 중의 한 사람은 2005년에 '당뇨병이 있습니까?' 라는 제목에 시선이 꽂혔을 수도 있다. 그 사람은 몇 문장을 읽고 난 뒤에 무언가 기사가 잘못되었다는 느낌이 들어 페이지 상단을 체크해보았을 것이다. 그리고는 작은 글씨로 인쇄되어 있는 '광고면' 이라는 표시를 발견했을 것이다. 지면배치나 활자체 제목의 느낌 등이 그 광고가 기사라고 암시하는 것 같았기 때문에 약간은 속은 느낌이 들었을 것이다. 이 사람은 메타데이터에 속았던 것이다.

그러나 사람들이 메타데이터를 잘 알아보지 못해서 속은 것은 아니었다. 반대로 〈퍼레이드〉지의 광고는 메타데이터를 잘 알아보는 사람들을 역이용한 것이었다. 사람들은 놀랍게도 메타데이터를 섬세히 읽어낸다. 어느 누구도 잡지 커버 읽는 법을 가르쳐주지 않았지만, 사람들은 〈퍼레이드〉지의 앞면을 아주 섬세한 부분까지 이해한다. '퍼레이드' 라는 말의 크기와 위치를 보고 사람들은 그것이 주요 기사의 제목이 아니라, 잡지의 이름이라는 것을 안다. 사람들은 '세계 최악의 독재자들' 이란 말은 잡지 내용과 관련된 것이지만, '퍼레이드' 위에 인쇄된 지역 신문의 이름은 잡지 내용과 아무런 관련이 없다는 점을 즉시 파악한다. 사람들이 어느 것도 명확히 표시되어 있지 않은데도 이 모든 것을 파악해내는 이유는 암묵적인 신호로부터 분명히 알 수 있는 것이기 때문이다. 우리는 읽는 법을 배우기 전에 메타데이터를 읽을 수 있다.

사람들이 메타데이터를 잘 읽어내기 때문에 메타데이터가 없는 경우도 메타데이터라고 할 수 있다. 웹 주소를 만들 때 단어 사이의 공간을 없애면 어떤 일이 발생하는지 생각해보자. 쉬운 예가 럼버잭스익스체인지닷컴(LumberjacksExchange.com)인데, 자칫 럼버잭섹스체인지닷컴(LumberjackSexchange.com)이 될 수 있다. 그리고 페니스랜드닷컴(PenisLand.com, 원래는 PenIsland.com) 역시 존재하지 않는다. 공간을 이용하여 단어들을 분리시키는 방법은 이제 너무나도 당연하게 보이기 때문에 서기 700년이 되어서야 그 방법을 찾아냈다는 것이 상상하기 어려울 정도다. 부분적으로 이는 글쓰기가 말을 옮겨 쓰는 것으로 간주되었기 때문인데, 인조인간만이 단어마다 잠시 멈추며 말한다. 어떤 연사가 웃지 않으면 그 사람이 진지하게 말하고 있다고 간주하듯이, 이제 우리는 문자가 존재하지 않는다는 사실에 주목한다.

암묵적인 생태계

처음에 사람들은 걸어서 난 길을 자꾸 밟아대다가 지구에 표시를 하게 되었다. 한 사람이 A라는 곳에서 B라는 곳에 가는 길을 찾자, 다른 사람들이 그 길을 따랐다. 사람들이 자꾸 그 길을 걸어 다니다 보니, 주변의 식물들이 없어졌다. 희미했던 길이 많은 사람들이 걸어 다니면서 더 분명해졌고, 길이 분명해지니까 사람들은 더 많이 그 길을 걸어 다녔다. 그 길이 뚜렷했기 때문에 표지도 필요 없었다. 보도(步道)란 본래 아래서부터 생겨난 현상이다.

어느 날 길이 너무 많아져서 이 길은 모래절벽으로 가는 길이고 저 길은 회색 암석이 많은 들판으로 가는 길이라고 알려줄 표지가 필요해졌다. 1914년이 되면서, 자동차들은 예전에 사람들이 다니던 길 위를 달렸고 남가주 자동차클럽(Automobile Club of Southern California)은 캔자스시티에서 로스앤젤레스까지의 길에 4천 개의 표지를 두기로 결정했다. 이는 암묵적이었던 것이 명백해지는 과정이었다.

이 과정은 일방통행로처럼 순탄하게 이루어지지 않았다. 새로운 고속도로 표지들이 개발되고 배치되는 과정에서 여러 번 상황이 바뀌었다. 미국에서는 어떤 교통 표지판이 받아들여지려면, 연방고속도로위원회(Federal Highway Administration)가 표준교통통제설비편람(Manual on Uniform Traffic Control Devices)에 그 표지를 수록하는 데 동의해야 하는데, 이 900페이지에 이르는 편람은 각각의 표지판과 그 표지판 사용에 대한 모든 규정을 수록하고 있다. 그 책을 보면, '다리가 도로보다 먼저 언다'라는 표지판은 이 내용이 어울리지 않는 계절 동안에는 치워지거나 감춰진다는 사실을 알 수 있다. 책장을 넘기다보면 눈에 익은 다이아몬드 형태의 노란색 표지판이 나오는데, 이 표지판들은 도로를 건너는 자전거, 사람, 사슴, 소, 그 외의 다른 물체들을 그려놓은 것이다. 그리고 출구 없음(No outlet), 막다른 골목(Dead end), 포장도로 끝(pavement ends)과 같이 사람 기분을 망치는 표지판들을 넘겨보며 고통을 맛볼 수도 있다. 심지어는 교통표지판이 없음을 경고하는 메타사인도 볼 수 있다.

연방고속도로위원회가 새로운 표지판을 편람에 넣으려면, 그 표지판이 상징하는 것이 분명해야 하는데 모든 표지판이 편람에 들어가는 것은 아니다. 예를 들어, 연방고속도로위원회는 도보 표지판에서 많이 본 둥근 머리를 가진 사람이, 점점 커지는 톱니 모양의 파도로부터 달아나는 모습을 묘사한 지진해일 경고 표지판이 제안되자, 사람들이 그 내용을 이해할 수 없을 거라는 결정을 내렸다.

표지의 그림이 메시지를 전달해야 하지만, 사람들을 교육시키기 위해 처음에는 글자까지 포함되는 경우가 자주 있다. 그림의 의미가 대중에게 아주 익숙해지면 그 글자는 제거된다. 예전에는 '전방에 신호등'이라고 씌어 있는 표지도 있었다. 오늘날에는 그냥 노란 다이아몬드 표지에 붉고, 노랗고, 초록색의 원들이 담긴 수직사각형이 그려져 있다.

글자는 중요한 정보인데, 왜 그것을 없앨까? 그 이유는 바로 표지판의 의미가 암묵적이 되도록 도와주기 위해서다. 표지판을 읽게 되면 상징을 '이해하는' 것보다 시간이 더 걸린다. 상징이 사람들이 쓰는 어휘의 일부가 되면서, 상징을 이해하려고 애쓸 때 실수하는 일이 없어졌다. 그것은 단지 세상의 의미의 일부이며, 우리의 문맥과 배경 속에 들어오게 되었다. 아이러니한 점은 교통 표지판이 사람들이 못 볼 수도 있는 것을 명백하게 만드는 데 쓰인다는 점이다. 신호등이 앞에 있으니까 브레이크를 밟기 시작해야 되고, 해일이 덮칠 수도 있으니 도망가는 것밖에는 달리 할 일이 없다. 잘 만들어진 교통 표지판은 사람들이 적절한 행동을 하도록 정신을 바짝 차리게 만들지만, 그렇다고 표지판에 대해 생각하게 될 정도로 정신을 바짝 차리지는 않는다. 위를 가리키는 화살표가 곧장 앞으로 가라는 얘기 라는 걸 생각하지 않고도 알 수 있지만, 아래로 가리키는 화살표가 뒤로 가라는 얘기는 아니다. 우리는 그 정도로 암묵적인 내용을 이해하는데 뛰어나다. 대개는 그렇다.

그런데 2006년, 누군가가 디그닷컴에 다음과 같은 의견을 올렸다.

월마트의 온라인 매장에서 '혹성탈출(Planet of the Apes)' DVD 세트를 산 고객들에겐 구매가 가능한 유사한 물품들이 소개되었 다. 이 제품들 중에는 마틴 루터 킹 주니어(Martin Luther King, Jr.)와 복서인 잭 존슨(Jack Johnson), 티나 터너(Tina Turner)의 인생에 대한 다큐멘터리물들이 있었다. 나는 이 DVD들이 비슷한 지 잘 모르겠지만, 불쾌한 것만은 분명하다.

이에 노크(Nork)라는 필명을 쓰는 누군가가 다음과 같이 썼다. "월마트 측은 이 DVD세트를 미국 검둥이 혹은 미국 흑인이라는 주 제로 분류했던 게 분명하다." 바이퍼다이마오(viperdaimao)라는 사람은 이렇게 말했다. "아마도 웹사이트를 운영하는 외로운 직원 이 장난을 쳤을지도 모르지." 이에 오드위버(odweaver)라는 사람도 얼간이 짓이 분명하다며 맞장구쳤다. "그것은 다른 사람들이 그 DVD세트를 산 다음 구매한 제품을 근거로 선택된 것이다." 에프네임(Fname)이라는 사람은 다음과 같은 상세한 설명을 덧붙였다.

이는 월마트만의 문제가 아니라 대부분의 추천 엔진이 갖는 문제다. 일부 백인지상주의자나 인종차별주의자가 이러한 결과를 내기 위해 미국 흑인을 주제로 한 영화를 본 다음 원숭이를 주제로 한 영화들을 검색했던 것이다. 아마존도 과거에 이런 일로 곤욕을 겪은 적이 있었다.

실제로 몇 달 뒤에 아마존은 사이트의 자동 시스템이 '낙태'에 대한 책을 찾고 있던 사람들에게 그들이 사실은 '입양'에 대한 책을 찾을 생각이 아니었는지 지적해준다는 이유로 호된 질책을 받았다. 아마존은 그 두 단어의 철자가 비슷하고 두 단어 중 하나를 검색한 사람이 자주 나머지 하나를 검색했기 때문에 사이트의 소프트웨어가 그렇게 작동했다고 말했다. 그러나 월마트의 고민에 가장 그럴듯한 해결책을 제안한 사람은 바로 '아방트레타르(avantretard)'라는 이름을 사용하고 있던 사람이었다.

인종차별주의는 모든 작품에서 추구되는 테마(THEME)다. 이는 표준 이하의 데이터시스템과 결합되어 있다.

아방트레타르가 그럴 듯한 설명을 해주기 전까지 월마트의 노골적인 추천에는 그것들을 이해하는 데 필요한 암묵적인 부분이 부족했다. 그 이야기는 암묵적인 내용 없이 명백한 내용을 내세우려 할 때 얼마나 잘못될 수 있는지 보여주는 사례가 되었을 뿐이다. 그것은 이제 아마존이 독자들에게 그러한 추천을 하게 된 연유가 무엇인지 알려주기 위해 링크를 제공하는 이유가 되었으며, 아마존은 그 링크를 '당신이 만든 페이지'라는 특집란으로 전환시켜주기까지 한다.

겉으로 드러나지 않는 문맥은 힘이 없다. 그것은 문화가 계속 전진해감에 따라 쉽게 없어진다. 예를 들면, 영국의 시인이자 비평가였던 존 드라이든(John Dryden)과 알렉산더 포프(Alexander Pope)는 '못생긴 피로스 왕, 그의 검은 팔/ 그의 목적처럼 검은 그 밤을 닮았다'로 시작하는 《햄릿》 2막에 나오는 대사가 너무 형편없어서 정말로 셰익스피어가 그 글을 썼는지 궁금해했다. 18세기 후반에 와서야 누군가에 의해 정확한 해석으로 보이는 의견이 제시되었는데, 그의 말로는 셰익스피어가 옛날 얘기처럼 들리게 할 생각이었다는 것이었다. 당시에 연극을 자주 보러 다니던 사람들에게는 그 대사가 일상생활의 대화가 갖는 암묵적인 문맥으로부터 돋보였을 것이다. 그런데 100년이라는 세월이 흐르자 암묵적인 문맥이 사라졌기 때문에 그 의미도 사라지게 되었다.

보스톤 외곽에 있는 올스톤(Allston)의 한 주유소에서는 셀프 서비스 펌프 때문에 고객들이 고생을 겪고 있었다. 고객들은 신용카드를 긋고 옥탄 등급을 선택한 다음, 어쩔 줄을 몰라 쩔쩔매고 서 있었다. 스타트 '버튼'은 스타트라는 말이 쓰인 노란 직사각형이었는데 버튼이 불룩하게 올라와 있지 않아서, 고객들은 그것이 라벨이라고 생각했다. 펌프를 작동시키려면 무엇을 눌러야 할지 몰랐던 그들은 바보 같다는 생각이 들어 화가 났다. 그래서 그 주유소는 스타트 버튼을 가리키는 표시를 손으로 만들어 붙였다.

PRESS

START

BUTTON

《《《《

그러자 사람들은 더욱 혼란스러워했다. 사람들이 종이에 쓰인 '스타트'라는 글자를 너무 많이 눌러 댄 나머지, 결국엔 엄지손가락크기만 한 구멍이 나고 말았다. 스타트 버튼이 라벨에 전형적으로 나타나는 메타데이터를 갖고 있었기 때문에 사람들은 그 버튼을 누르지 않았다. 버튼의 메타데이터를 가진 것을 찾지 못했던 사람들은 누를 만한 것이 없었기 때문에 종이로 된 스타트 라벨을 눌렀다. 펌프의 디자인은 메타데이터와 데이터를 구분하는 데 실패했던 것이다.

대개 첫 번째, 두 번째 정리 체계에서는 사람들이 내재된 부분과 명백하게 드러난 부분을 우아하게 돌아다니는데, 〈퍼레이드〉지의 광고나 월마트, 셰익스피어, 그리고 주유소 펌프의 사례들은 예외적인 경우들이다. 인간의 의식은 집중하는 동시에 상황을 암묵적으로 아는 능력에서 만들어진다. 살짝 집중을 풀면 암묵적으로 알고 있는 내용은 확연히 드러나게 되고, 가지를 혼동할 경우 스타트 라벨에 구멍을 내는 결과를 가져오지만 그런 일은 거의 일어나 않는다. 우리는 암묵적인 부분과 명백한 부분 사이를 쉽게 넘나들 수 있는 능력을 갖고 있기 때문이다. 그러나 자기 컴퓨터가 무슨 일을 해주기를 바라는 마음에서 넌지시 말하거나 아이러니한 표현을 자판에 쳐 넣을 수 없으며, 몸으로도 표현할 수 없다.('범프튠(Bumptune)' 이라는 응용프로그램으로 애플파워북을 실제로 밀어넣어 다음 곡으로 옮겨갈 수 있기는 하다.) 컴퓨터는 말하지 않은 채로 남아 있는 내용이 아닌 오직 들은 내용만을 처리한다. 그래서 그것이 암묵적인 내용과 명백한 내용으로 이루어진 미묘한 생태계에 혼란을 야기하고 있다.

암묵적인 내용 배치시키기

암묵적인 내용과 명백한 내용들이 어떻게 작용하고 있는지 알고 싶다면, 사람들이 온라인에서 사회적 네트워크를 만들고 확대하게 해준 최초의 사이트 중 하나인 프렌드스터(Friendster)에서 프로필을 작성해보라. 회원들이 이 프로필에 '취미와 관심사'를 적으면 사이트는 그 사람과 맞는 사람을 찾아준다. 내 프로필의 목록은 다음과 같다.

정치, 인터넷, 독서

그 외엔 관심사가 별로 없었다.

내가 '독서'를 넣은 이유는 부분적으로 좋아 보이기 때문이다. 그러나 그것은 내가 '독서'를 관심사 목록에 올려놓은 그런 유형의 사람이라는 것 외에는 사람들이 나에 대해 많은 것을 알 수가 없다. 내가 목록에 '재즈'를 올리지 않은 이유는 '재즈'를 꼽은 사람이면 의당 알아야 할 정도로 재즈에 대해 많이 알지 못하기 때문이다. 그리고 아이들의 이름을 올리지 않은 것은 그것이 다른 사람에게는 아무런 의미가 없기 때문이다. 내가 정치에서도 특히 '미국 정치'에 관심이 있다고 구체적으로 밝히지 않은 이유는 그렇게 해서 사람들이 나를 미국 사람이 아니라고 생각할 수도 있기 때문이다. 내가 뻔뻔스럽게(그리고 실망스럽게도 예측가능하게) 나의 정치 성향을 밝히지 않은 이유는 '자유주의자'라는 말에 내가 다른 자유주의자들하고만 이야기할 마음이 있는 것처럼 보일까봐 그랬다. 나는 영화를 좋아하지만, 다른 누구보다도 영화에 더 관심을 갖고 있는 것이 아니기 때문에 그것을 목록에서 제외시켰다. 'TV'를 올리지 않은 것도 같은 이유인데, 솔직히 말하면 그리 훌륭해 보이지 않을 것이다.

내 목록을 보고 사람들은 나의 관심사가 애처로울 정도로 옹색하다고 생각하겠지만, 실상은 그렇지 않다. 내가 오늘 신문기사를 읽고 나서야 알게 된 것이지만 나는 델리의 교통 혼잡지역에서 값싼 책을 팔고 있는 18세 인도 소년의 일상생활에도 관심이 있다. MIT 미디어 랩(MIT Media Lab)의 소장, 프랭크 모스(Frank Moss)에 대한 기사를 읽기 전에도 그 연구소에 깊은 관심을 갖고 있었지만, 프렌드스터의 '취미 및 관심사' 목록에 '프랭크 모스'를 올려놓는다면, 정말 이상할 것이다. 그리고 《카라마조프의 형제들(The Brothers Karamazov)》를 읽기 전까지는 19세기 러시아의 네 명의 형제와 그들의 주정꾼 아버지에 대한 이야기에 내 자신이 관심을 갖고 있는지 몰랐을 수도 있다. 그 소설로 인해 내 관심사가 형성된 것이다.

프렌드스터에 올린 내 목록은 실제로는 나의 관심사 목록이 아니다. 그것은 내 목표와 자기이미지, 다른 사람들이 내 목록을 어떻게 해석할지에 대한 예측에서 생긴 복잡한 사회적인 가공품이다. 어떤 사람이 자신의 목록을 만드는 과정을 솔직히 의논할 경우, 그것은 목록 자체에서 알 수 있는 것보다 그 사람에 대해 더 많은 것을 알 수 있게 해준다. 온라인 데이트 프로필에 어떤 정보를 넣을지 고민했던 사람과 외로운 사람들을 위해 프로필을 만들어주던 회사들에게 물어보면 금세 알 수 있다.

명백하게 밝힌다는 것은 어두운 곳에서 밝은 곳으로 무언가를 옮기는 것과는 다르다. 프렌드스터와 같은 사이트들이 어떤 사람이 자신의 친구인지 체크해달라고 할 경우, 그것은 자기 내면의 사회생활에 대한 보고서가 아니라 결정이 필요한 문제다. 그리고 다른 사람이 자신의 선택에 대해 알게 될 것이기 때문에, 그 결정은 누군가의 감정을 상하게 하거나 잘못된 희망을 심어줄 수도 있다. 무언가를 명확히 밝히는 것은 종종 중요한 사회적 행동이 된다.

더욱이 우정이란 그렇게 둘로 딱 가를 수 있는 게 아니다. 길 아래 사는 단짝 이웃은 주저하지 않고 친구 목록에 올리지만, 사이는 좋은데 아주 따뜻한 관계라고 하기 어려운 전직 상사를 설명할 때는 정확히 그렇게 말하지 못한다. 그리고 잡담은 나누지만 사무실 밖에서는 만난 적이 없는 담당 의사나 지난 10년 동안 정치에 대해 가끔씩 이메일을 주고받는 사람도 마찬가지다. 어떤 사이트가 내게 그들이 친구인지 OX문제를 낸다면, 그들이 친구가 아닌 것은 아니기 때문에 아마 그렇다고 대답할 것이다. 그러나 각각의 대답 옆에 별표를 해놓고 싶을 것이다. 왜냐하면 할 말이 더 많기 때문이다. 실제로 언제나 우리가 명확하게 밝힐 수 있는 것보다 할 말이 더 많은 법이다.

프렌드스터의 경험은 이 문제를 제대로 보여준다. 복잡하고 의미 있는 현상을 명확하게 드러내면, 사람들은 방향을 잡지 못하고 지나치게 단순화하여, 결국은 불충분하고 오해하기 쉬운 표현을 할 수도 있다. 따라서 암묵적인 내용과의 균형을 제대로 잡아야만 상황을 명백히 밝히는 데 성공할 수 있다. 우리는 스무고개 게임을 하면서 힌트를 줄 때 이렇게 하는데, 이제 일상생활의 지도가 된 고도로 발달된 기술에서는 더욱 세심한 주의가 필요하다.

코미디언인 스티븐 라이트(Steven Wright)는 1대1 비율의 지도에 대해 농담을 한다. 이 농담은 지도가 유용한 이유는 단지 지도에서 빠진 것 때문에 유용하다는 점을 명확히 밝히고 있는데, 크게 웃음이 나올 정도로 웃긴 것은 아니지만 다시 생각하면 재미있다. 랜드 맥낼리(Rand McNally) 지리정보시스템 국장인 하워드 베리진(Howard Veregin) 역시 같은 점을 직접적으로 지적한다. "지도는 진실을 말하기 위해 일부러 거짓말을 한다. 지도가 1대1의 비율로 만들어진 것이라 해도 세상에는 지도로 만들 수 없는 것, 다시 말해 역동적이거나 관계가 없는 것들이 지극히 많다. 소리, 쓰레기통, 어떤 특정한 순간에 시카고에 있는 모든 자동차들의 위치, 이런 것들은 지도에 들어 있지 않다. 지도는 세상의 모든 풍부한 것들을 잡아내지 못하며, 그렇게 하기로 되어 있지도 않다." 랜드 맥낼리는 트럭용 지도를 만들었는데, 거기에는 고속도로 과적차량 검문소는 표시되어 있지만 국가 문화재는 표시되어 있지 않다. 자동차 도로 지도에 병원은 표시되지만 볼링장은 표시되는 않는 경우가 흔하다. 또한 800미터 정도만 길이 좁아진다고 해서, 특히 일시적인 공사를 위해 한 차선이 막혀 있어도, 4차선의 고속도로를 나타내는 두꺼운 선을 바꾸지는 않는다.

전자지도는 우리의 예상을 바꾸어놓고 있다. 에스리(ESRI)는 기관들이 여러 개의 중첩된 전자지도를 작성할 수 있도록 해주는 기술을 갖춘 5억 달러 규모의 회사로, 이 기술 덕분에 사용자가 버튼 하나만 클릭하면 숲속에 있는 모든 산림경비실이나 모든 낙엽수 구간, 모든 지하수저장고, 트럭이 다닐 정도로 큰 모든 도로 등 원하는 대로 볼 수 있다. 자동차 내비게이션이 이와 비슷하다. 차를 천천히 몰거나 목적지에 가까이 오면, 시스템은 작은 도로와 도로 이름까지 아주 상세히 알려준다. 디지털화 덕분에 지도는 더욱 융통성 있게 정보를 보여주고 숨길 수 있게 되었다.

하지만 여전히 지도에 나타나지 못하는 정보는 엄청나게 많다. 자동차 내비게이션이 모든 주유소와 맥도날드의 위치를 기입해놓았을지는 몰라도, 멜빌을 연구하는 학자에게 그 소설가가 《모비 딕》을 집필한 집을 보여주지 못하며, 친구들이 블로그에서 침이 마르도록 칭찬한 식당을 바로 짚어주지는 못한다. 당신 회사가 원료 공급업체의 지역적 집중을 보여주는 유용한 중복 지도를 만들었다고 해도, 그 지도가 골칫덩어리인 공급업체들을 짚어주지는 못한다. 전자지도는 그 지도를 만든 사람들이 프로그램으로 만든 것만을 보여주며, 사용자들의 의도에 반응하지 못한다.

2005년, 구글 맵스(Google Maps)는 새로운 가능성을 열어주었다. 구글 맵스 홈페이지에 나타나는 지도들은 다른 모든 지도 사이트처럼 무엇을 보여주고 무엇을 감출지에 대해 같은 종류의 결정을 내리지만, 구글은 그것 말고도 정말 대단한 일을 해냈다. 구글은 다른 프로그램들이 구글 지도를 각자의 제품에 통합시키기 쉽게 만들어, 지도를 이용한 응용 프로그램의 폭발적인 성장을 유도했다. 일부 응용 프로그램은 단순한 것들로, 지역별 시설의 위치를 쉽게 알려주는 호텔 홈페이지나 사람들이 언급하는 모든 목적지를 자동적으로 포함시키는 여행 사이트, 시장 분포를 보여주는 기업들이 그

예이다. 그러나 구글 맵스에 데이터와 특징을 쉽게 추가할 수 있게 되면서 약삭빠른 개발자들은 새로운 영역의 개척에 대한 의지를 불태우고 있다. 몇 개의 사이트들은 최대 온라인 벼룩시장인 크레이그리스트(CraigsList)에서 아파트 목록만 빼내어 구글 맵스에 기입했다. 맵가스프라이스닷컴(MapGasPrices.com)은 집 근처의 모든 주유소와 기름 값을 알려주며, 플리커의 구글 맵스(GMiF, Google Maps in Flickr)는 사용자들이 여행을 다니면서 찍은 사진들을 구글 지도에 올려놓게 해준다. 퀵맵스닷컴(Quickmaps.com)은 사용자들이 크레파스로 그리는 것처럼 쉽게 갈 길을 그리면서 흥미롭게 보이는 곳을 가리키는 주석을 추가하게 해준다. 한 인권운동가는 튀니지 감옥들의 지도를 올려놓았는데 그 지도를 클릭하면 그곳의 비참한 실태를 기록한 비디오가 나온다.

사용자들이 세상의 모든 잡다한 정보를 직접 지도에 기입하여 지도를 만들어가고 있지만, 지도에 포함될 것과 빠져야 될 것이 하나의 용도에 따라 갈라지기 때문에 지도는 여전히 유효하다. 베리진은 랜드 맥낼리에 대해 이렇게 말한다. "우리는 지도 판매에 관심이 있습니다. 콘텐츠가 잘 팔리는 지도는 특정 대상을 겨냥하여 만들어졌기 때문입니다." 그 용도가 분명하지 않으면 무엇을 말해야 하고 하지 말아야 하는지를 제대로 파악하기가 더욱 어려워진다. 암묵적인 내용과 명백한 내용 사이의 경계는 지성에 의해 그려지지 않는다. 그것은 용도에 의해, 다시 말해 사람들이 중요하게 생각하는 것에 의해 그어진다.

암묵적인 내용이 중요한 이유

암묵적인 내용은 사람들의 실제 관심사와 사고방식을 배반하기도 한다. 예를 들면, 미국 제3대 대통령이었던 토머스 제퍼슨이 변호사로 연수를 받고 있을 때인 1765년에 코란 - 그는 알코란(Alcoran)으로 알고 있었던 - 을 한 권 샀다는 사실은 널리 알려져 있다. 식민지시대 미국은 기독교가 지배하고 있었지만, 이 사실은 그리 놀라운 일이 아니었다. 제퍼슨이 세상에 대해 호기심이 많다는 점이 널리 알려져 있었기 때문이다. 그는 멋진 이름의 프라이헤어 사무엘 폰 푸펜도르프(Freiherr Samuel von Pufendorf)가 쓴 평범한 법률서적 때문에 코란에 관심을 가졌는지도 모른다. 그런데 센트럴오클라호마대학(University of Central Oklahoma)의 교수, 케빈 J. 헤이즈(Kevin J. Hayes)는 제퍼슨이 1783년에 만들었던 자신의 소장 저작물 목록에서 뭔가 특이한 점을 알아냈다. 제퍼슨은 코란을 '종교'라는 제목 아래 두었는데, 그 목록의 순서를 잘못 정한 듯 보였다. 그의 종교 카테고리는 이교도의 예언자들에 관한 작품으로 시작해서 그리스 로마 작품들이 수록되어 있고, 그 다음에 코란이 오고 유대교, 기독교로 이어졌다. 코란의 연대가 서기 7세기경이기 때문에, 그것은 유대교와 기독교 다음에 왔어야 했다. 제퍼슨은 이 사실을 알고 있었으며 결코 실수일 리가 없었다. 제퍼슨이 자신의 책들을 신중하게 분류하기 위해 노력했다는 점은 이미 알려진 사실이기 때문이다.

 혁명적으로 지식을 체계화하라

헤이즈는 제퍼슨이 갖고 있던 기본(Gibbon)의 《로마제국의 흥망사(History of the Decline and Fall of the Roman Empire) 난외주(欄外註, marginal note)에서 그 실마리를 찾을 수 있다고 주장했다. 제퍼슨은 기본이 기독교 대성당이 이슬람사원으로 바뀐 경우를 논하던 부분에 '자연의 상태로 돌아가는 건물'에 대한 시 몇 줄을 써넣었는데, 이는 제퍼슨이 이슬람의 성장을 일종의 쇠퇴로 간주했다는 점을 가리킨다고 헤이즈는 말한다.(제퍼슨을 단순한 고집불통으로 비난하기 전에 그가 스스로 아랍어를 배우려고 했을 뿐 아니라 1770년대에 '동양 언어'를 윌리엄앤메리대학(William and Mary College)의 교과과정에 추가하려는 법안을 입안했었다는 점을 생각해라.) 제퍼슨의 도서관 서가와 그의 마음속에서는 코란이 이교도와 기독교 중간 지점에 있었다는 헤이즈의 결론은 그것이 암묵적인 증거에 근거하기 때문에 더욱 설득력이 있다. 만약 제퍼슨이 모든 종교가 법 앞에서뿐 아니라 진실에서도 평등하다고 분명하게 밝혔다면, 코란을 분류하면서 암묵적으로 보여준 교훈은 그 발언과 어울리지 않았을 것이다. 암묵적인 내용은 종종 우리에게 더 많은 것을 이야기해주고 명백히 드러난 것보다 더욱 믿을 수 있다.

닉 혼비(Nick Hornsby)의 소설, 《사랑도 리콜이 되나요(High Fidelity)》(그리고 영화까지)에서 믹스테이프는 여러 곡을 선택하는 사람의 감정과 바람, 인격을 표현한 것인데 이 모든 것이 명확한 프로필 작성에 기입할 내용은 아니다. 《사랑도 리콜이 되나요》의 주인공인 롭(Rob)이 자신의 재생 목록 너머의 생각을 자세히 설명하는 장면에서, 그는 테이프를 받을 사람에게 그것을 설명할 수가 없었다. 설혹 그럴 수 있었다 해도 그 생각에 대한 표현은 노래를 들어 생기는 효과와 똑같을 수는 없었다. 종종 명백히 드러난 내용은 암묵적인 내용을 감소시킨다.

세 번째 정리 체계를 가진 디지털 음악 세계의 재생 목록은 실제로 재생 목록이 모두 메타데이터고 콘텐츠는 전혀 없이 노래가 다른 곳에 저장되어 있음을 가리키는 것이라는 점을 빼고는 믹스테이프의 후손이라 할 수 있다. 아이튠즈 매장에서 사용자들은 2006년 2월까지 30만 개가 넘는 아이믹스(iMix) 재생 목록을 만들어 공유했는데, 어떤 분명한 메타데이터를 추가하지 않고는 분류할 수 없을 정도로 너무 많아졌다. 따라서 애플은 사용자들이 자신의 재생 목록에 태그를 붙이게 했다. 그래서 '외로운' 이나 '나스카', '유방암', '사랑' 이란 태그가 달린 노래들을 찾을 수 있게 되었다. 조지타운대학 법센터(George Town University Law Center)의 교수, 레베카 투쉬넷(Rebecca Tushnet)은 이렇게 말한다. "재생 목록은 중요한 자기표현 수단이다. 그 동기는 '난 이런 사람이야. 내가 좋아하는 걸 알면 내가 어떤 사람인지 알 수 있을 거야.' 라고 말하고 싶은 욕구다." 재생 목록은 단순히 모아진 음악 단위가 아니라 메타데이터를 통한 또 다른 '자신' 의 표현이다.

암묵적인 내용에 있어 이상한 점이 한 가지 있다. 프로젝트 팀들은 종종 분명하게 자기를 소개하는 과정으로부터 일을 시작한다. "전 품질관리팀의 칼라입니다. 저는 우리가 만든 것이 회사의 기준을 충족시킬 거라고 확신합니다." 이렇게 말이다. 그러나 팀원들이 실제로 말할 수 있는 것보다 서로에 대해 더 많은 것을 알게 돼야 그 집단은 진정한 팀이 된다. 비슷하게, 훌륭한 판매사원은 언제나 고객에 대해 겉으로 말할 수 있는 것보다 암묵적으로 알고 있는 것이 더 많으며, 기업의 고객관계 관리시스템이 차지하는 부분보다 분명 더 많은 것을 알고 있다. 우리는 아는 것을 모두 말할 수는 없다. 이는 '암묵적 지식(tacit knowledge)'이라는 용어를 만들어내고 1990년대 후반에 기업들이 채택한 지식관리시스템(knowledge-management system)에 영감을 준 헝가리의 과학자이자 철학자, 마이클 폴라니(Michael Polanyi)의 기본적인 생각이다. 지식관리시스템은 마치 모든 사람이 타고난 작가나 선생인양, 혹은 모든 사람이 버튼만 누르면 보고서를 만들어낼 수 있는 데이터베이스인양, 종업원들에게 어떤 사업에 대해 아는 모든 것을 분명히 밝히도록 요구하면, 실패하게 된다. 지식관리시스템은 일하는 과정에서 은연중에 발생한 지식을 모으고 이메일을 지식의 네트워크로 정리하며 사내 채팅에서 가장 빈번하게 대답하는 사람이 누군지에 근거하여 전문가가 누구인지 유도해내고 사람들이 서로에게 보내는 링크를 이용해 도서관을 만드는 등 조용히 일해 나갈 때, 가장 좋은 효과를 냈다.

이는 지식관리시스템 외의 다른 분야에도 적용된다. 만약 누군가가 나에게 내 자식들이 어떠냐고 묻는다면, 나는 여하튼 어떤 얘기를 해줄 것이다. 만약 표준화된 시험에 집착하는 바람에 지역의 공립학교들이 어떻게 피해를 입었는지에 대해 이야기를 나눈다면, 나는 첫째 아이는 시험을 얼마나 잘 치고, 둘째는 실독증이라 머리가 좋음에도 불고하고 그 능력이 시험에 의해 감춰지며, 셋째 아이는 너무 자유분방하여 가만히 앉아 시험을 치를 수가 없다고 말해줄 것이다. 그러나 나는 결코 내 아이들에 대해 모든 것을 얘기해줄 수는 없을 것이다. 만약 그 사람이 나를 난처하게 만들고 싶다면, 그는 나를 붙들고 절대로 샛길로 빠지지 않고 아이들을 설명해달라고 부탁해야 한다. 나는 프렌드스터에서 내 관심사를 적어낼 때처럼 똑같이 우왕좌왕할 것이다. 실제로 그 사람에게 내 아이에 대해 내가 아는 모든 것을 말해줄 수 있다면, 그것은 우리의 관계가 피상적이라는 분명한 표시가 될 것이다. 내가 우리 아이들에 대해 아는 것은 너무 길고 심오해서 말로 남김없이 얘기할 수가 없으며, 너무 엉키고 틀어져서 완벽하고 명확하게 밝힐 수가 없다.

하지만 도스토예프스키(Dostoyevsky)는 우리에게 카라마조프의 네 형제에 대해 모든 것을 이야기해주었다. 아니 적어도 우리보다는 더 잘해내었다. 그 책을 읽고 나면 우리가 그들을 아는 것 같은 느낌이 든다. 그러나 상대방이 아이들이 아니라 내가 읽던 그 러시아 책에 나오는 형제들에 대해 물어볼 때에도 나는 똑같이 그들에 대한 모든 것을 말해줄 수 없다. 어쨌든 도스토예프스키는 일련의 명백한 표현을 통해 그 형제들에 대한 지식을 너무나도 풍부하고 혼란스럽게 만들었기 때문에 명확한 표현이 힘들어지는 것이다. 한번 이반 카라마조프와 리어왕, 카멜라 소프라노(Carmela Soprano)에 대해 명확하게 설명하려고 시도해보면 내 얘기를 이해할 수 있을 것이다.

　만약 암묵적인 내용에 대해 이야기하기가 어렵다면, 암묵적인 내용과 명확히 드러난 내용 간의 관계는 특히 표현하기 힘들다. 무언가에 대해 이야기하다 보면 그것을 명확히 드러내게 되기 때문이다. 우리는 자동차 내비게이션처럼, 끊임없이 얼마만큼을 크게 이야기할지, 얼마만큼을 말하지 않고 놔둘지 결정을 내리고 있다. 숨기거나 보여주거나 상세하게 표현하거나 상상에 맡기거나 설명을 하거나 아니면 이해했다고 그냥 추측하거나, 지식의 나무들은 이런 식으로 작동한다. 어떤 것이 고양이라는 사실을 안다면 나무를 기어 올라가 나무의 조직 내에 내재되어 있는 것을 명확히 밝힐 수가 있다. 고양이는 포유동물이고, 동물이고, 생물이고, 원자로 만들어진 물체다. 그러나 매트 위에 앉아 있는 고양이를 보면 암묵적으로 그보다 더 많은 것을 알 수 있다. 고양이는 곧 매트에서 일어날 수도 있고 고양이가 매트 위에 있어도 괜찮은 것은 이미 매트를 물어 뜯어놓았기 때문이며 고양이는 매트가 부드럽고 따뜻하기 때문에 매트를 좋아하고 매트 위에 앉아 있는 고양이는 그 집이 편안하다는 표시다. 고양이와 관계된 것들은 점점 더 많아져서 실제로 그것들을 죄다 목록으로 만들기는 불가능해질 정도가 된다. 그 고양이는 홍콩으로 이사한 친구가 키우던 것이고 그 고양이는 더 이상 새들을 쫓지 않으며 햄스터가 죽은 뒤에 우리 아이들에게 위로가 되어준 애완동물이었고 나와 친한 친구 중에 고양이에 약간 알레르기가 있는 사람이 있고 부모님은 내가 어렸을 때 절대로 고양이를 사주지 않으셨고, 영화 ‘캣우먼(Catwoman)’은 정말 재미없었다는 등. 그러한 각각의 관계는 헤라클레이토스의 소용돌이 속에서 다른 무한의 소용돌이에 맞닿는다. 그러한 관계들 중 한 가지만이 동물의 분류법에서 고양이가 차지하는 명확한 위치로부터 발생한 것이다. 그리고 이 경우 분류법에 의한 관계는 특별히 적절하지 않다. 그 관계들은 암묵적이지만, 어떤 상황에서는 말로 표현되고 명확해진다. 그때까지 그것들은 모든 것을 포함하고 있으며, 분류가 되는 순간은 연기된다. 밖으로 내뱉어지지 않은, 다시 말해 암묵적인 내용은 조사되고 모아지고 분류되고 섞이게 될 가능성을 갖고 있다. 그것은 우리가 알고 말하는 것의 뒤죽박죽된 원천이다.

클라우드 조사하기

조슈아 샤흐터가 무엇에 관심을 갖고 있는지 알고 싶다면, 그의 딜리셔스 페이지를 들어가보라. 오른쪽 기둥에 그가 모은 8,505개의 북마크에 사용한 모든 태그들을 볼 수 있다. 북마크와 태그가 너무 많아서 샤흐터는 태그를 자신이 직접 만든 카테고리들로 분류해 놓았다. '학문적'에서 '시간'까지 여러 태그가 있는데, 지금까지 가장 큰 카테고리는 그가 카테고리로 분류하지 못한 잡동사니의 태그들을 모아 둔 '분류되지 않은 태그들'이다. '뷰 애즈 클라우드(view as cloud)'를 클릭하면, 그 목록은 알파벳순으로 된 짧은 글로 재배열되는데, 각 태그의 폰트 크기는 몇 번에 걸쳐 그 태그가 사용되었는지를 상대적으로 알려준다. 슬쩍 보면 샤흐터가 '커피'보다는 '음식'에, '토론술'보다는 '유머'에, 그리고 '픽션'보다는 '예술'에, '샌 프란시스코'보다는 '뉴욕시'에 더 관심이 있다는 걸 알 수 있다. 태그 클라우드는 길이가 긴 일본시조, 하이쿠(haiku)처럼 보일 수 있다. 재생 목록이나 믹스테이프처럼 종종 진실은 겉으로 드러난 것 사이에 숨겨져 있다. 클라우드 뒤에 있는 그 사람에 대한 평가가 틀릴 수도 맞을 수도 있지만, 우리는 태그 클라우드가 어떤 개인이 무심코 주고받은 데이터로부터 분류한 그 사람의 관심사를 시각적으로 표현해주기 때문에, 거기에 가볼 확률이 아주 높다. 그것들은 프로필이나 구직자의 약력 소개보다 한 개인의 솔직한 모습을 보여줄 가능성이 크다.

물론 잘못 짚을 가능성도 있다. 사람들은 어떤 관심사 때문에 딜리셔스를 이용하며, 딜리셔스 페이지가 공개되기 때문에 어떤 페이지들을 올리지 않을 수도 있다. 예를 들어 대형 스크린 TV를 조사하면서 나는 너무 창피한 나머지 페이지들을 태그하지 않았다. 그래도 겉으로 명백하게 드러난 프로필들은 적어도 믿기 어렵다. 프로필을 볼 사람이 누구인지, 우리가 무엇을 얻으려고 하는지, 다시 말해 데이트 상대를 얻으려는 것인지 일자리를 얻으려는 것인지에 맞춰, 그리고 물론 프로필 그 자체가 무엇에 대해 묻고 있는지에 맞춰 프로필을 만든다. 인터넷 사회학자인 다나 보이드(danah boyd)는 이렇게 말한다. "대부분의 사용자들은 프렌드스터에 상사와 엄마, 이 두 사람이 있는 것을 두려워한다." 종종 자기기만의 요소도 존재한다.

작가인 샘 앤더슨(Sam Anderson)은 네트플릭스닷컴(Netflix.
com)에서 빌린 영화 목록의 제일 아래에 영화 '이레이저헤드
(eraserhead)'나 BBC의 8시간짜리 TV시리즈 '황폐한 집(Bleak
House)', 베르너 헤어조그(Werner Herzog)의 영화와 같이, 영화
를 빌린 사람이 되고자 하는 사람을 보여주는 영화가 있으며, 목록
상단에는 '웨딩 크래셔(Wedding Crashers)'나 '무서운 영화
4(Scary Movie 4)', '매디슨 카운티의 다리(The Bridges of
Madison County)'와 같이 실제로 그 사람의 모습을 보여주는 영
화들이 있다고 한다. 지식인인 척 남에게 보여주려는 의도와 교양
낮은 사람의 계획이 그렇게 섞여 있는 평범한 목록조차도 무언가 시
사해주는 것이 있다.

이는 사람들이 열리지 않기를 바라는 문을 마케터에게 열어주게
하는 것이다. 두 번째 정리 체계로 된 세상에서 다이렉트 메일, 즉,
받는 사람들 대부분이 '쓰레기'로 처리하는 우편물은 종종 받는 사
람들 중 2퍼센트가 그 제안을 따를 경우 성공적이라고 간주된다. 그
정도로 높은 반응률을 얻으려면 우편번호로 신중하게 분류된 우편
수취인 명단과 그 수취인들의 구매 경력을 사야 한다. 세 번째 정리
체계에서는 사람들이 스스로 발생시키는 암묵적인 정보의 양이 어
마어마하다. 2006년 8월, AOL의 고객들은 '545605'로만 확인되는
어떤 사용자가 '뉴저지 마게이트 해안공원', '프랭크 윌리엄스 의학
박사', '도자기로 만든 재떨이', '중국으로의 자금 이전', '주택매각
자금'을 검색했다는 사실이 일단 알려지고 나면, 너무 많은 것이 알

려져 몇 번만 추측하면 그 사람에 대해 알 수 있다는 사실을 듣고 당황했다.

마케터들은 다수의 정보원으로부터 암묵적인 데이터를 모아, 누구의 사이트에서든 한쪽으로 기운 자기표현에 의해 속지 않을 수 있게 되었다. 그러나 데이터를 조사하고 서로 관련시키고 추측까지 해냄으로써, 마케터들은 고객들이 원하는 것보다 고객에 대해 훨씬 더 많은 것을 알 수 있다. 고객의 정보 이파리들이 명백한 허락 없이 긁어모아졌기 때문이다. 기업은 사람들이 불가피하게 만들어내고 있는 암묵적인 디지털 메타데이터 중에 어느 정도까지 추적하고 유지하고 사용할 수 있을까?

비록 사회가 급격하게 변해가고 있지만, 디지털 세계에서 용인되는 것과 그렇지 않은 것에 대한 세 가지 규범들이 형성되고 있다.

- 아마도 사용자들은 이 시점에서 사이트가 자신들의 '클릭흐름(clickstream)', 다시 말해 그들이 어떤 사이트에서 클릭한 것과 심지어는 어떤 페이지에 얼마나 오래 멈췄는지를 기록하고 있을지도 모른다는 점을 알고 있다. 그러나 사용자가 그 사이트에 등록을 하지 않고 로그인을 하지 않았다면, 기업은 사용자가 자신의 클릭흐름이 자신에 대한 다른 어떤 정보와 연관되기를 바라지 않는다고 생각해야 한다.

- 사용자가 분명하게 허락하지 않았다면, 그 사람이 어떤 사이트에서 지나간 자리는 다른 어떤 조직과도 공유해서는 안 된다.(분명

한 허락이란 사용자가 법률상의 의무로 가득 찬 페이지에서 작은 글씨로 된 상자에 선택 취소를 하지 않았다는 얘기가 아니다.)

- 사이트가 추적을 위해 만들어진 것이 아닌 암묵적인 데이터를 사용하고 있기 때문에, 사용자들은 회사에 메시지를 보내기 위해 링크를 누르기 전에 42.6초 동안 망설이지 않는다. 훌륭한 신념을 갖고 운영되는 기업은 그 정보를 고객을 상대로 이용하지 않을 것이다.

그렇긴 하지만, 이 마지막 규범은 적용하기가 까다롭다. 결국엔 거부할지라도 고객이 갑자기 끼어 든 제안에 관심을 가지는 경우가 있지만, 그런 제안이 분명 주제넘게 끼어들어 소름이 끼칠 때도 있기 때문이다. 아마존은 암묵적인 메타데이터를 이용하여 링크를 관련 서적들에 끼어 넣어 더 검색하기 좋게 만든다. 그리고 고객들이 메타데이터를 편집할 수 있게 해주는데, 고객은 자신의 관심사를 반영하지 않는 구매사실들은 제외시킨다. 암묵적인 메타데이터를 이용하여 스팸메일을 보내거나 고객을 당황하게 만들었던 사이트는 선을 넘었던 것이고 사업은 좋아지지 않았을 것이다.

프라이버시에 대한 생각이 변해가고 있고, 사람들이 남긴 암묵적인 흔적을 이해하는 방법들을 지금도 알아내고 있기 때문에, 그 경계는 명확하지 않다. 그러나 분명 적정한 선은 있으며, 고객들이 돌아오기를 기다리는 기업들은 거기에 세심한 주의를 기울일 것이다.

말하지 않은 것

버몬트 주의 노점상에서 본 잼 한 통에는 '딸기'라는 글씨와 그 잼이 만들어진 연도가 적혀 있다. 플리커에 오른 같은 잼 사진에는 '딸기', '잼', '보존식품', '요리', '직접 해보세요', '버몬트 노점상', '선물'과 같은 태그들이 붙어 있을 것이다. 그러나 실제 그 잼은 플리커의 태그들보다 더 많은 것을 이야기해준다. 태그와 라벨이 붙은 잼 병 사이의 차이는 그 세상이다. 진짜 병은 실제 세상의 실제 장소에서 만난 것이다. 우리는 그걸 눈으로 보고 그것이 잼이고 집에서 만든 것이고 판매될 제품이고 설탕과 딸기가 들어가 있고 금속으로 된 뚜껑을 돌리면 열 수 있고 칼로리가 있고 토스트와 잘 어울린다는 점을 안다. 태그는 혼자서는 관계를 형성하지 못하기 때문에, 그 관계 중의 아주 일부분만을 손에 넣을 수 있다. 우리는 그림을 보고 나서야 '잼'이라는 태그가 보존식품을 말하는 것인지 아니면 재즈, 교통에 관련된 것인지 알 수 있다.

그 안에 바로 디지털 세계의 자기모순이 존재한다. 나무에서 나뭇잎을 긁어모아 잡동사니 더미를 만들면, 그 이파리들은 암묵적인 상황으로부터 자유로워진다. 나무에 비해 이파리 더미는 의미가 노출된다. 어떤 사진에 '울새'라는 태그를 붙이면, 세 번째 체계는 그것이 종의 나무구조에서 어디에 위치하는지 자동적으로 알아내지 못할 것이다. 태그와 링크가 붙은 잡동사니 더미는 그 개념들의 의미와 효용성을 감소시키면서 개념들이 처한 문맥에서 개념들을 없애겠다고 위협한다. 우리는 울새가 척추동물, 동물, 생물, 그리고 원자로 이루어져 있다는 사실을 알기보다는 어떤 태그가 붙어 있었는지만을 알게 되며, 태그는 누군가가 '카프리'라고 표시한 냉장고 앞 사진처럼 수수께끼처럼 여겨질 수 있다.

태깅은 시작된 지 얼마 안 되기 때문에 예측하기가 어렵다. 우리는 사람들이 스스로 페이지를 다시 찾기 위해 태그를 할지, 다른 사람들이 페이지를 찾도록 도와주기 위해서 태그를 할지조차도 모른다. 정보의 구조를 설계하고 정보와의 인적 인터페이스(human interface)를 설계하는 전문가인 정보 설계사들은 2005년, 토마스 반더 왈(Thomas Vander Wal)이 폭소노미(folksonomy)라는 용어를 만들어낸 이후로 이 점을 놓고 논쟁을 벌여왔다. 폭소노미란 사용자들이 태그를 붙이는 방법으로부터 생겨난 하나의 정리된 카테고리 집단, 즉 '분류법(taxonomy)'을 의미한다. 논쟁의 양측에는 모두 지지자들이 있다. 조슈아 샤흐터가 자신의 딜리셔스 사이트를 1차적으로 '기억을 위한 확대 시스템'이라고 생각하기 때문에, 그는 다른 사람들에게 의미가 있는지 여부와는 상관없이 자신에게 의미 있는 태그를 사용하도록 권장한다. 예를 들어, 샌프란시스코가 고향인 사람이 지역의 예술행사가 기재된 웹페이지를 발견하여 '예술'이라는 태그를 붙였을 때, 그 사람이 'SF'라는 태그를 추가할 가능성은 거의 없다. 그가 그것을 당연히 생각하기 때문인데, 이렇게 되면 그 사람의 태그는 방문객들에게 그 페이지를 찾는 데 도움을 주지 못할 것이다. 한편, DNA에 대한 정보를 추적하는 학자는 너무 광범위해서 자신에게는 별 도움이 안 돼도 새로이 해독된 유전자 배열에 대한 페이지를 'DNA'라는 태그를 붙이기로 결심할 수도 있다. 왜냐면 그 사람은 전 세계 유전학자들이 만든 태그의 흐름에 기여하길 바라기 때문이다.

명확한 내용을 기초로 암묵적인 내용을 재구성하는 컴퓨터의 능력이 점점 증가하면서, 개인을 위한 태깅과 대중을 위한 태깅 간의 대립을 해결할 수 있는 방안이 생겨날지도 모른다. 그러나 모든 사람들이 희망에 차 있지는 않다. 최첨단 기술에 대한 통찰력 있는 개설서인 《발견의 진화(Ambient Findability)》의 저자, 피터 모빌(Peter Morville)은 폭소노미가 같은 내용이나 서열, 다른 의미상의 관계를 처리하지 못하기 때문에 중요한 차원에서는 비참하게 실패하고 만다고 말한다. 그러나 이파리들의 수가 압도적으로 많고 태그가 믿어지지 않을 정도의 숫자가 되면, 생각이 좁고 무미건조한 컴퓨터라도 샌프란시스코에서 어떤 일이 벌어지고 있는지 보고 싶다는 누군가의 요구에 응해, 'SF'라는 태그가 붙지 않은 예술행사들을 보여줄 수도 있다.

여기 네 가지 기본적인 기술이 발생하고 있다.

먼저, 다른 누군가가 예술 페이지를 'SF'로 태그했을 수도 있다. 충분한 수의 사람들이 태깅을 하면, 컴퓨터 시스템은 단 한 사람이 만든 명확한 태그에 의존할 필요가 없다.

두 번째로, 컴퓨터는 사람들이 페이지에 붙인 여러 태그들로부터 배울 수 있다. 충분한 수의 사람들이 페이지에 'SF'와 '금문교', 이

두 가지의 태그를 모두 붙이면, 컴퓨터는 그러한 태그들 사이에 개
연적인 관계가 있다고 추정할 수 있다. 또한 컴퓨터는 'SF'라는 태
그가 붙은 많은 페이지에 '캘리포니아'라는 태그 역시 붙어 있어서
'금문교'와 '캘리포니아' 사이에 어떤 관계가 있을 수 있다고 인지
할 수도 있다. 그리고 '캘리포니아' 태그가 종종 '산호세'나 '로스앤
젤레스'와 함께 사용되고 있다는 점을 발견하게 되면, '캘리포니아'
가 '샌프란시스코'와 '산호세', '로스앤젤레스'를 가지로 갖는 나무
의 뿌리라는 잠정적인 결론을 내릴 수도 있다. 만약 연관관계가 충
분히 강력할 경우 누군가가 'SF'로 태그된 모든 페이지를 보여 달라
고 요청하면, 컴퓨터는 정확히 그 태그를 사용하지 않는 페이지들
도, 예를 들면 예술 페이지를 포함한 페이지들도 보여줄지 모른다.
플리커, 딜리셔스, 테크노라티는 이러한 종류의 '추론 웹'을 이용하
여 사용자들이 찾고 있는 페이지와 사진으로 인도해준다.

세 번째로 컴퓨터가 우리 자신과 우리가 사는 곳, 우리가 아는 사
람들에 대해 더 많은 것을 알기 시작할 수도 있다. 태깅 시스템을 온
라인 사회 네트워크로 교차시키면, 태그들이 무시했던 문맥의 많은
부분들이 다시 찾아질 수도 있다.

네 번째로, 예술 페이지 그 자체 내에 실마리가 있을 수 있다. 그
런 페이지들은 '샌프란시스코 예술 협의회'라고 할 수도 있고 설혹
그렇게 하지 않더라도 섬세한 소프트웨어가 도로명과 개최장소로부
터 도시를 알아낼 수 있다. 이는 도로명이 수백만, 아니 수십억 개의
서류에서 어떻게 분류되는지 봄으로써 이루어질 수 있다. 또한 지명

색인을 만들 경우, 더욱 체계적으로 이루어질 수도 있다. 물론 그 작업은 장소로 이루어진 목록에서 단어를 찾아보는 것만큼 쉽지는 않다. '피어(Pierre)'를 언급한 대부분의 자료들은 아마도 사우스다코타 주의 주도(사우스다코타 주의 주도는 피어다 – 옮긴이)에 대해 이야기하고 있는 것이 아니며, '리틀 록(little rock)'에 대한 언급들도 아칸소 주의 주도(아칸소 주의 주도는 리틀 록이다 – 옮긴이)에 대해 이야기하고 있지 않다. 물론 어떤 자료가 폴란드 국회의 행사에 대해 이야기하고 있으면 그 행사는 폴란드에서 일어난 것이지만 그 행사가 폴란드 대사관에서 개최되었다면, 그 행사가 폴란드에서 일어나지 않았다는 점은 말할 필요도 없다. 자료가 이야기하고 있는 장소를 알아내는 일은 가능성을 판단하는 문제지만, 불가능한 일은 아니다.

물론 컴퓨터가 틀릴 수도 있다. 예를 들어 당신이 캐나다 온타리오 주의 런던에서 쑥쑥 크는 아들, 벤의 사진을 찍고 그 사진에 태그를 붙였다고 하자. '빅 벤(Big Ben)'이라는 그 사진은 영국 런던의 스냅사진 목록에 올라가 있을 수도 있다. 하지만 컴퓨터의 온라인 달력에 응용프로그램이 접근할 수 있다면 그것은 당신이 사진을 찍은 그날, 온타리오 주의 런던에 있었다는 점을 알아챌 수 있다. 또한 그것은 그날이 벤의 생일이었다는 사실도 알 가능성이 있다. 이 모든 정보가 당신의 허락을 받아 단순한 태그들을 명확히 하고 공통점이 없는 줄거리를 연결시키는 데 이용될 수 있다.

플리커의 공동설립자, 스튜어트 버터필드(Stewart Butterfield)는 집단화에 의해 상당히 훌륭한 결과가 발생한다고 말한다. 예를 들면 코 모양에 따라 사진들을 개의 코인지, 고양이의 코인지를 구분할 수 있는 소프트웨어가 아니라, 순전히 태그의 분류와 결합을 근거로 개와 고양이의 코로 따로따로 자동 정리하는 플리커의 시스템을 들 수 있다. 이러한 기술들은 개의 코 사진이나 샌프란시스코로 휴가를 가기 전에 샌프란시스코 사진을 찾고 있다면 충분히 유용하다. 그러나 어떤 약이 간에 미치는 유독한 성질에 대한 주의사항을 놓치면 안 되는 의사라면, 그런 기술들이 충분하다고는 할 수 없다.

플리커는 사이트가 성공하자 야기된 문제가 또 있다. 이미 수억 장의 사진들이 있고, 날마다 거의 백만 장의 사진들이 업로드되기 때문에, 대부분의 사진들이 아주 흥미로운 것은 아니다. 따라서 플리커의 관심사는 플리커 사용자들로 이루어진 대량 시장에 깊은 인상을 안겨줄 사진들을 홈페이지에 보여주는 것이며, 이에 대한 해답이 바로 암묵적인 메타데이터다. 플리커는 어떤 사진이 다른 사용자의 즐겨찾기 목록에 추가된 횟수와 다른 사용자들이 남긴 의견의 수, 의견을 남긴 사람과 사진을 업로드한 사람과의 관계(버터필드는 이렇게 말한다. "자기 엄마의 의견은 모르는 사람의 의견보다 중요하지 않다."), 태그의 수, 사람들이 사진을 본 횟수 등 여러 가지 것들을 주의하여 지켜본다. 플리커에서 사용자들이 다른 사용자들을 친구나 가족으로 명확하게 지적하긴 하지만, 이러한 요인들 중 어느 것도 고의적으로 사진의 '흥미로운 정도'를 높이려는 사용자들에 의해 쉽게 조종되지 않는다. 모든 것이 그들의 행동에 내재되어 있기 때문이다. 그러나 그것만으로도 충분히 플리커는 언제나 흥미로운 사진들을 홈페이지에 올릴 수 있다.

따라서 피터 모빌의 입장은 후퇴할 수도 있다. 태그가 많아질수록 그것은 더욱 유용하고, 의미 있고, 타당하고, 분명해질 수 있기 때문이다. 만약 그렇게 되면, 컴퓨터의 불완전한 추리력은 부분적인 설명일 뿐이다. 부엌에서 쓰이는 잡동사니들이 모여 있는 서랍 속의 모든 물품들이 음식과 관련되어 있다는 사실을 공유하고 있듯이, 전 세계의 뒤죽박죽된 서랍 속의 물품들도 사람들의 관심사와 그 관심사를 이야기하는 방법에 있어 유사성을 공유하고 있다는 이유만으로, 알고리즘은 이러한 의미의 관계를 찾을 수 있다. 컴퓨터는 인간의 관심사와 표현들이 집단을 이룬다는 이유만으로 태그를 모아둘 수 있다.

의미의 범위

표현되지 않은 내용을 이해하기 위해 표현된 내용을 읽는 행위는 인간들만이 하는 일인 듯싶다. 개가 짖을 때, 개는 그 짖는 행동이 정확히 무슨 의미인지 알고 있는지도 모른다. "나한테서 멀어져!", "난 쉬 좀 해야겠어." 개는 짖으며 이렇게 말한다. 그러나 우리 인간들은 말을 하면서 무슨 얘기를 하는지 정확히 아는 경우가 드물다. 우리가 "잠깐만 기다려"처럼 간단한 말의 완벽한 전후관계를 충실히 설명해야 한다면, 단일한 단위들로 시간을 나누고 더욱 급박한 다른 과정으로 어떤 계획된 과정을 방해하겠다는 의도를 달성하기도 전에 포기하고 말 것이다. 각각의 단어는 언어의 전체 규범과 사회적 맥락을 통해 메아리친다. 그러한 메아리가 없으면 우리는 '잠깐만 기다려'의 의미를 알지 못하게 된다. 우리가 말할 수 없고 말하지 않는 내용이 우리가 말하는 내용의 의미를 제공하는 것이다.

따라서 우리가 암묵적인 내용에 관심을 기울이면 그 내용이 명백해지기 때문에, 우리가 말하지 않은 내용이 아니라 말한 내용에 집중하는 건 당연하다. 그러나 그럼에도 불구하고 인간에겐 그 암묵적인 내용에 대해 이야기하는 데 쓰이는 어휘가 있다. 우리는 암묵적인 내용을 맥락(context)이나 배경(background)이라 부르며, 가정(assumption)에 대해 이야기하고 때로는 편견(biases)에 대해서까지 이야기한다. 분명하게 관련이 있는 것은 아니지만, 암묵적인 내용에 대한 또 다른 말로 의미(meaning)라는 말이 있다.

'의미'라는 단어는 인간의 언어에서 독특하게 걸쳐져 있다. 의미의 한쪽 끝에는 사전에서 찾아볼 수 있는 단순한 정의가 있다. 그리고 반대 끝에는 인간의 삶에 가치를 주는 것을 뜻하는 가장 폭넓은 말이다. 그리고 그것을 암묵적인 것으로 생각하는 데에는 그만 한 이유가 있다.

독일의 철학자, 마르틴 하이데거(Martin Heidegger)는 결코 이해하기 쉽다는 비난을 받은 적이 없었는데, 그가 의미에 대해 한 말은 말이 된다. 망치의 의미는 무엇인가? 망치가 못을 박는 데 쓰는 도구라는 사실을 내가 모른다면, 나는 망치가 무엇인지 모르는 것이다. 그런데 내가 아는 모든 것이 망치가 못을 박는 데 쓰인다는 사실이라도, 나는 여전히 망치가 무엇인지 제대로 모르는 것이다. 나는 적어도 못이 목재를 붙이는 데 쓰이는 금속의 스파이크라는 사실은 알아야 한다. 그러나 망치를 안다는 것은 그 범위를 넘어선다. 나는 또한 목재가 나무에서 얻은 재목으로 만든 것이며 나무는 숲에서 자라는 식물이며 식물은 땅에 뿌리를 두고 태양을 향해 자란다는 사실을 알고 있다. 추상적인 방법으로서가 아니라 문자 그대로, 그리고 상징적으로 파악되는 대로 망치를 이해한다는 것은, 경제제도가 존재하여 나무가 재목이 된다는 점을 이해한다는 것이기도 하다. 그리고 망치가 무엇인지 파악한다는 것은 인간이 신이 아니기 때문에 필요한 물건이 있어서 의도를 갖는다는 점을 이해한다는 것을 의미한다. 그것은 망치로 못을 때릴 때 나는 소리를 기억하고, 아마도 그 판이 반응하며 내보내는 냄새를 기억하는 것이기도 하다. 이 모든 것이 망치를 이해하는 데 포함되어 있다고 하이데거는 말한다. 어떤 특정한 사물의 의미는 우리가 세상이라고 부르는 암묵적인 내용들로 이루어진 연결망에 의해 생기는 것이다.

하이데거의 의미에 대한 견해는 익숙하기도 하고 낯설기도 하다. 그의 견해가 익숙한 것은 우리가 어떤 사건의 의미에 대해 이야기할 때, 대개 그것이 더 넓은 맥락에 어떻게 들어맞느냐를 언급하고 있기 때문이다. 그리고 낯선 경우는 우리가 너무나도 자주 사전적 정의에서 의미를 갖는 소리나 글로서 말을 생각해왔기 때문이다. 그러나 우리는 정말로 난처한 경우에만 단어들을 찾아본다. 우리가 어떤 단어를 들을 때, 그 단어를 사전적 정의로 바꾸지 않는다. 예를 들면, '안녕'을 '명사. 흔한 인사'로 바꾸지 않고, 대신 그 말의 연상되는 부분, 반향, 의도, 연관성을 듣는다. 그러나 그 모든 것이 암묵적이기 때문에 하이데거가 망치를 태양과 경제에 연결시켰을 때 이상하고 정도가 지나치게 느껴지는 것이다. 그럼에도 불구하고 나는 그의 주장이 옳다고 생각한다. 관계들로 이루어진 그 암묵적인 연결망이 세상의 사물들에 의미를 부여하기 때문이다.

철학자인 앤디 클락(Andy Clark)이 자신의 책, 《거기에 있기(Being There)》에서 주장했듯이, 인간은 사고를 세상으로 확대시켜왔다. 수학자는 산수를 구체화하고, 책은 기억을 구체화했다. 마셜 맥루한(Marshall McLuhan)이 가르쳐준 대로, 때때로 구체화 과정은 구체화되는 사물을 변화시켰을 뿐 아니라 확대시켰다. 책이 지식을 복도나 층, 대륙별로 떨어져 있는 다른 책들과 앞뒤 참조로 연결되는 별개의 주제들로 나누는 방식 또한 변화되고 확대되었다. 그 결과 책은 전문가들이 그랬던 것처럼 지식을 담는 용기가 되었다.

비슷하게, 데이터베이스는 사실의 기억장치를 구체화하고 변화시켰다. 컴퓨터 시대가 오기 전에 조그만 상점 주인은 물품 명세서 일지를 기록했다. 정보를 데이터베이스에 옮겨놓게 되면서, 과거와는 다르게 같은 열들이 모든 제품 엔트리를 규정하는 방식으로 표준화되었다. 또한 가게 주인은 종이로 된 일지에선 모호했던 관계를 볼 수 있게 되었다. 주말이 오기 전에는 언제나 우유 수요가 높아지고,

백포도주가 인기를 끄는 동안은 맥주 판매가 줄어들었다는 사실과 같이, 업무 일지에서 여러 페이지로 분리되어 있는 두 가지 사실들은 가게 주인이 데이터베이스를 통해 정확한 보고서를 만들어내면서 눈에 띄게 두드러질 수 있다. 종이가 가진 물리적 성질은 이제 더 이상 이해력에 방해가 되지 않는 것이다. 하지만 데이터베이스가 제공하는 이해의 유형은 그 콘텐츠의 성질에 따라 제한받아, 단절된 사실들이 정확히 표현되는 수준에 머물고 있다. 따라서 가게 주인은 데이터베이스를 이용하여 만약의 사태에 대비한 재고 수준을 다룰 수는 있지만, 아침 손님들이 집에서 TV 뉴스를 보고 나온 뒤에는 평소보다 변덕을 부리기 때문에 신문을 많이 사지 않고 커피를 더 사는지 여부는 이해하지 못한다.

이제 세 번째 체계에서 우리는 의미를 구체적으로 표현하고 있다. 우리가 정보의 디지털화와 연결을 '정보 고속도로' 나 거대한 도서관으로 표현하면 이 점을 놓칠 수도 있다. 그보다 더욱 중요한 일이 벌어지고 있다. 세 번째 체계에서 콘텐츠와 메타데이터는 모두 디지털이다. 이 덕분에 우리는 작가들이 의도했든 독자들이 만들어냈든, 아니면 기업들이 광고를 했든 고객들이 만들어냈든, 어쨌든 생겨난 관계들을 통해 어떤 콘텐츠든 다른 콘텐츠와 접목시킬 수 있게 되었다. 그 결과, 디지털로 된 잡동사니는 이전의 잡동사니들과 근본적으로 달라진다. 가능성의 가치 즉, 디지털로 된 잡동사니를 정리하는 암묵적인 방법들은 그것이 어떤 학자가 개념과 사실을 통해 어떤 질병의 치료책을 제안하는 방법이든, 어떤 시민이 정부의 법률과 정책을 검색해보는 방법이든, 고객이 어떤 기업의 제품들을 훑어보고 가장 마음에 드는 물건을 정확히 사는 방법이든 관계없이, 어떤 개개의 현실화된 가치를 축소시킨다.

우리는 링크별로, 태그별로 이 연결된 잡동사니를 만들어가고 있다. 그것의 가치는 그 잡동사니를 의미의 인프라스트럭처(infrastructure of meaning)로 바꾸어놓는 암묵적인 관계에서 찾을 수 있다. 거기서부터 우리는 그 잡동사니를 세계 최대의(그리고 가장 엉성한) 데이터베이스로 취급하면서 지식을 파낼 수 있다. 우리는 일련의 표준화된 세로줄을 제안한 다음, 거기에 맞지 않은 것은 모두 없애버림으로써 데이터베이스를 만들어낸다. 디지털로 된 잡동사니에 홍콩의 시장 선호도에 대한 보고서로부터 홍콩의 신설 지점 오프닝 행사에서 연주한 악단의 MP3에 이르기까지, 상상할 수 있는 모든 것을 보태고 있다. 그리고 단순히 데이터베이스에 대한 통계상의 분석을 통해서만이 아니라 링크와 태그, 재생 목록 등 상상하고 만들어낼 수 있는 모든 인간적인 방법을 통해 이파리들을 연결시키며, 데이터베이스가 벗겨낸 제한 없는 맥락을 다시 추가한다. 따라서 우리는 인구 4만 이상의 도시에서 판매량이 감소하고 있음을 보여주는 통계상의 경향을 짚어낼 수 있을 뿐 아니라 그 이유를 말해주는 고객들의 블로그를 읽을 수 있다. 연구 및 개발부의 학자들은 구글 검색을 통해 정보를 찾을 수 있을 뿐 아니라 그것을 태그하고 여러 부서, 심지어는 여러 기업들의 학자들과 매일 공유할 수 있는 정보와 설명, 생각의 스트림을 만들어내고 있다. 이러한 의미의 인프라스트럭처는 언제나 존재하며 이용할 수 있기 때문에, 우리는 우리가 찾는 정보와 우리가 만나게 되는 개념들의 맥락을 설명할 수 있다. 그것은 기업들이 새로이 얻은 최대의 자산이다. 그것이 고객과 제휴기업, 경쟁기업 모두에 의해 공유되기 때문에 이 환경에서 성공하는 기업이란 그 자원을 가장 철저하고 가장 영리하게 포용한 기업일 것이다.

의미의 디지털 웹은 그것이 비즈니스 차원을 넘는 그 이상의 것을 다루기 때문에 기업에 가치를 갖는다. 우리는 단지 종업원과 고객으로서가 아니라, 우리의 현재 모습인 시민, 부모, 연인, 예술가로서 그것을 만들어내고 있다. 바로 그 때문에 이 디지털 웹이 그토록 풍부하고 충만해 있는 것이다. 의미의 모든 현상은 잡동사니로부터 생겨날 것이며, 5행속요(limerick, 아일랜드에서 유행된 시)로부터 시장으로, 신제품에서 시와 평화에 이르게 될 것이다.

9장
지저분한 게 좋다
Everything is Miscellaneous

Everything is Miscellaneous

1947년 이후로, 3월의 어느 지정된 날이면 열성적인 예비신부들은 보스턴의 유명 의류매장인 파일린즈 베이스먼트(Filene's Basement) 바깥에 줄을 서왔다. 지역의 TV 뉴스에서 '무자비한 공격(feeding frenzy)'이라고 불리는 이 대소동은 9천 달러짜리 웨딩드레스를 겨우 249달러라는 가격에 구입할 수 있기 때문에 벌어지는 것이다. 예비신부들은 복도에 모여 가운을 입어보고 서로 옷을 바꾸기도 한다. 몇 분 만에 선반은 텅 비어버린다. 마치 수류탄이 터진 듯, 테이블과 바닥에는 가운과 옷들이 여기저기 흩어져 있다.

이는 첫 번째 체계가 보여주는 지저분한 모습이다.

의료 기록은 두 번째 체계의 난잡함을 보여준다. 모든 병원과 진료소는 각자 컴퓨터 시스템에 환자의 정보를 기호화하는 나름대로의 방식을 지켜왔다. 어떤 병원들은 퍼스트 네임을 '퍼스트 – 네임(First-Name)'으로 표시하는가 하면, '네임01(Name01)'로 부르는 곳도 있고, 이메일을 기록하는 병원이 있는가 하면, 그렇지 않은 병원도 있다. 병원 기록들이 서로 같은 구조로 정리되어 있지 않기 때문에 의사들은 전자정보를 교환하는 대신 여전히 팩스로 다른 병원의 의사들에게 자료를 보낸다. 더욱이 어떤 환자가 그 시스템을 따라 움직여 가다 보면, 이전 진료소에서의 기록을 다른 새로운 진료소로 자동적으로 연결시켜줄 방법이 없다. 혼란스러운 두 번째 체계는 본래 황당무계한 메타데이터다.

첫 번째와 두 번째 체계의 정신없는 상태를 해결해가면서 우리는 본래 그래야 하는 대로 상황을 돌려놓기 때문에 기분이 좋아진다. '그래야 한다'는 도덕적인 용어가 의미하듯이, 질서를 복원한다는 것은 정리에 대한 필요성보다 더 깊은, 아니 어쩌면 오래된 타당성과 관련이 있는 듯싶다. 질서를 복원하면서 우리는 세상을 인간에게 어울리는 살기 좋은 곳으로 만들고 있다. 지저분한 상태는 혼란이며, 질서정연함은 사물이 원래 그래야 하는 상태다. 이는 11번째 계명(誡命)으로, 나머지 10계명이 세상을 스스로 균형 잡힌 반반(半半)으로 질서 있게 정리될 수 있게 만들었다.

물론 정리가 잘되어 있으면 실제로 좋은 점이 있다. 바닥에 떨어져 있는 도서관 카드 목록은 아무런 쓸모가 없다. 하지만 작가와 제목, 주제에 따라 완벽한 알파벳순으로 카드를 정리해놓으면, 필요한 책들을 찾을 수 있고 주제를 검색하여 존재하는지도 몰랐던 책을 찾을 수도 있다. 때로는 책을 찾을 수 있게 하기 위해 알파벳순을 어겨야 하는 경우도 있는데, 옥스퍼드 보들리언 도서관(Bodleian Library)의 사서, 토머스 하이드(Thomas Hyde)는 1674년에 '셰익스피어(Shakespeare)'를 'Shakespeare', 'Shakespere', 'Shaxberd' 등 10여 개의 형태와 대담하게 함께 묶어버렸다. 하이드는 알파벳순을 어기면서 철자로 인한 혼란을 잠재웠다.

첫 번째, 두 번째 체계에서 사물들을 깔끔하게 정리하려면 그러한 결정을 내려야 한다. 첫 번째 체계에서, 우리는 물건을 정리하는 한 가지 방법을 선택해야 하는데, 그 한 가지 방법이 모든 사용자와 모든 필요성을 충족시키지는 못한다. 두 번째 체계에서 정보를 정리하는 몇 가지 방법들을 추가로 선택할 수 있지만(예를 들면, 작가뿐 아니라 주제와 제목으로 정리하는 방법), 이는 첫 번째 체계의 정보 대부분을 제외시켜야만 가능한 일이다. 카드 목록은 하나의 책을 가로 12.5센티미터, 세로 7.5센티미터의 카드에 맞게 축소시키는 것이기 때문이다.

그와는 반대로 세 번째 체계는 처음부터 지저분하다. 디지털카메라가 아직 발명되지 않았다고 치고, 지금 막 동네 사진관에서 필름 한 통을 인화했다고 하자. 차에 앉아 사진 24장을 황급히 살펴본 뒤 정말로 끔찍한 사진들, 예를 들면 엄지로 렌즈를 가렸다든지 샐리 고모가 립스틱으로 범벅이 된 사진 같은 것은 내던진다. 집에 와서 나머지 사진들을 필기구를 놓아두는 상자에 옮겨놓는다. 어떤 사람들은 그렇게 하는 데 수십 년이 걸리기도 하는데, 여하튼 그 사진들 중에 가장 좋은 것들을 골라 사진첩에 꽂아놓는다. 그리고 앨범에 어울리지 않는 사진들은 도로 상자에 놔두면, 그것들은 자손들이 옷장에 모셔두기로 결정을 내릴 때까지는 대충 시간 순서대로 조용히, 편안하게 있을 것이다.

상자에 있는 그 잡동사니의 사진들에는 어떤 시점에선 자신이나 가족에게 의미가 있는 사진들이 담겨져 있다. 그것들은 어쩌면 본인은 아닐지라도 자식들에게 기억물이 될 가능성을 가진 소스일 수 있다. 어쩌면 샐리 고모의 그 끔찍한 사진 뒤에 아이들이 찍혀 어렸을 때의 놀라운 추억을 되살려줄 수도 있다.

당신이 자손에게 남겨주는 지저분한 첫 번째 체계의 물건들은 그 신발상자의 가치를 떨어뜨린다. 사진을 더 많이 갔다 넣을수록 어떤 특정한 사진을 찾을 수 있는 가능성은 줄어들고, 그 사진들을 쓸모 있게 만들기는 더욱 어려워진다. 만약 모든 사진과 사진의 내용을 색인으로 만들어 두 번째 체계의 질서를 부여하려고 한다면, 누군가가 모아놓은 사진의 가치를 깨달을 확률은 높아지겠지만 그렇게 하려면 지나치게 힘이 들 것이다. 이 사진들은 앨범에 끼워넣을 가치도 없다고 생각했던 사진들이기 때문이다. 이러한 첫 번째, 두 번째 체계의 잡동사니들이 가진 잠재력은 실현되지 않을 수도 있다.

그러나 디지털 사진을 찍으면 사진 한 장, 한 장으로 세 번째 체계의 지저분함을 쌓아가게 된다. 하드 드라이브에 수백 장, 아니 수천 장의 디지털 사진을 옮겨놓음에 따라 그 지저분한 정도는 더욱더 심해지지만, 그 사진들이 똑똑한 이파리가 되도록 사진들에 메타데이터를 추가한다면 사진들이 가진 잠재력은 더욱 커지며 실현가능해진다. 즉, 그 사진들의 잠재력은 지저분해질수록 커지는 것이다.

그 사실은 에덴동산에서 아담이 아무 생각 없이 땅에 던진 무화과나무 이파리에 몸이 긁히게 된 이후로 '희한한 한 쌍'의 오스카(Oscar)와 펠릭스(Felix) 같은 사람들이 어떤 형태로든 벌였던 입씨름에 종지부를 찍는다. 첫 번째와 두 번째 체계에서는 사물들이 모두 제자리가 있고 사람들이 그 사물을 쓸 때 자리를 벗어나게 되기 때문에, 모든 사람들은 물건을 어질렀다 정리했다를 번갈아 한다. 그러나 세 번째 체계에서 사물들이 있어야 할 자리는 없다. 위키피디아가 존재하는 컴퓨터에서 보았듯이, 비트가 있는 실제 위치는 전혀 중요하지 않기 때문에 담당자들조차도 대개 비트의 소재를 알지 못한다. 이는 완전히 새로운 형태의 혼란이다. 첫 번째 체계에서는 펠릭스가 부엌 살림도구들을 자모순으로 정리하려는 순간 오스카가 들어와 그것들을 모두 빈 맥주 상자에 밀어넣어 버리면, 이 우스운 싸움은 계속해서 이어질 것이다. 하지만 펠릭스가 자신의 디지털 자료에 특수한 숫자 코드를 부여하여 그 자료를 어떤 식으로든 정리하기로 마음먹고, 오스카는 각각의 자료를 처음 봤을 때 자신이 피고 있던 담배 이름을 그 자료의 태그로 붙인다고 해도 상대 룸메이트의 체계에 영향을 주지 않는다. 실제 사물은 건드리지 않으면서도 메타데이터를 정리함으로써 세 번째 체계의 정신없는 상태를 정돈할 수 있다. 그 똑같은 디지털 잡동사니 더미가 오스카에게는 쓰레기매립지처럼 지저분할 수도 있고, 펠릭스에게는 영업 중인 극장처럼 정돈되어 있을 수도 있다.

　더욱 좋은 점은 오스카나 펠릭스, 아담과 이브, 그리고 다른 모든 사람들이 어떻게 파일을 정돈하든 죄다 그 혼란스런 상태에 가치를 보탠다는 점이다. 이 점은 사진을 공유하는 사이트인 플리커에서 제대로 드러난다. 플리커에 사진을 올려놓으면, 이 사이트는 디지털 사진 자체에 숨겨져 있는 메타데이터를 자동적으로 캐치해낸다. 누가 사진을 올렸는지, 언제 올렸는지, 어떤 종류의 카메라를 사용했는지, 카메라 노출 정도와 초점 거리는 얼마인지, 플래시를 사용했는지 등이 모두 파악된다. 그 정보는 2005년 3월, 오후 6시 이후에 실내에서 찍은 모든 사진을 찾으려는 사람에게 유용할 수 있다. 그리고 이는 태그를 붙이고 설명을 쓰고 사진들을 분류하기 전의 일이다. 일단 사진을 올리고 나면 그 사람이 속한 사회집단이 자기들만의 태그를 추가하고, 어떤 사진들은 마음에 든다고 지정하고, 자기 생각을 쓰고, 자신들이 상대방의 사진에 대해 어떻게 느끼고 있는지 알려주는 암묵적인 메타데이터를 남긴다. 플리커가 단순히 어떤 하나의 사진에 대해 이런 사실들을 알고 있는 것이 아니라 플리커에 올라온 수억 장의 사진들과 5억 4천만 개의 태그들에 대해 알고 있기 때문에, 그 사이트에는 혼란 속에 숨겨져 있는 사회적 네트워크를 바꾸면서 암묵적인 내용을 표시하는 연관관계와 공통부분을 계산할 수 있게 해주는 광범위하게 연관된 메타데이터 체계가 갖춰지는 것이다.

플리커는 잠재력이 더욱 풍부해지고 매일 더 유용해지는 혼란한 상태다. 예를 들어, 플리커가 뉴욕시 사진을 검색할 때 '브로드웨이'라고 표시된 사진들을 보여줄 수 있도록 지명사진을 추가한다면 플리커는 나머지 사진들로 교차될 수 있는 더 많은 메타데이터를 갖게 될 것이다. 만약 얼굴 인식 소프트웨어를 추가한다면 더 많은 관계가 이용가능해질 것이다. 메타데이터가 많아질수록 잠재력은 더욱 복잡해지고 더욱 풍부해진다. 세 번째 체계의 어지러움은 엔트로피를 뒤집어 지저분해질수록 더 많은 의미를 갖게 되고 더 많은 관계들이 내재될 수 있게 된다.

물론 지저분함은 언제나 우리 곁에 있어 왔다. 그러나 인간의 문화는 그에 맞서 싸워왔을 뿐 아니라 그 지저분한 상태를 얼마나 철저히 무력화했는가에 따라 문화의 발전 정도를 평가해왔다.

우리는 모든 것이 다 자기 자리가 있다고 배워왔고, 그 자리들을 분간하고 강요하여 세상을 지배했다. 분명 이렇게 정리 정돈된 체계에 대한 도전이 디지털로 정보를 만드는 과정으로부터 생겨난 것만은 아니다. 앞으로 보겠지만 인간이 실제로 자신의 경험을 분류하는 방법을 연구한 심리학자들이 그 문제를 다룬 이론들이 상당히 잘못되었다. 그러나 그 어느 때보다도 지저분한 상태를 더 심각하게 만들고 더 유용하게 만들 수 있게 해준 것은 바로 디지털 질서다.

1953년 12월, 드와이트 D. 아이젠하워(Dwight D. Eisenhower)는 UN총회에서 핵폭탄을 주제로 다음과 같은 연설을 했다.

이 무기를 군인들의 손에서 뺏는 것으로도 충분하지 않다. 그것은 그 덮개를 벗겨내는 법을 알고 그것을 평화적 기술에 적용하는 법을 아는 사람들의 손에 맡겨져야 한다.

UN을 상대로 그는 핵무기 보유국인 미국과 소련의 핵분열물질을 모아 핵기술을 평화적으로 이용할 기구를 만들자는 요청으로 자신의 연설을 끝맺었다.

그러나 누가 이 새로운 기구를 관리할 것인지, 평화를 유지하면서도 핵무기를 보유할 세 번째 국가가 어디일지는 정해지지 않은 상태였다.

아이젠하워의 요청에 따라 탄생하게 된 국제원자력기구(International Atomic Energy Agency)는 오늘날까지 UN 경제사회이사회에 보고하는 시스템을 갖고 있다. 그러나 이 기구의 조직도는 UN안전보장이사회로 뚜렷하게 이어지는 점선으로 이루어져 있다. 이 가늘고 띄엄띄엄 이어지는 선은 소련 측이 국제원자력기구가 자신들이 거부권을 갖는 UN의 한 기구에 보고해야 한다고 주장했기 때문에 생겨난 것이었다. 종종 그런 것처럼, 단정한 조직체계를 해치는 점선 뒤에는 권력과 그에 대한 두려움이 버티고 있다.

1855년, 다니엘 C. 맥캘럼(Daniel C. McCallum)이 처음으로 그린 현대기업의 조직도에는 점선이 없었다. 맥캘럼이 처음으로 철도회사의 조직을 개편한 사람은 아니었다. 정면충돌사고로 열차의 차장과 엔지니어가 사망한 뒤, 웨스턴 철도회사(Western Rail Road)는 미국 군대를 연상시킬 만큼 서열이 뚜렷한 관리구조로 개편했으며, 곧이어 펜실베이니아 철도회사도 같은 조치를 취했다. 이 두 기업의 조직개편은 웨스트포인트 졸업생들에 의해 주도되었으며, 맥캘럼은 다른 일에 매달린 상태였다.

에리 철도(Erie)는 뉴욕센트럴 철도(New York Central)와의 합병 이후 재정상의 어려움을 겪고 있었는데, 엔지니어에서 시작하여 에리 철도의 총괄감독의 자리에까지 오른 맥캘럼은 철도회사들이 지리적으로 너무 흩어져 있기 때문에 상부의 관리를 받을 수 없다는 점을 깨달았다. 이는 인도에서 싸우는 군대를 일일이 관리할 수 있다고 생각한 로마의 황제와 비슷한 경우였다. 정보는 그저 그렇게 빠르게 흘러갈 수가 없었던 것이다. 따라서 그는 회사를 지역 단위로 나누고 관리자 자리를 더 많이 만들어 그들의 중요성을 더욱 부각시켰다. 역사가 알프레드 챈들러 주니어(Alfred Chandler Jr.)는 맥캘럼이 권한과 책임의 채널은 커뮤니케이션의 채널이기도 하다고 강조했음을 지적한다. 실제로 맥캘럼의 다섯 번째 경영 원칙을 보면, 최초의 현대기업의 도표로 인정받는 그의 조직도가 정보와 권한의 흐름을 섞어놓고 있다는 점을 알 수 있다.

매일 이루어지는 체계적인 보고와 점검을 통해 얻어지는 정보는 최고관리자를 당황하게 만들지 않을 것이며, 부하직원에 대한 윗사람의 영향력을 감소시키지도 않을 것이다.

따라서 보고서는 작성자의 직속상관에게만 전해졌다. 그의 조직도는 정보의 흐름뿐 아니라 공식적인 정보 봉쇄도 이루어내었다.

맥캘럼의 시스템은 효과를 발휘했다. 그의 철도회사는 자사의 기차들이 언제 어디 있는지 정확히 알 수 있었고, 시간을 두고 보고서들을 검토하여 시스템에 존재하는 비효율성을 찾아 제거할 수 있었다. 예를 들면, 회사는 제대로 이용되지 않는 여행지역의 교통량을 늘리기 위해 가격을 조정할 수 있었다. 그 결과 그의 조직도는 유명해졌다. 〈애틀랜틱먼슬리(Atlantic Monthly)〉는 맥캘럼의 아이디어를 칭찬하는 기사를 실었고, 〈미국철도지(American Railroad Journal)〉의 편집자는 한 부에 1달러의 가격으로 복사본을 판매했다. 맥캘럼의 비즈니스에 대한 사고방식이 에리 철도회사의 특색에만 국한된 것이 아니었기 때문에, 그는 복잡한 기업을 하나의 단순한 도표로 나타내는 능력으로 일약 스타가 되었다. 맥캘럼은 기업의 여러 기구들에 자신이 그린 도표에 내재된 특성들을 다음과 같이 부여했다.

- 맬캘럼의 도표는 단순했다. 모든 사람들이 매시간, 매일, 매달 상세한 보고서를 작성해서 누구에게 주어야 하는지 알고 있었다.

- 그것은 한결같았다. 한 상자로 이어지는 선은 다른 상자로 이어지는 선과 같음을 의미했다.
- 조직 내의 사람들 모두 자리를 하나씩 갖고 있었다.
- 그 자리는 하나의 시스템으로서, 시스템 내의 각 파트들은 제대로 규정된 관계를 맺고 있었다.
- 조직도는 시스템을 명확하게 나타내주었다.

단순하고 한결같고 포괄적이며 질서정연하고 명확하다. 이 모든 것이 정돈된 상태를 의미하는 것이다. 그리고 그것의 이점은 분명하다. 기업의 조직도에 대해 얘기하고 있든, 부엌 서랍에 대해 이야기하고 있든 존재하는 물건들을 빨리 찾을 수 있고 새로운 물건들을 기존의 카테고리로 쉽게 받아들일 수 있다. 이는 분류작업이 갖는 생물학적인 목표를 달성하는 데 도움이 된다. 즉, 기존에 세워져 있는 틀에 새로운 것을 동화시킴으로써 항상 변하는 환경을 재빠르게 처리한다는 것이다. 정돈된 환경은 종으로서의 인간의 적응력에 미치는 영향 외에도 정복했다는 의식을 제공한다. 개간지에 세운 건물은 주변에 황무지가 있을 때보다 더 말끔해 보인다. 우리는 질서를 만들고, 무질서는 우리가 통제력을 잃었을 때 발생한다. 정돈은 인간이 가진 지식 시스템의 특징이기도 했다. 린네는 정신없는 창조물의 집을 정리하여 양쪽으로 펼쳐지는 페이지로 된 상자들 세 개에 맞춰 넣었다. 멘델레프는 혼자 화학의 카드게임을 펼치다, 결국 격자무늬 표 안에 원소들을 배치하는 방법을 알아내었다. 듀이는 세계의 서적들에 들어 있는 지식을 10개의 카테고리로 축소시켜, 각각의 카테고리를 10개로 나눈 다음, 다시 10개로 나누었다. 지식은 '희한한 한 쌍'에 나오는 펠릭스의 것이었는데, 그는 그것들을 제자리에 놓았을 뿐 아니라 상상할 수 있는 가장 단순하고 우아한 위치 체계를 고안해내었다.

유감스럽게도 그러한 시스템에서 예외가 되는 것들이 있다. 국제원자력기구의 경우, 핵무기를 보유한 초강대국은 완력적인 외교정책을 통해 자신이 통제할 수 있는 UN산하기구에 점선을 그을 수 있었다. 전통적인 조직도에 점선이 너무 많으면, 그 표는 다시 그려져야 하거나 관리팀이 재배치되어야 한다는 뜻으로 간주될 수 있다. 전통적으로 점선은 실패의 표시이기 때문이다.

그런데 그런 생각이 변하고 있다. 사회관계 지도의 제작자인 발디스 크렙스(Valdis Krebs)가 보기엔, 정돈된 지도는 보여주는 것보다 숨기는 것이 더 많다. 그는 이렇게 말한다. "조직도에는 흰 여백이 많다. 우리 조사팀은 그 흰 여백에서 무슨 일이 일어나는지 알아내고 그곳을 색선으로 채운다." 한번은 크렙스가 누가 누구에게 이메일을 보내고 있는지 분석한 적이 있었는데, 기한보다 늦어진 대형 프로젝트를 담당하고 있는 사람들 사이에 그 색들이 너무 깔끔하게 밀집되고 있다는 점을 발견했다고 한다. 이는 사람들이 다른 부서의 프로젝트 팀원들과 이야기를 나누고 있지 않음을 보여주는 것이었다. 더욱이 소수의 사람들에게만 선이 집중되었는데, 이는 팀원들이 다른 부서의 팀원들에게 직접 가기보다는 자기 부서의 부장들을 통해 질문과 아이디어를 발송함을 뜻했다. 따라서 크렙스의 제안에 따라 그 프로젝트 관리자들은 기존의 관계를 바꾸고 새로운 관계를 형성하기 위해 사람들의 책상을 옮기는 조치를 취했다. 그러자 팀의 분위기가 달라졌다. 너무 많은 선을 받고 너무 많은 이메일을 받았던 부서의 부장들은 자기 본연의 일에 집중할 수 있었고, 프로젝트는 제 궤도를 찾을 수 있었다.

사회관계에 대한 이러한 새로운 지도들은 정신없는 상태가 갖는 가치를 입증해준다. 일반적인 지도에서 각각의 사람은 작은 정사각형으로 표현된다. 일종의 사회적 상호관계를 나타내는 선들은 사람에서 사람으로 뻗어나간다. 어떤 사람들이 중심인지가 즉시 분명해지는데, 그들은 마치 멋있게 터지는 불꽃놀이의 중심처럼 보인다. IBM이 크렙스에게 의뢰하여 어떤 프로젝트가 잘 진행되지 않는 이유를 알아내도록 했을 때, 그는 신속한 조사를 통해 일과 관련된 문제가 있을 때 누가 누구와 이야기를 나누는지, 누가 매일 함께 일하는지, 심지어는 누가 평소에 소문의 진원지인지까지 알아내었다. 그러한 인간관계를 나타내는 지도는 명령과 제어 구조를 담은 단정한 지도 뒤에 존재하는 효과적인 혼잡스러움을 제대로 보여주었다.

크렙스의 지도는 공식적인 권위를 가진 지도들과 대립된다. 1980년대 후반 크렙스는 자신의 고용주인 TRW(미국의 항공우주기지·자동차 부품 제조 업체)를 위해 사회 지도를 만든 적이 있었다. 고위 경영자들 중의 한 사람이 그 지도를 보고 크렙스에게 실수가 있는 게 분명하다고 말했다. 그들이 공군으로부터 고용한 거물급 직원과 연결된 사람들이 극히 적은 대신, 크렙스가 그냥 메리라고 부르자고 한 다른 사람이 사회적 생태계의 중심에 있었기 때문이었다. 처음에 경영자들은 그의 조사가 정확한가를 놓고 논쟁을 벌였다. 크렙스는 이렇게 기억한다.

"나는 우리가 자료를 검토했다고 말했습니다. 그랬더니 침묵이 흘렀습니다. 천장을 뚫어져라 쳐다보는 사람들도 있었고, 자기 신발만 내려보고 있는 사람들도 있었습니다. 마침내 어떤 사람이 입을 열고 그 공군에서 온 사람에게 연결된 사람이 많지 않은 이유는 그가 멍청하기 때문이라고 말했습니다."

메리는 그 멍청이만큼 아는 것이 많지 않았지만, 자기 사무실에 들어오는 사람들을 반겼다. 그녀가 자신의 동료들을 알고 좋아했기 때문에, 그녀는 그들이 이미 알고 있는 사실을 설명하느라 시간을 허비하지 않을 수 있었다. 그리고 그녀는 회사가 어떻게 돌아가고 있는지 제대로 파악하고 있었다. "메리와 함께 있으면, 질문 목록과 해결 방법들을 얻어낼 수 있었습니다." 크렙스는 이렇게 말한다. 메리의 정사각형에 들어오고 나가는 선이 단 하나인 단순한 조직도는 그녀의 복잡한 사회관계가 회사에 가져다주는 가치를 표현하는 데 실패했다. 전통적인 조직도에서 그녀는 사무실에 혼자 앉아 있는 거물급 멍청이보다 가치 있게 보이지 않았다. 그 이유는 표준적인 조직도가 실제 업무의 대부분이 완수되는 정신없는 사회적 세계에서 그녀가 하고 있는 주된 역할을 가려버렸기 때문이다.

그렇다면 왜 우리는 일반적인 조직도에 그토록 많은 하얀 여백을 두는 것일까? 크렙스는 다음과 같이 대답한다.

"부분적으로 우리가 복잡한 걸 아주 싫어하기 때문이지요. 우리는 가능한 우리의 삶을 단순하게 유지하려고 노력합니다. 우리가 사물들을 논리적으로 정리해놓으면, 모든 것이 그 구멍 속에 다 들어맞을 것이고 어떤 상황에도 맞설 수 있다고 생각하지요. 아마도 1800년대엔 그런 생각이 옳았을지 모르지만, 이제 우리는 항상 놀라면서 살고 있습니다."

크렙스는 공식적인 권한상의 라인을 무시하는 대화를 가능하도록 하여 얻는 또 다른 결정적인 이득을 지적한다. "네트워크 분석가들은 교차점에서 혁신이 발생한다는 점을 알아내었습니다. 시카고대학의 론 버트(Ron Burt)는 미국의 전자제품 업체인 레이시온(Raytheon)을 연구하여 네트워크 안에 정확히 자리를 잡은 사람들이 그렇게 자리 잡지 않은 사람보다 더 많은 아이디어를 얻을 수밖에 없다는 점을 알아내었습니다." '정확히 자리를 잡다' 라는 의미는 아이디어의 교차점에 서 있다는 얘기다. "어떤 도시의 번화한 교차로에 서 있으면, 물세례를 받을 공산이 더 크지요." 크렙스는 설명한다. 한 기업에서 – 대개 그러한 교차로는 공식적인 조직도에서 보이지 않지만 – 그렇게 복잡한 교차로에 서 있으면 아이디어 세례를 받을 공산이 커진다. 사회적 상호작용의 도표가 얼마나 정신 없는가는 종종 어떤 기업의 혁신 정도를 가늠하는 척도가 된다.

각각의 기업이 하나의 공식적인 조직도를 갖는 이유는, 단순히 효율적인 의사결정 구조를 만들어내기 위해서가 아니라 법적인 이유로 권한의 흐름이 단순하고 명확해야 하기 때문이다. 조직도는 그토록 흰 여백이 많기 때문에 능력을 발휘하는 것이다. 그러나 단순함이 요구하는 빈 공간에, 실제로 얼마나 많은 여러 가지 사회적 네트워크가 존재할 수 있는가? 크렙스는 바로 이렇게 대답했다. "당신은 얼마나 많았으면 좋겠습니까?" 누가 누구하고 일하고 누가 누구와 이야기를 나누며 누가 누구를 알고 누가 누구를 존경하고 누가 누구와 즐거운 시간을 보내는지 지도로 나타내고 싶은가? 메모와 이메일, 인스턴트 메시지, 전화, 복도에서 이루어지는 대화의 경로를 지도로 나타내고 싶은가? 그것들을 항시 지도로 표시하고 싶은가? 사회적 네트워크는 끝부분이 느슨하며, 완벽하고 명확하게 밝히기는 불가능하다. 만약 맥캘럼의 조직도처럼 단순하고 한결같고 포괄적이며 정리되어 있고 명확한 지도를 제안하자는 목표를 갖고 있다면, 누구에게 보고하냐는 단 한 가지 질문만 던져야 한다. 그러나 그것이 본인이 볼 수 있는 전부라면 그 세상은 정돈되어 있지만, 불완전하고 지루하고 오해를 불러일으킬 수 있다.

단순함은 막대한 양의 데이터와 메타데이터를 처리할 수 있는 기계를 개발하기 전에는 유일하게 합리적인 전략이었다. 영리한 기업들은 더 이상 평평한 종이 한 장 위에 2차원의 선으로 그려질 수 있는 내용을 아는 것으로 만족하지 않는다.

아리스토텔레스는 대부분의 아리스토텔레스주의자들보다 크렙스의 지저분한 지도에 더 마음이 편했을지도 모른다.

《정치학(Politics)》에서 아리스토텔레스는 평범한 인간 위에 존재하는 선(善)의 기준을 가정하지 않는 최고의 정치체제를 설명하려고 애썼다. 그가 합리성이 인간의 본질이라고 생각했을지 모르지만, 그는 실제로 인간이 이성과 감정, 욕망으로 섞여 있다는 점을 알고 있었다.

아리스토텔레스는 지식을 다른 기준에 적용했다. 만약 당신이 어떤 정치체제를 제안하고자 한다면, 당신은 사람들을 있는 모습 그대로 다루어야 한다. 하지만 자기 주변의 세상에 대한 진실을 알고자 한다면, 겉모습과 명확하지 않은 경계선에 만족할 수는 없다. 어떤 사물이 무엇인지 알기 위해서는 그 사물의 본질이 무엇인지 알아야 하며(인간은 이성적인 동물이다), 우연히 그 사물의 사실이 된 부분에만 속아서는 안 된다.(인간은 앞에 배꼽이 있다.) 그러한 본질에 대한 명확한 설명이 어떤 사물은 하나의 카테고리에 들어가고 어떤 것은 외면당하는지를 결정한다. 여기에는 번잡한 것은 하나도 없고, 너무나도 정확하고 조화를 이루어 아름다운 질서만이 존재한다.

아니면 아리스토텔레스와 이후의 사상가들이 그렇게 생각했을 수도 있다. 그래서 우리가 인종이나 지식경영, 혹은 블로깅과 같은 것들을 어떻게 정의 내릴지를 놓고 논쟁을 벌일 때도 그렇게 생각한다. 그런데 이렇게 아리스토텔레스처럼 정의를 통해 분류하는 방법이 본질적으로 세상을 다루려는 인위적인 방법임이 밝혀졌다고 가정해보자. 그 방법이 얻어내려고 하는 정리정돈된 상태가 불가능하다고 가정해보자. 지저분함이 인간의 사고에 있어 결점이 아니라 사고를 가능하게 만드는 것이라고 가정해보자.

창문 사이로 비스듬히 스며드는 늦은 오후의 햇빛을 즐기고 있던 심리학자 엘레노어 로쉬(Eleanor Rosch)는 그녀가 하고 있는 작업의 전반적인 의미를 묻는 나의 질문에 이렇게 되받아쳤다. "당신은 그 의미가 무엇이라고 생각하세요?" 그녀는 물었다. 정면으로 앉아 있지 않았거나 편치 않게 차려 입은 사람이 다른 톤의 목소리로 이렇게 말했다면, 그것은 칭찬을 해달라는 요청이었을지도 모른다. 그 질문은 내가 질문했던 것처럼 무례하게 대답을 해주기 싫은 사람의 교묘한 아이디어였을 뿐더러, 내가 여기 왜 왔는지 알아내기 위한 방법처럼 보였다.

나는 허를 찔려 잠시 말을 잇지 못했다. "난 당신이 아리스토텔레스를 말에서 떨어뜨렸다고 생각합니다."

이는 먼지가 켜켜이 쌓인 승마상을 끌어내리는 문제가 아니었다. 내가 아리스토텔레스의 지속된 영향력의 사례를 들어달라고 요청하자, 로쉬는 이렇게 말했다. "지난 이틀 동안 나는 불교가 우리 문화에 전달되는 데 미디어가 끼친 영향에 관한 학회에 참석했습니다. 학회에 참석한 사람들이 계속해서 묻더군요. '먼저 당신이 불교를 정의해주면 도움이 되지 않을까요?' 그들은 아리스토텔레스식의 정의를 말하는 것이었습니다. 만약 그것이 우리에게 필요한 것이라면, 그 학회는 개최될 수도 없었겠지요." 그녀는 계속 말을 이었다. 참고로 로쉬는 UC 버클리 대학의 심리학과 교수다. "내가 아는 한, 일단 주제를 규정하는 작업부터 시작해야 한다면, 어느 대학에서도 가르칠 수 있는 획일적인 강의는 존재하지 않습니다. 학회에 참석한 어느 누구도 불교를 정의내릴 수 없었지만 어느 누구도 그 학회가 무엇을 주제로 다루는지 일말의 의심도 품지 않았습니다."

로쉬는 예기치 않게 뉴기니에 머물렀다가 중요한 깨달음을 얻게 되었다. 그녀가 7살 때 아버지의 축농증을 고치기 위해 가족 모두가 뉴욕 시에서 투산(Tuscon)으로 이사를 갔다가 다시 산 페르난도(San Fernando)로 옮겨갔다. 그녀는 리드 컬리지(Reed College)에서 철학과 심리학을 복수 전공했는데, 그녀의 심리학 교수들이 루드비히 비트겐슈타인(Ludwig Wittgenstein)을 다룬 그녀의 졸업 논문을 못마땅해하는 바람에 그녀는 철학과로 대학을 졸업했다. 사회학과 심리학, 인류학을 결합한 학제 기관인 하버드 사회관계부(Harvard's Department of Social Relations)에서 대학원 과정을 밟고 있을 때, 로쉬는 한 인류학자를 만나 결혼했다. 그리고 이 신혼부부는 뉴기니로 연수를 갔다.

거기서 로쉬는 지역 부족 중의 하나인 다니(Dani)족이 색을 어떻게 분류하는지 연구했다. 색상 분류는 인류학자와 언어학자들에게는 흥미로운 분야였는데, 인간이 느낄 수 있는 750만 개의 색들이 경계가 없어 보이는 자연스런 연속체를 형성하고 있기 때문이다. 그러나 1960년대 말에 브렌트 베를린(Brent Berlin)과 폴 케이(Paul Kay)가 이룬 선구적인 연구의 결과로, 110개의 상이한 언어들에서 기본적인 색상으로 분류된 것이 겨우 11개라는 사실이 알려졌다. 각 문화들이 어떤 색상을 기본색으로 생각하는지에 대해서는 의견이 달랐는데, 러시아의 경우 푸른색을 나타내는 단일한 단어가 없으며 프랑스는 갈색을 나타내는 단일한 단어가 없고 다니족은 놀랍게도 기본색이 두 가지밖에 없었다. 하지만 각국이 분류한 색상 집단들 모두가 11개의 기본색에 들어 있는 듯 보였다. 로쉬는 다니족에게 색깔 있는 천 조각을 보여준 다음 30초 뒤에 몇 개의 색깔 중에서 그 색을 고르게 하고, 새로운 색깔로 그 과정을 반복했다. 그녀는 다니족이 기본색이 아닌 색보다 기본색을 더 정확하게 알아낸다는 점을 알게 되었다. 그 점은 미국인들과 23개의 상이한 언어배경을 갖고 있는 조사 대상들도 그러했다. 따라서 기본색이 몇 개인지에 대해서는 의견이 다를지라도, 색을 가르고 모을 경우에 일부 천 조각은 표준적인 견본으로 인정하고 다른 것들은 그와 유사한 견본으로 인정하는, 다시 말해 이 천은 '완전히' 붉지만, 저것은 불그스레하다고 표현하는 것으로 보인다.

　이는 아리스토텔레스의 생각과는 정면으로 배치되는 것이다. 아리스토텔레스에게 어떤 사물이 어떤 카테고리의 정의를 만족시킨다면 거기에 속하게 된다. 따라서 어떤 카테고리에 속하는 것은 무엇이든 똑같이 그 카테고리의 훌륭한 견본이라 할 수 있다. 결국 그것은 그 카테고리의 본질(essence)을 공유하고 있기 때문이다. 그러나 색의 경우, 우리는 그런 식으로 움직이지 않는 것 같다. 토마토의 붉은색은 붉은색의 훌륭한 예로, 누군가 '붉다'의 의미를 모를 경우엔 그것을 본보기로 알려줄 수 있지만, 가을 단풍잎은 진한 붉은색이거나 오렌지색이 도는 붉은색, 아니면 갈색이 도는 붉은색일 수 있다. 그것은 붉지만, 붉은색의 훌륭한 예는 못 된다.

로쉬는 이것이 더욱 일반적으로 적용될 수 있는지 궁금했다. 물질로 이루어진 세계에서 우리는 아리스토텔레스식으로 물건들을 뭉치고 갈라야 한다. 세탁한 땀복바지는 작업용 바지나 운동복과 함께 보관하게 된다. 하지만 개념상으로 땀복바지는 바지의 아주 훌륭한 예가 아니라 운동복의 훌륭한 예로 분류될 수도 있다.

로쉬는 아리스토텔레스의 대안으로 자신의 대학교 졸업논문 주제였던 비트겐슈타인으로 다시 돌아갔다. 이 시대에 가장 상상력 풍부한 철학가들 중의 한 사람인 비트겐슈타인은 '놀이'의 의미를 물었던 것으로 유명하다. 낱말 만들기 게임이나 포커, 혼자 하는 카드게임인 솔리테르, 축구, 빙고, 그리고 공중에 던진 공을 몇 개나 잡는지 세는 놀이 등 이 모든 것들이 놀이지만, 그것들은 공통된 특징이 단 한 개도 없다. 따라서 사람들이 생각하는 놀이를 모두 포함할 정도로 완벽한 정의는 존재하지 않는다. 대신 놀이는 가족이 서로 닮는 것과 비슷하다고 비트겐슈타인은 말했다. 칼은 식구들의 턱을 닮았고, 칼라는 눈을 닮았고, 칼리타는 귀를 닮았지만, 한 가족에 나타나는 어떤 공통된 특징도 가족의 닮은 점을 공유하고 있는 사람들 모두에게 존재하지는 않는다. 같은 방식으로, 팀이 필요한 놀이가 있고 승자가 있는 놀이가 있고 또 규칙이 있는 놀이가 있지만, 모든 놀이가 갖고 있는 단일한 특징들의 집합은 존재하지 않는다. 따라서 아리스토텔레스식의 '놀이'의 정의는 없다. 그럼에도 불구하고 사람들은 모두 '놀이'란 단어의 의미를 알고 있다.

어떤 것이 명확히 정의되지 않는다고 해도, 그리고 그 경계선이 날카롭게 그어질 수 없다고 해도 확실히 그것의 의미를 알 수 있다. 로쉬는 개념이 확실한 예나 표준으로 정리될 수 있다면 분명한 정의가 없어도 제대로 이해될 수 있다고 생각했다. 그러한 생각은 철학에서 비트겐슈타인의 가족의 유사성이론이 그랬던 것처럼 인지심리학 내에서도 급진적인 생각으로 간주되었다.

로쉬는 표준적인 개념이 어떻게 작동하는지 정확히 조사하기 시작했다. 그녀는 지금 어디에 앉아 있냐는 질문을 받을 경우, 사람들이 '가구'가 아니라 '의자'라고 대답하는지 궁금해했다. 무엇을 운전하는 중이냐는 질문에도 사람들은 '자동차'라고 대답하지, '운송수단'이라고 대답하지는 않을 것이다. 물론 상황에 따라서는 '스포츠카'라고 말할 수도 있긴 하지만 말이다. 어떤 사물이 '의자'나 '자동차'와 같이 기본적인 차원(basic-level)의 개념이 되는 것은 무엇 때문인가?

로쉬는 분류체계가 최소한의 인지능력으로 최대한의 정보를 제공하는 일을 하고 있기 때문에, 의자나 자동차와 같은 기본적인 차원의 사물들이 어느 한 가지 특성을 앎으로써 예측할 수 있는 특성들을 가능한 많이 가진다고 가정했다. 그렇게 해서 무언가가 어떤 카테고리에 속해 있다는 사실을 알면 그것에 대해 더 많은 것을 알게 되는데 이는 자연선택설이 좋아하는 형태의 효율성을 의미한다. 한 편 그녀는 가구나 운송수단과 같은 상위 카테고리들은 서로 극소수의 특성들만을 공유한다고 가정했다. 그녀는 나무, 새, 물고기, 과일, 악기, 도구, 의류, 가구, 운송수단, 이렇게 9개의 카테고리들을 갖고 시험했는데 조사 대상들에게 세 가지 차원(예를 들면 운송수단, 자동차, 스포츠카)에서 생각할 수 있는 모든 특성들을 기재해달라고 부탁했다. 당연히 사람들은 상위 카테고리들의 경우엔 거의 특성을 제시하지 못하고 기본적인 차원의 카테고리에서는 많은 특성들을 제시했다.

그녀는 연구에 박차를 가했다. 의자와 같이 기본적인 차원의 개념을 보여주는 여러 사례들의 개요를 잡아보자. 그것들을 평균하면 일반화된 의자 모양을 얻을 수 있다. 그런 다음 의자와 침대, 소파 등이 포함된 상위개념의 개요에 대해서도 똑같은 과정을 거쳐보자. 기본적인 차원의 의자들의 개요는 일반적인 가구의 개요보다 훨씬 더 알아보기 쉽다. 기본적인 차원의 개념들이 핵심적인 카테고리인 듯 보인다. 그리고 기본적인 차원의 명칭이 상위개념보다 더 자주 사용되며 그것들은 그리 발달되지 못한 문화에서 사용되는 대중적인 분류법의 기초라 할 수 있다. 어린아이가 어른과는 다른 카테고리를 이용하긴 하지만, 심지어는 두 살짜리 아이도 기본적인 차원의 카테고리들로 물건들을 잘 분류한다.(아이들은 4살 정도면, 상위개념들을 96퍼센트의 정확성으로 분류해낸다.) 실제로 다른 실험 결과에 따르면, 사람들은 상위개념의 사물보다는 기본적인 차원의 사물과 이루어지는 실제 상호작용을 더 잘 설명한다. 예를 들어, 의자를 상대로는 앉는 동작을 취하지만 '가구'로는 어떤 동작을 취할 수 있겠는가? 이는 기본적인 차원의 사물들이 단순히 정신적 조작에 연결되어 있을 뿐 아니라 우리의 몸이 세상에서 움직이는 방식과도 연결되어 있음을 의미한다.

그러나 아리스토텔레스식의 나무구조에서 개념들은 단순히 위, 아래에만 다른 개념들을 갖고 있는 것이 아니다. 그것들은 자기 옆에도 다른 개념들을 갖고 있다. 자동차 옆에 트럭, 트럭 옆에 자전거, 이런 식으로 모든 개념들이 '운송수단'이라는 상위 가지로부터 매달려 있다. 그리고 바로 여기서 세상에 대한 인간의 이해방식이 정신 없어지기 시작했다.

"모두는 아니더라도 대부분의 개념들에는 명쾌한 경계가 없다." 로쉬는 인지심리학의 가장 기본적인 가정에 정면으로 반박하며 이렇게 선언했다. 윌리엄 라보프(William Labov)가 그녀를 옹호하며 1973년에 컵과 사발 사이의 경계선은 단순히 그 모양이 아니라 사람들이 거기에 커피를 채운다고 상상하는지, 으깬 감자를 채운다고 상상하는지에 달려 있다는 연구결과를 발표했다. 이후의 학자들은 보다(look), 죽이다(kill), 말하다(speak), 걷다(walk)와 같은 동사들과 '키가 큼'과 같은 추상적인 카테고리에서 같은 연구결과를 찾아냈다. 그러나 심리학자인 윌리엄 제임스(William James)가 어떤 아기가 느끼는 세상을 설명한 것처럼 명쾌한 정의가 없다고 해서 우리가 '지독한 혼란' 속에서 정처 없이 떠다닌다는 얘기는 아니다. 컵이나 사발의 명쾌한 예, 다시 말해 표준을 보게 되면 모호함을 전혀 느끼지 않을 것이다. 비슷하게 우리는 울새가 새의 훌륭한 예라는 데에 동의하지만 타조나 플라밍고, 펭귄은 그렇지 않다. 부엌 의자는 의자의 훌륭한 예지만 콩주머니 의자는 형편없는 예다. 자동차나 트럭은 운송수단의 훌륭한 예지만 스케이트보드는 왜 아닌지 설명하기는 어렵지만 – 훌륭한 예도 아니고 운송수단도 전혀 아니다. – 훌륭한 예, 즉 표준은 아리스토텔레스의 생각에 본질과 정의가 필요했던 세상을 정리하는 일을 한다.

물론 어떤 물건들이 표준인지는 문화마다 상대적이다. 연구조사에 따르면, 미국인들은 가구의 가장 훌륭한 예를 의자와 소파로 생각하지만, 독일인들은 침대와 테이블이 가구에 해당하는 독일 단어(Mobel)의 가장 훌륭한 예라고 생각한다고 한다. 그러나 표준의 관점에서 우리가 생각하는 것은 상대적이지 않아 보인다. 어떤 문화 안에서든, 울새와 같은 한 종류의 새가 새들 중의 표준이 되고, 펭귄과 같은 또 다른 새는 표준이 되지 않는 것은 무엇 때문인가? 로쉬는 표준이 표준이 아닌 것들보다 같은 집단 내의 다른 사물들과 더 많은 공통점을 갖고 있을 거라고 가정했다. 비트겐슈타인의 가족 유사성을 생각해보자. 만약 카를로스가 표준적인 가족 구성원이라면, 그는 그 가족 특유의 특징들을 더 많이 갖고 있을 것이다. 높은 앞이마에, 삐딱하게 웃고, 주름진 검은 눈과 꼬마 요정 같은 귀를 가지고 있다. 가족 특징은 사촌인 칼라에게도 있지만, 그녀에게선 그 특징들이 그렇게까지 두드러지지는 않는다. 그녀의 귀와 웃는 모습은 가족 특유의 특징을 가졌지만 앞이마와 눈은 아니다. 그녀는 가족의 유사성을 지녔지만 표준은 아니란 것이다. 심리학 개론 수업에 들어온 400명의 학생들을 상대로 한 실험에서 로쉬의 주장은 입증되었다. 그녀는 그 학생들이 상위개념들보다는 기본적인 차원의 단어들에 대한 특징들을 더 잘 짚어낸다는 점을 알았다. 어떤 물건이 자전거라는 점을 알면, 어떤 물건이 운송수단이라는 점을 아는 경우보다 관련된 지식을 더 많이 갖고 있었다. 그 결과들은 또한 비트겐슈타인의 가족 유사성 개념을 강력하게 뒷받침해주었다. 다시 말해, '운송수단'과 같은 상위 카테고리의 요소들이 모두 똑같이 가지는 일단의 특징들은 존재하지 않았는데, 추후에 인터뷰를 한 학생들은 그런 특징들이 있어야 한다고 주장했다고 한다.

로쉬의 연구결과는 먼저 기준으로 시작해서 몇 개의 훌륭한 예를 찾아야 한다고 생각하는, 정의에 관한 지배적인 시각과 극명히 대조되는 것이었다. 정의 대신 표준을 주장하는 시각은 일단 "어, 저기 새가 있네." 하고 표준을 지적한 다음, 그 표준 주변에 다른 것들을 밀집시켜야 한다고 생각한다. 정의에 관한 시각은 날카로운 경계선을 긋는 반면, 표준에 관한 시각은 오직 카테고리로 사물들을 분류할 수 있기 때문에 효과를 발휘하는 것이다. 표준 이론은 인간의 암묵적인 이해력에 의존하며 그 이해된 부분조차 명확하게 밝힐 수 있다고 가정하지 않는다.

때로 명확한 선을 그어야 할 때가 있다. 타고 다니는 잔디 깎는 기계나 전동 휠체어, 배터리가 달린 스케이트보드 등은 운송수단에 속할 수도 있고 아닐 수도 있지만, 차량국(Department of Motor Vehicles)은 누군가 그런 것들을 타고 사무실까지 와서 차량 등록 여부를 물어보면 반드시 예스나 노의 결정을 내려야만 한다. 비록 자의적이고 인위적이라 할지라도, 적어도 제대로 작동할 정의를 규정할 수는 있다. 그러나 경험으로 봐서는 꼭 그런 것은 아니다. 먼저 분명한 예들과 여러 면에서 유사한 점을 바탕으로 정신없는 실제 조직이 생기고 난 다음, 나중에 경계선이 생기는데 꼭 그렇게 해야 할 때만 선을 긋는다. 선이 어디서 얼마나 명확하게 그어지느냐는 누가, 그리고 왜 그 선들을 긋고 있는지와 전적으로 관계가 있다.

이는 제품이나 종업원들을 미리 규정된 카테고리들로 강제로 분류하는 기업이 부자연스런 행동을 하고 있다는 점을 의미한다. 기업은 고객들이 도시 섹션에 속하는 노란 국화꽃 색깔의 니트 모자로 생각할 모자를 스포츠용품에 속하는 오렌지 스키 모자로 주장한다. 그런데 강제적인 분류하지 않고 제품을 뒤죽박죽인 상태로 놔두면, 고객들은 제품을 더욱 효율적으로 찾을 수 있다. 고객들 스스로가 제품에 태그를 붙이도록 허락해주면, 제품은 곧 여러 개의 카테고리로 분류될 수 있다. 아마존과 같은 기업들은 고객들의 검색과정과 유형별 구입과정을 지켜보며, 카테고리 라인 전반에 있는 물품들을 다시 조직한다. 사람들의 능력이 각자 몸담은 부서에 의해 규정된다는 생각으로 재능이 낭비된다.(이는 또한 기업들이 자주 가장 재미없는 사람들, 즉 마케터들의 사내 블로그를 기업의 대표 블로거로 시작하는 것을 의미한다.) 어떤 기업이 빠르게 정돈되어 회계 시스템이 자기 업무를 해낼 수 있게 되면, 연결된 선들로 부서의 경계선을 정신없게 만들어야 한다. 그어진 모든 선은 체계적으로 흐려져야만 한다. 표준으로부터 알게 된 사실은 번잡한 상태가 흠이 아니라는 점이기 때문이다. 그것은 강점이다. 모든 것들을 제자리에 놓아둘 수 없으며, 그 자리라는 게 그저 지금 속해 있는 일종의 자리이기 때문이다. 모든 것은 적어도 조금씩은 한 자리 이상에 속해 있다.

엘레노어 로쉬의 연구는 번잡함이 내부에서 시작한다는 점을 보여주었다. 말하자면 그것은 우리의 본질이며 번잡하지 않게 생각하는 것은 컴퓨터처럼 생각하는 것을 말하며, 다시 말하면 이는 전혀 생각하지 않는다는 것을 뜻한다.

시맨틱 혼란

어떤 기숙사 방이나 정치 스캔들도 월드와이드웹처럼 지저분하지는 않다. 이렇게 말하는 이유는 분명하다. 월드와이드웹을 만들어낸 팀 버너스 리 경(Sir Tim Berners Lee)이 그의 명언에서 밝혔듯이, 웹은 허가가 필요 없는 지대이기 때문이다. 누구든 자신이 원하는 것은 죄다 올릴 수 있고 다른 어떤 것에든 연결할 수 있다. 모두 중앙등록기를 변경할 필요 없고, 허락을 받을 필요도 없고, 새로운 자료를 정확히 어디에 놓으라고 말하는 사람도 없다. 따라서 월드와이드웹은 아무런 계획 없이 성장했고 정확히 그 때문에 미친 듯이 성장했다. 이 겸손한 분에겐 다소 어색한 호칭을 갖게 된 팀 경은 자신이 만들어낸 것을 보고 그것이 좀 더 정돈되기를 바랐다. 그러나 그의 원대한 정화계획인 차세대 지능형 웹, 시맨틱 웹(Semantic Web)은 분류의 요정, 즉, 엄청나게 큰 정리 체계를 만들어 모든 것이 그 안에 들어맞고 아무것도 남지 않게 만드는 체계를 세우려는 인간의 오래된 욕망을 불러 일으켰다. 시맨틱 웹이 엄청나게 지저분한 월드와이드웹과 부딪치게 되면, 우리는 첫 번째, 두 번째 체계와 유사한 기술들이 세 번째 체계를 위해 새롭게 발전될 수 있는지 알게 될 것이다.

버너스 리가 웹에 불만을 갖게 된 원인을 찾아보자면 그가 초기에 만든 소프트웨어 프로그램까지 거슬러 올라갈 수 있다. 사실 이 프로그램은 궁극적으로는 월드와이드웹 개발의 영감이 되었다. 인콰이어(Enquire)라는 이 프로그램은 그가 어렸을 때 찾아낸, 빅토리아시대의 충고에 관한 필독서 《모든 것에 대해 물어라(Enquire Within upon Everything)》의 이름을 따른 것으로, 단순히 어떤 특정한 기계의 부품 목록이나 특정한 프로젝트에서 일하는 사람들 목록을 기록하는 게 아니었다. 그것은 사람들, 부품들, 정보 간에 존재하는 관계들을 추적하여 사용자들이, 예를 들어 어떤 사물이 핸들이라는 점을 알 수 있을 뿐 아니라 그것이 크랭크 부속품의 일종이고, 거기에는 특정한 볼 베어링 부품이 포함되며, 시계방향으로 돌며, 철로 만들어졌으며, 애크미 크랭크사(Acme Crank)에 의해 제조되었다는 점까지 알 수 있게 해주었다. 이를 달성하기 위해 버너스 리는 인콰이어가 '누가 만든'이나 '포함', '사용', '설명', '배경', '유사한'과 같은 관계들을 포함하도록 만들었다.

인콰이어는 유용한 도구가 됐을 수도 있었지만, 영감을 준 월드와이드웹처럼 대단하지는 않았다. 실제로 버너스 리가 처음 인콰이어를 – 로쉬의 표현을 빌자면 – 그것의 '표준'을 자세히 설명하면서 제시한 예는 영묘하고 느슨하게 짜인 웹과 다소 거리가 먼 진공제어 시스템이었다. 그의 해설에서 홈페이지나 전자상거래, 웹로그에 대한 설명은 전혀 없었다. 하지만 버너스 리는 인콰이어가 월드와이드웹이란 아이디어를 생기게 했다고 말한다. 그는 다음과 같이 썼다.

모든 컴퓨터에 저장된 모든 정보가 연결되어 있다고 가정해보자. 내가 내 컴퓨터에 프로그램을 만들어 어떤 것이든 서로 링크될 수 있는 공간을 만들어줄 수 있다고 생각해보자. 그러면 나를 비롯한 어느 누구든 유럽원자핵공동연구소(CERN), 아니 지구에 있는 모든 컴퓨터에 든 모든 정보를 이용할 수 있게 될 것이다.

링크. 이제 우리는 월드와이드웹의 본거지에 들어왔다.

물론 링크 그 자체에는 전혀 새로운 것이 없었다. 1945년 〈애틀랜틱먼슬리〉에 발표된 기사에서 루즈벨트 대통령의 과학 담당 특별 보좌관이었던 밴너바 부시(Vannevar Bush)는 '메멕스(memex)'라고 이름붙인 새로운 기기를 만들자고 제안했다. 이는 개인이 소장한 모든 책과 기록물, 편지를 보관해두는 기기였다. 이 메멕스는 미래의 책상에 부착되어 사용자가 키보드를 통해 접근하면 모아둔 기록물의 마이크로필름으로부터 투사된 상이 그 위에 떠오르게 된다고 했다. 부시는 기사를 읽은 독자들이 감탄할 것을 미리 알아채고 이렇게 말했다. "이 모든 것이 진부하다." 진정한 진보는 '연관색인법(associative indexing)'으로 이루어질 것이었는데, 이는 사용자가 자신의 마이크로필름 색인에서 아무것이나 선택하여 그것들을 연관시킬 수 있다는 얘기다. 이런 방법으로 사용자는 수십 년에 걸쳐 존속되고 공유되는 일반 연관 도서관으로 탄생할 수 있는 '길'을 닦게 되는 것이었다. 35년 뒤의 인콰이어처럼 메멕스 역시 모두 링크에 관한 것이었다.

그러나 인콰이어의 링크와는 달리 메멕스의 링크와 웹의 링크는 A가 B를 가리킨다는 것 이상은 말하지 못했다. 단순히 말하자면 인콰이어는 메타데이터를 가진 똑똑한 링크인데 반해 웹은 멍청한 링크였다. 그렇다면 버너스 리는 월드와이드웹을 제안하면서 왜 인콰이어를 무시했을까? 그 해답은 영감에서 찾을 수 있다. "모든 컴퓨터에 저장되어 있는 모든 정보가 연결되어 있다고 가정해보자." 그렇게 되려면 무엇이 필요한가? 정답은 컴퓨터를 연결해주는 네트워크로, 지금의 인터넷이다. 어떤 서류에 다른 서류의 인터넷 주소를 가리키는 링크를 대주는 방법이 필요했다. 이를 위해 버너스 리는 일련의 문자들을 푸른색 밑줄이 그어지는 링크로 변하게 해주는 HTML을 고안해냈다. 그리고 HTML에 쓰인 서류를 보여줄 수 있는 소프트웨어가 필요하자, 버너스 리는 최초로 웹브라우저를 썼다. 이제 월드와이드웹에 웹의 자료가 되는 그 페이지만 제외하고 모든 것이 자리를 잡았다.

세상이 웹페이지를 쓰기 시작하도록 만들기 위해서는 페이지들을 만들고 연결하는 일이 놀랄 정도로 쉬워야만 했는데, 바로 여기서 버너스 리의 천재성이 제대로 발휘되었다. 그는 관리를 포기하기로 결정했다. 허락을 받거나 분류하지 않아도 누구든 다른 사람과도 연결할 수 있게 만드는 것이었다. 그냥 연결하고 클릭하면 끝이었다. 5년 만에 월드와이드웹은 인간이라는 종의 역사상, 가장 규모가 큰 지적 창작품의 집합체가 되었다. 웹이 전 세계적인 것이 되기까지 버너스 리는 자신의 애정 어린 첫 작품인 인콰이어보다 웹을 훨씬 더 멍청하게 만들어야 했다.

분명 그것은 계속해서 그를 괴롭혔을 것이다. 시맨틱 웹은 비록 삼라만상을 분류하려는 두 번째 체계의 시도를 연상시키는 방법이 동원되긴 하지만, 웹이 메타데이터의 힘을 이용해 똑똑해지는 것을 목표로 삼고 있었다.

버너스 리는 〈과학미국(Scientific American)〉이란 잡지에 시맨틱 웹에 관한 글을 썼는데, 그 글은 피트와 루시의 소프트웨어 대리인들이 자신들의 엄마를 치료하기 위해 복잡한 준비과정을 협상하는 미래의 시나리오로 시작했다. 지역에서 적당한 의사들을 찾아 예약이 이루어졌고, 타고 갈 차량이 자동적으로 준비되었다. 모든 관련된 페이지들이 메타데이터로 태그가 되어 있기 때문이다. 그 소프트웨어는 어떤 의사가 집에서 얼마나 멀리 떨어져 있는지, 그 의사의 전공이 무엇인지, 다음 번 예약 가능한 시간은 언제인지, 버스는 언제 운행하는지 정확히 알아낼 수 있다. 이는 정확히 메타데이터가 어떻게 표현되어야 할지에 대해 엄청난 합의가 이루어졌음을 의미한다. 모든 사람들이 조건에 동의하고 규칙을 따르기만 하면 모든 것이 완벽히 돌아가게 되어 있었다.

이는 합리주의가 가진 오래된 꿈이었다. 포괄적인 시스템을 세워 모호한 부분을 모두 제거하고, 뒤죽박죽된 부분을 최소화하라. 그리고 언어를 기계로 바꾸면 우리의 기계들은 기적을 이루어낼 것이었다. 사람들은 지나치게 속기 쉬웠다. 그것은 계속해서 실패해온 꿈으로, 노력이 부족한 게 아니었다. 그러나 버너스 리는 이번만큼은 자신이 그 풀기 어렵다는 '고르디오스의 매듭'을 잘라낼 것으로 생각했다. 그는 '부모'나 '운송수단'과 같은 개념의 정의들을 중앙에서 통제하지 말라고 말했다. 중앙의 통제는 숨 막히게 만들고, 그런 시스템의 규모와 범위가 커지면 급속도로 다루기 힘든 상태가 되기 때문이었다.

여기서 시맨틱 웹은 버너스 리가 만든 최초의 시스템을 뛰어넘어 거대한 개념상의 진전을 이룬다. 인콰이어는 그것이 연결하는 것들이 받아들일 수 있는 관계에 있어야 한다는 조건을 갖고 있었다. 포함시키고 설명하지만, 돈을 소유하지는 않으며 돈 냄새를 싫어한다는 얘기다. 시맨틱 웹은 관계들의 표준적인 집합이 아니라, 주제에 중요한 관계라면 무엇이든 설명하게 하는 표준적인 방법을 제안했다. 자원기술체계(Resource Description Framework, RDF)라고 불리는 이 표준은 두 용어가 세 번째 용어로 연결되는 '3개 1조, 트리플(triple)'로 메타데이터를 표현하게 해준다. 예를 들면, 자동차는 운송수단의 일종이며, 트리셔(Tricia)는 리처드 닉슨의 딸이라고 표현하는 것이다. RDF는 버너스 리가 인콰이어에 깔아놓은 제한된 관계들을 열어 젖혔다.

그렇게 모든 가능한 관계들과 그것들을 표현하는 모든 방법들이 가능하다니! 누구든 전 세계를 손에 넣을 수 있을 터였다. 그리고 바로 그것을 시맨틱 웹의 옹호자들이 이루려고 애쓰고 있다. 의학이나 천문학, 요리, 우표수집, 국제 금융 등, 어떤 특정한 영역을 설명하는 RDF 트리플은 온톨로지(ontology)라 불리는데, 개중에는 상당히 야심 찬 온톨로지도 있다. 예를 들어 법률 RDF는 법률체계에 관해 1,500개가 넘는 '성질과 존재상태'를 포함하는 '기본적인' 어휘들을 갖고 있다. 법률체계가 생활의 다른 분야에도 영향을 주기 때문에 법률 RDF에는 서류나 계약, 경제, 사건, 위치, 평가, 제품 및 재산에 관한 어휘들도 포함되어 있다. 일어날 수 있는 모든 법률사건에 대한 어휘를 제공하려는 부분에는 '위부행위(AbandonmentAct)'에서 시작하여 '지역제사이트(ZoningSite)'로 끝나는 조치들에 관한 하위 집합이 포함되어 있는데, 각각은 짧게 규정되고 분류되어 있다. 예를 들면, '위부행위'는 일종의 위부사건과 처리행위라고 정리되어 있다. 이에 경쟁하는 법률 온톨로지, LRI 코어(LRI Core)는 더욱 범위가 넓은데, 모든 창조물을 근본적인 차원에서 물질 및 정신, 추상적인 개념들로 분류하는 듯 보인다. 불행히도 그러한 작업들은 전통적인 지식 분류과정에서 직면했던 똑같은 문제들을 다시 만들어내고 있다. 인간의 주제들은 너무 많고 감성적이어서 어떤 상자든 잘 들어맞지 않는다.

"강박감에 사로잡힌 사람들이 일부 있는 것은 시맨틱 웹의 잘못이 아니다." 기업들을 상대로 시맨틱 웹에 관한 조언을 제공하는 팀 팔코너(Tim Falconer)는 이렇게 말한다. 팔코너는 논리의 반대편에서 양극으로 나뉜 이해에 대한 또 다른 분위기를 대표하는 사람으로, 그에게 시맨틱 웹은 '부드러움(smushiness)'에 관한 것이다. 당연히 팔코너는 그 말의 정확한 정의를 제시하는 데 애를 먹었다. 그는 결국 '실용적인 융통성(pragmatic looseness)'으로 정했다. 서른 명의 사람들을 방 하나에 몰아넣고 자신에게 필요하게 될 모든 것을 알아내기보다는 평생을 어떤 일을 하며 그것을 계속 조정해나가는 것이 낫다고 그는 말한다.

팔코너처럼 '융통성 있는' 학자들은 시맨틱 웹이 RDF 트리플을 이용하여 다른 사람들과 나누고 싶은 관계를 표현하는 것이라는 빅 온톨로지(Big Ontology)의 사람들과 의견을 같이 한다. 그러나 팔코너는 그 관계들이 가치를 갖기 시작하기 위해 관계들을 죄다 구체적으로 상술할 필요는 없다고 생각했다. 온톨로지는 여러 영역에 공통적으로 있는 문서들을 다시 사용하여 비트별로 세워질 수 있다. 결국 문서들이 저자들에 의해 쓰였다는 기본적인 관계는 그 사람이 의사든 천문학자이든 빵집 주인이든 우표수집가이든 은행가든 관계없이 적용된다. 따라서 문서와 저자와의 관계를 다시 규정하는 대신 새로운 온톨로지를 구상하는 경우라면, 자신의 온톨로지가 기존의 문서들의 온톨로지를 언급하게 만들고 이미 규정된 관계들을 함께 꿰매는 것이 바로 융통성 있는 방식이다. 그것은 지저분하지만 커다란 영역 내에 내재된 암묵적인 모든 관계들을 한 번에 구분해버리는 거만한 행동은 피한다.

융통성을 추구하는 방식이 구속을 느슨하게 함으로써 시맨틱 웹을 더욱 그럴듯하게 만들었지만 모든 사람들이 만족한 것은 아니었다. 존 프랭크(John Frank)는 자신이 세운 회사인 메타카르타(MetaCarta)가 시맨틱 웹의 불충분함을 보여주는 완벽한 사례라고 주장한다. 메타카르타의 소프트웨어는 지명을 언급한 부분을 찾아가면서 문서의 언어를 분석한다. 그것은 사용자에게 어떤 문서에 있는 '런던' 이라는 단어는 영국의 런던을 가리킬 가능성이 확실히 있으며, 온타리오 주의 런던을 가리킬 가능성도 있고, 또한 런던 브로일(런던의 스테이크 – 옮긴이)을 가리킬 가능성도 있다고 말해준다. 그러나 RDF 트리플은 가능성을 염두에 두고 구상된 것이 아니었다. 그것은 관계가 '누구의 딸' 이라는 표현처럼 간단하다고 가정한다. 그러나 누군가의 딸이라는 것도 그 몇 마디의 표현보다 더욱 복잡하다. 어느 딸이든 붙잡고 물어보면 알 수 있다. RDF가 복잡한 관계를 표현하게 만드는 예비수단들이 있긴 하지만, RDF는 본래 딱 부러지게 분류가 되지 않는(sort of and kind of) 세상을 위해 만들어진 것이 아니었다. 아리스토텔레스는 RDF에 행복해했을 수 있지만, 엘레노어 로쉬는 기뻐하지 않을 것이다.

인공지능이 지금껏 약속한 수준을 따라가지 못한 이유에 대한 재치 있는 설명을 하나 소개하자면, 인공지능의 적용이 성공하자마자 그것이 더 이상 인공지능처럼 보이지 않았기 때문이라고 한다. 같은 일이 시맨틱 웹에서도 일어나고 있다. 기업들은 시맨틱 웹을 이용하고 있지만 이전에 약속한 거창한 방법을 개발해내지 못할 때가 있다. 시맨틱 웹은 의료분야에서는 약속을 지켰다. 그 덕분에 정보를 교환하는 능력이 환자의 치료를 향상시켜 놓았다. 그리고 보건과학 분야에서는 웹을 기반으로 한 화학정보에 대한 다수의 데이터베이스로부터 데이터를 모아 독성약물의 상호작용으로 인한 뜻밖의 사건을 막을 수 있었다. 뉴로커먼스(Neuro Commons.org)는 시맨틱 웹 포맷을 이용하여 신경과학 정보를 온라인에서 이용할 수 있게 했으며, 미 공군연구소(Air Force Research Laboratory)는 해외의 작전공역을 통과하기 위한 통관절차의 속도를 높이는 온톨로지를 개발 중이다. IBM은 RDF를 통해 앞에서 거론했던 LSID를 연결시키고 있는 중이다. 그러나 연구 단계에서 대규모의 시맨틱 웹 응용 프로그램을 얻어내기란 어려운 실정이다. 월드와이드웹은 수억 명의 사람들이 온라인 시스템을 이용하고 수십억 개의 페이지들이 만들어지는 정도까지 발전했다. 이에 비해 시맨틱 웹은 지지부진하게 움직이고 있다. 위키피디아 정도의 속도라기보다는《브리태니커백과사전》의 스케줄에 따라 움직이고 있는 듯 보인다. 유타(Utah)의 최고정보관리책임자를 지냈던 필 윈들리(Phil Windley)는 버너스 리가 속해 있던 '차세대 웹(The Next Wave of the Web)' 위원회에 대한 블로그 포스트 말미에 다음과 같이 결론지었다.

"시맨틱 웹은 여전히 미래 시제로 논의되고 있는 중이며, 그것이 실현되면 정말로 멋지고 대단할 것이다."

한편, 작은 규모의 방식들은 효과를 거두고 있다. 예를 들어, 마이크로포맷(Microformat)은 시맨틱 웹이 가진 일부의 이점을 늘리는, 빠르고 수월한 방법이다. 업계의 거물들이 복잡한 온톨로지의 상세한 내용에 동의하길 기다리기보다 소수의 사람들은 메타데이터의 80퍼센트 정도를 포착하는 마이크로포맷을 설계할 수 있었다. 따라서 완벽하지는 않더라도 곧바로 사용이 가능해졌다. 예를 들면, 일본에서 최대 영화평가 사이트로 꼽히는 한 사이트가 채택한 마이크로포맷은 제품과 오락물 평가와 관련된 메타데이터를 위한 것이고, 연중행사를 위한 마이크로포맷은 야후와 2006년 노벨상 협의회(Nobel Conference)에 의해 사용되었다. 그러나 마이크로포맷이 눈에 띄게 RDF 트리플을 위주로 기반을 잡는 것처럼 보이진 않는다. 그것들은 단지 메타데이터가 담아야 할 내용에 대해 옛날식으로 합의한 것뿐이다.

월드와이드 시맨틱 웹은 너무 야심이 큰 나머지, 듀이와 다른 대규모의 분류법을 괴롭혔던 동일한 문제의 희생양이 되고 있다. 불완전하고 융통성 있는, 다시 말해 지엽적인 노력들을 느슨하게 합치려는 시맨틱 웹은 유망할 뿐 아니라 선호될 것이다. 모호함을 배격한 이음새 없는 전체는 암묵적인 풍부한 의미들도 내버릴 것이다. 그럴 경우, 아이러니하게도 지저분한 월드와이드웹을 정리하려던 팀 경이 목표달성에 성공하느냐를 결정할 열쇠는 충분히 지저분해져야 한다는 점일 수도 있다.

딱 부러지게 분류되지 않는 세계

1930년대 초반에 S.R. 랑가나단은 자신의 콜론 분류법이 컴퓨터가 발명된 이후에야 엄청난 영향력을 행사하게 될 사실을 전혀 알지 못했을 것이다. 다면분류법의 발전으로 사람들은 황급히 만들어진 카테고리의 나무들을 헤집고 다닐 수 있게 되었다. 엘레노어 로쉬도 웹이 그녀의 이론으로부터 필요한 것을 취하면서 랑가나단과 같은 입장에 놓여 있을 것이다. 표준이 되는 예는 콜론 분류법과 마찬가지로 웹에서 찾기 힘든데, 구글과 같은 검색엔진들은 사용자들이 그와 유사한 다른 것들을 찾아주는 결과 리스트에서 페이지를 클릭할 수 있게 해주는 수준에 머물고 있다. 그리고 얼굴 인식 시스템은 먼저 우리가 샐리 고모의 표준이 되는 사진을 고르게 하는 과정을 통해 고모의 사진들을 점점 더 잘 알아보고 있다. 표준적인 예가 웹에 오른 내용들을 정리하는 중요한 방법이 될 것 같지는 않지만, 표준 이론의 기본적인 특성은 이미 디지털 질서에서 상당히 중요성을 가진다. 웹은 아리스토텔레스식의 정의가 아니라 다수의 특성을 기초로 하는 딱히 분류되지 않는 집합들로 가득 차 있다.

딜리셔스를 만든 조슈아 샤흐터는 이렇게 말한다. "어떤 것은 한 카테고리에 73퍼센트가 있을 수 있으며, 그 경계는 분명하지 않다." 아리스토텔레스의 나무구조와 RDF 트리플은 여기에 적응하는 데 어려움을 겪지만, 딜리셔스와 플리커에 만들어지고 있는 공개적으로 이용 가능한 태그들의 집합체인 '태고스피어(tagosphere)'를 이해하는 다른 방법은 없다. 우리는 권위와 규율을 통해 개념들을 분명한 카테고리들로 밀어넣어 왔다. 아래로부터 생겨나고 있는 폭소노미는 모호하다는 점, 여러 개로 분류된다는 점, 딱히 분류가 되지 않는 관계를 갖고 있다는 점과 같은 특징들을 갖고 있다.

예를 들면, 플리커는 '카프리'라는 태그가 붙은 사진들을 이탈리아 섬의 사진과 포드 자동차 사진으로 자동으로 가르면서, 양쪽으로 나뉜 사진들 각각에 추가로 붙은 태그들도 보여준다. 따라서 카프리 섬 집합 옆에는 '이태리', '바다', '섬', '물', '이탈리아', '푸른', '나폴리', '유럽', '보트'가 올라 있는 목록이 나타난다. 이 목록에 오른 처음 세 개는 굵은 글씨체로 쓰여, 통계상의 연관성이 특히 강하다는 점을 가리킨다. 샤흐터의 표현을 빌자면, 카테고리의 73퍼센트를 차지하는 것들이다. 비슷하게 플리커에서 '이태리 사람'으로 태그가 붙은 사진들을 모두 검색해보면, 카프리, 콜로세움, 아스파라거스 고명을 뿌린 구운 돼지고기 요리, 자동차 공장으로 보이는 이탈리아 공장의 매니저, 붉은색 음료, 이탈리아어로 된 고압 전선 표지, 치약이 짜져 있는 멋진 칫솔 사진들을 볼 수 있다. 그러한 사진들 집합은 가족 유사성을 보여주는 진정한 사례들은 아닌데 사진들 모두가 실제로 한 가지 특징 즉, 누군가가 '이탈리아'라고 태그를 붙였다는 점만을 공통으로 갖고 있기 때문이다. 하지만 가족 유사성처럼 무엇 때문에 '이탈리아'가 적합한 태그인지에 대한 성실한 설명은 없다. 이제 토스카나의 사진이 왜 그런 식으로 태그가 붙여졌는지도 분명하다. 따라서 예쁘고 검은 머리의 여성 사진이 이탈리아 사람의 사진인지 이탈리아를 방문한 관광객인지 확신할 수는 없지만, 왜 그 사진에 '이탈리아'라는 태그가 붙었는지는 추측할 수 있다. 절반만 완성된 채로 모여 있는 사진의 경우엔 아마도 그것이 어떻게 조금이라도 관련되었는지조차 알 수 없을 것이다.

이러한 유형의 집합체에는 한 번도 표준적인 예가 있었던 것은 아니지만 로쉬의 표준에 따른 분류법이 갖는 특성들이 엿보인다. 어느 누구도, 어느 컴퓨터 프로그램도, 몇 개의 사진을 선택하여 그것들을 이탈리아의 훌륭한 예라고 인정한 뒤, 다른 사진들과 비교할 때 본보기로 사용하지는 않았다. 그러나 표준 분류법에서처럼 그 집합체는 융통성을 가진다. 그리고 중요한 점은 사진이 누구든 원하는 대로 여러 개의 카테고리에 들어갈 수 있다는 점이다. 실제로 표준적인 예를 중심으로 집합체가 형성되는 대신 표준이 집합체에 나타날 수도 있다. 플리커에 '이탈리아'와 '칫솔'로 태그가 붙은 사진은 상대적으로 적지만, '이탈리아'와 '로마'로 태그된 사진들은 많다. 따라서 플리커가 '이탈리아'의 표준이 될 가능성이 있는 사진들을 분리시키기는 그리 어렵지 않다.

집합체를 만든다고 해서 모든 필요가 충족되지는 않는다. 딱 부러지게 구분이 되지 않는 관계는 항공 교통 관리인이나 뇌수술담당 의사에게는 적합하지 않다. 그리고 집합체를 만드는 것이 웹을 정리하는 유일한 방법 또한 아니다. 앞에서 보았듯이 웹은 정신없는 세 번째 체계이기 때문에 어느 누구든 자신이 원하는 방법대로 웹을 정리할 수 있다. 융통성을 강조하는 사람들과 시스템 설계자들은 웹을 정리하는 다른 사람의 방법을 무시하지 않고도 트리플로 된 것들을 공급할 수 있다. 때로는 트리플이 우리에게 딱 필요한 것일 수도 있다. 아마도 여러 개의 변수를 만들어 RDF가 여러 단계의 관계들을 더 잘 포착할 수 있게 만들 수도 있을 것이다. 모든 트리플과 모든 재생 목록, 모든 하이퍼링크가 이 혼란에 가치를 더해준다. 그리고 그 가치는 전혀 줄지 않는다. 문장을 말한다고 해서 언어가 다 닳아 없어지지 않는 것처럼, 실제로 어느 것도 더러운 상태를 깨끗하게 하지 못한다.

그러나 세 번째 체계의 어수선함이 매번 발을 담글 때마다 다른 헤라클레이토스의 강과 비슷하다면, 우리는 어떻게 사물을 알 수 있겠는가? 로쉬의 표준 이론은 세상을 아는 것이 생각의 집합체를 정확한 정의로 이루어진 단일한 세트로 명확히 나누는 과정을 보는 것이라면 지식은 세상에 대한 축소된 시각이라고 주장한다. 때로 그것이 우리에게 필요한 것일 때도 있다. 하나의 성질(원자 수)로 화학 원소들을 정의함으로써 생명을 구하는 화합물을 만들 수 있다. 그러한 규정은 절대적으로 중요할 수 있다. 그러나 그것들은 예외이며 중요한 전부가 아니다. 하나의 이파리가 여러 개의 가지에 매달려

있을 수 있는 세상에서는 어떤 것이 무엇이라는 점을 발견하기보다
는 73퍼센트를 차지하는 것이 무엇인지를 알아보는 일을 해야 한
다. 무엇을 안다는 것은 이제 더 이상 단순한 것을 보는 것이 아니
다. 그것은 복잡한 세상에서 헤엄치는 것이다.

10장

—

지식이 하는 일

Everything is Miscellaneous

견본번호 1212는 137년 된 각다귀(gnat)다. 하버드 비교동물학 박물관(Harvard's Museum of Comparative Zoology), 곤충학 부서의 영상 기술자인 데이비드 투렐(David Turell)은 핀의 아주 가는 부분을 각다귀와 작은 붉은 꼬리표에 꽂고 있다. 이 꼬리표 역시 137년 된 것이다. 꼬리표가 붉은 이유는 이 각다귀가 그 종을 처음으로 확인해 낸 박물학자에 의해 발견된 실제 생물, 즉 기준 표본(type specimen)이기 때문이다. 두 사람의 박물학자들이 어떤 특정한 각다귀가 글라파이롭테라 데코라 뢰브(Glaphyroptera decora Loew)인지에 의견을 달리 한다면, 투렐이 잡은 핀 끝에 있는 곤충이 그 문제를 해결해줄 것이다. 이러한 견본이나 런던의 린네학회 본부에 있는 견본과 같은 것들이 없다면, 종의 나무구조에는 그 뿌리가 없을 것이다.

각다귀는 붉은 꼬리표에 있는 숫자가 필립 퍼킨스(Philip Perkins) 교수 사무실 서랍에 보관된 여섯 권의 원장 중 하나를 가리키고 있기 때문에 그 권위를 행사할 수 있다. 원장에 그려진 각각의 줄에는 손으로 기입된 내용이 있는데, 시신델라 아메나 리크(Cicndela amoena LeC. 불나방)로 시작하여 35518번인 아칸토셀리스 그리세우스 디에츠(Acanthoscelis griseus Dietz)로 끝이 난다. 퍼킨스는 현재 원장 관리인으로서, 지금까지 3백 개 내지 4백 개를 기록했다. 그가 자신의 기록이 어디서부터 시작했는지 필적으로 알 수 있긴 하지만, 그게 언제인지는 확신하지 못한다. 그가 기재한 내용에는 뒤죽박죽된 세상에서 유용한 메타데이터인 날짜가 포함되어 있지 않기 때문이다.

견본번호 1212는 금속에 의해 비스듬히 박힌 작고 바싹 마른 껍질이다. 투렐은 고해상의 클로즈업 사진을 대여섯 장 찍기 위해 그것을 보호 상자에서 꺼냈다. 물론 디지털카메라다. "이 곤충들 중 일부는 전에 한 번도 완전하게 카메라에 잡힌 적이 없었습니다." 투렐의 상사인 유기생물 및 진화생물학과 교수, 브라이언 파렐(Brian Farrell)이 말한다. 카메라가 한 번에 한 부분에만 초점을 맞출 수 있기 때문에, 소프트웨어를 이용해 몇 개의 인포커스 사진들을 합친다. 이제 모든 털구멍과 수염, 절지동물의 구절(말굽 뒤쪽의 덥수룩한 털 – 옮긴이)을 한 번에 아주 상세하게 볼 수 있다.

투렐은 '1212'를 책상 위의 컴퓨터에 입력하고 그 견본의 기록을 불러온다. 기록을 통해 투렐은 이 특별한 각다귀가 26번 캐비닛의 11번 서랍에 돌아가야 한다는 점을 알게 된다. 그 곤충 위의 두 번째 꼬리표를 보면, 곤충은 1869년에 기증된 것으로 뢰브 컬렉션(Loew Collection)의 소장품임을 알 수 있다. 투렐은 작은 상자 아래에 핀을 도로 찔러놓는다. 이 상자는 곧 금속으로 된 무덤에 돌아갈 것이다. 사진은 많은 사본과 함께 웹에 게시될 것이다. 그 모든 세월을 거친 지금에야 이 종에 대한 지식의 부러지기 쉬운 닻은 보완되었다.

우리는 이 새로운 뒤죽박죽된 디지털 시대에 지식을 외면하는 상황에 처해 있는 게 아니다. 우리는 지식을 너무 잘 알아서 그냥 가게 놔둘 수가 없으며, 실제로 지식을 새로운 화폐로 만들어가고 있는 것이다. 그러나 지식을 건드리는 모든 것과 지식이 건드리는 모든 것이 변화하고 있다. 힘을 잃고 레이더가 정지된 지도를 대체하고 있는 시대의 등대처럼, 전통적인 지식은 단순히 같은 자리에 머물러 있는데도 변하고 있다. 새로운 의문들이 거대한 모습을 드러내고 있는 것이다.

움베르토 에코가 말했듯이 소고기는 여러 가지 방법으로 자르는 것이 가능하지만, 꼬리에 코가 붙은 고기 덩어리를 상상하기란 어렵다. 만약 세상을 나누는 방법이 많다면 우리가 다른 사람들과 같은 방법으로 세상을 가르지 않는다고 무슨 일이 일어나겠는가? 지식이 조각조각 나눠지고 있는가? 우리도 지식과 함께 조각조각 나눠지고 있는가?

뒤죽박죽된 세상엔 주인이 없다. 아무나 세상에 덧붙일 수 있고,

아무나 세상을 나누고, 자기가 좋아하는 방식으로 다시 정리할 수 있다. 자연을 분류하는 방법이 그토록 많다면 주제라는 바로 그 개념은 어떻게 되겠는가?

종이에서 해방된 지식은 이제 풍부한 링크와 예외가 존재하는 방식으로 표시되고 전달되고 보관될 수 있다. 지식은 단순하고 정돈된 상태를 유지할까?

뒤죽박죽된 세상에서 지식은 지식이 아닌 모든 것과 기껏해야 한 번만 클릭하면 닿을 수 있다. 종종 지식과 지식이 아닌 것들이 같은 페이지에 나온다. 지식은 계속해서 특권을 누릴 수 있을까?

마지막으로 처음 시작할 때의 주제를 다시 물어볼 수 있다. 모든 것이 뒤죽박죽이라면, 그렇게 머물면 안 되는 이유는 무엇인가?

파편적인 지식

2004년, 민주당 대선후보지명을 위한 하워드 딘(Howard Dean)의 선거운동이 갑자기 실패했을 때, 그 상황을 설명하기 위해 사용된 은유적인 표현들을 살펴보면 그에 대한 지지가 환상이었음이 드러난다. 거품이 터지면서 민주당이 깨어난 것이었다. 관찰자들은 사람들이 딘을 1위 후보라고 믿게 된 이유가 궁금했다. 하향식의 분류법이 가진 효과에 회의를 품고 있는 클레이 셔키(Clay Shirky)가 보기에 그것은 자기 생각과 같은 사람들하고만 이야기한 지지자들에

의해 생긴 '집단 망상'이었다. 일찍이 법학 교수인 캐스 선스타인
(Cass Sunstein)은 2001년, 자신의 저서인 《리퍼블릭닷컴
(Republic. com)》에서 무제한의 여과 능력으로 인해 지나친 분열
이 발생할 위험이 감지되고 있다고 걱정한 바 있다. "인터넷으로 인
해 수많은 사람들이 다른 사람들과의 예상치 않은, 선택하지 않은
대화 기회를 많이 잃고 있다."고 그는 썼다. 이러한 분열은 단지 인
터넷 때문은 아니다.

백인들 사이에서 가장 시청률이 높은 TV 프로그램 10개와 미국
흑인들 사이에서 가장 시청률이 높은 TV 프로그램 10개를 비교해
보면, 중복되는 프로그램이 거의 없다는 점을 알게 될 것이다. 실
제로 미국 흑인들 사이에서 가장 시청률이 높은 10개의 프로그램
중 7개는 백인들에겐 가장 인기 없는 프로그램이다.

그는 많은 사람들이 대부분 자기 목소리의 메아리만을 더 많이 듣
고 있다는 증거가 나타나고 있다고 말한다. 설상가상으로 선스타인
에 따르면, 이러한 분열은 더욱 극단적이고 양극화된 견해를 갖는
파편적인 집단을 양산해내고 있다고 한다. 알버트 라즐로 바라바시
(Albert Laszlo Barabasi)가 그의 저서 《링크(Linked)》에서 그려낸
하향식의 웹 지도가 이를 증명해주는 듯 보인다. 그 웹 지도는 상대
적으로 소수의 '중심' 사이트에는 연결이 많은 반면, 대부분의 다른
사이트에는 아주 극소수의 라인만이 연결되어 있음을 보여주었다.

몇몇 핵심적인 직원들을 중심으로 더욱 집중되었던 점을 제외하고는 발디스 크렙스의 지도와 비슷하다. 이는 인터넷이 소수의 강연자에 많은 청취자가 몰리는 방송매체의 기본적인 구조를 그대로 보여주고 있는 듯하다. 따라서 모든 사람들이 똑같이 말할 수 있는 장소라는 인터넷에 대한 이상적인 시각은 단순히 쓸모없는 사상가들과 늙어가는 히피들이 만든 공허한 약속에 불과한 듯 보인다.

그러나 예일대학의 경제학자, 요차이 벤클러(Yochai Benkler)는 자신의 책 《네트워크의 부(The Wealth of Networks)》에서 다른 그림을 보여주었다. 벤클러는 웹이 완벽한 평등을 제공하느냐가 아니라 상업적인 대중매체의 일방적인 구조보다 더 많은 평등을 제공하는지를 물어야 바른 질문이라고 말했다. 벤클러 교수는 구조 분석과 사례 연구를 통해 웹이 정적인 지도에서 보이는 것보다 더욱 복잡함을 증명했다. 대개 트래픽이 적고 관심사를 바탕으로 만들어진 사이트들은 자기들끼리만 이야기한다. 만약 충분히 관심을 끌 만한 주제가 전개된다면, 많은 트래픽을 끌어들이는 더 큰 지역 사이트들 중의 하나가 그 주제를 선택할 수도 있다. 이는 그 지역 사이트의 관심사를 공유하고 있는 다른 사이트들의 관심을 끌어들인다. 그것은 반대의 의견을 가진 사이트들의 관심 또한 끌어들일 수 있는데, 그런 사이트를 중심으로 모여든 사이트들 사이에서 관심을 불러일으키게 된다. 개념의 진로는 링크로 이루어진 단순한 지도에서는 보이지 않는, 끊임없는 대화와 동화, 논쟁의 과정을 보여준다. 이는 어떤 조직의 실제 사회적 네트워크가 정적인 조직도에서는 보이지 않는 것과 같다.

벤클러는 하이퍼링크가 단순히 두 개의 사이트를 연결시켜주는 클립이 아니라는 점을 일깨워주었다. 만약 내가 누군가의 사이트에 연결한다면, 나는 아마도 '아무개가 좋은 지적을 했다.' 라든가 '여기 정말로 다른 제품이 있다.' 와 같은 의견을 제시하며 링크할 것이다. 사람들이 직접 눈으로 확인하라는 태도를 보이며, 자기가 쓰고 있는 생각과 의견을 서로 연결할 수 있는 그런 상황은 양극화에 반대로 작용할 것이라고 그는 말한다.(그것은 광고의 단순화와 과장된 표현에도 반대로 작용한다.) 독자들이 지명한 링크로 이루어진 디그닷컴이나 의견을 단 블로그 포스트를 한번 생각해보자. 벤클러가 지적했던 대로, 지도 위의 각각의 '교점(node)'은 그 자체가 기고자 집단을 포함하고 있을 수 있다. 그것은 네트워크 지도의 경우보다 훨씬 더 지저분하지만, 그 지저분함 속에 생각들이 '요점(salience)'에 도달할 수 있는 대화가 존재한다. 그로 인해 인터넷은 양극화시키고 단순화하는 매체가 아니라, 민주적인 제도와 일반 시장을 위한 강력한 세력이 되는 것이다.

많은 사람들에게 웹상의 대화는 그 대화 자체의 성격 때문에 반향실(echo chamber)처럼 느껴졌다. 대화는 언제나 합의를 근거로 이루어진다. 만약 먼저 암묵적으로 설탕이 먹을 수 있는 물질이라는 점에 동의하지 않으면, 설탕 섭취가 아이들을 미치게 만드는지에 대해 이야기를 나눌 수가 없다. 그러한 합의가 기초가 돼야 생각의 차이를 반복적으로 말할 수 있는 것이다. 딘의 사이트에 오른 '하워드

딘은 대통령이 되어야 한다.'는 표현이나 뉴에이지 치료 사이트에 오른 '방향 요법이 효과가 있다.'와 같이, 합의의 기초가 논쟁의 여지가 있는 경우, 외부인들은 서로 의견을 같이 하는 사람들이 모여 서로를 증원하려 한다고 생각할 것이다. 그러나 그것은 대화의 근거를 대화 그 자체로 혼동한 것이다. 같은 입장을 취하면서 차이를 설명해야 이해를 향해 나아갈 수 있기 때문이다.

지식이 아니라 이해는 사람들이 대부분의 대화에서 목표하는 바다. 철학자들은 수천 년에 걸쳐 '아는 것'이 인간의 지적활동 중에서 최고의 활동이라고 말해왔지만, 그것은 자기 주변 사람들의 단순한 의견들을 무시하고 진정으로 믿을 가치가 있는 것을 찾는 데 관심을 갖지 않으면 철학자가 되지 못하기 때문이다. 그것은 요리사에게 가장 훌륭한 감각이 무엇이냐고 묻거나 난봉꾼에게 두 사람이 함께 할 수 있는 가장 훌륭한 행동이 뭐냐고 묻는 것과 같다. 소크라테스 이후의 철학자들은 방 안에 가만히 홀로 앉아 종이 위에 글을 쓰는 모습을 보여주었지만, 대부분의 사람들은 다른 사람들과 이야기를 나누면서 생각을 한다. 대화의 공유된 기반에는 우리가 아는 것들, 아니 우리가 안다고 생각하는 것들이 있지만 그것들은 이야기하기에 정확히 흥미로운 대상은 아니다. 사람들은 대화 속에서 서로 생각했던 바를 크게 이야기하며 이해하려고 애쓴다.

이 대화가 만들어내는 소리는 철학자가 잉크펜대로 종이를 긁는 소리와는 아주 다르다. 종이는 의견을 머릿속으로 밀어넣는다. 하지만 웹은 사람들이 서로 의견을 나눌 수 있도록 준비하기 전에 의견들을 알려준다. 그리고 그러한 대화에서 세상에 대한 다양한 이해를 듣게 된다. 왜냐면 대화는 차이에 의해 번성하기 때문이다. 전통적으로 차이는 지식에 도달하지 못했다는 표시였다. 세상은 한 가지 길이지 다른 길이 아니기 때문에, 지식은 오직 하나일수밖에 없었다. 그러나 언제나 다양한 대화와, 따라서 다양한 이해가 생길 수 있다. 우리는 결코 단 하나의 통일되고, 진실하고, 피할 수 없는 최종의 지식에 눌려 침묵하지 않고 다른 사람과 계속해서 이야기할 것이다.

세상이 뒤죽박죽되기 전에 하나로 통일된 이 지식은 어디에 있었는가?《브리태니커백과사전》에 있었는가? 그것은 훌륭한 백과사전이지만 거기에 모든 것이 담겨 있지는 않으며 거기에 나오는 모든 것이 옳지 않으며 종이로 된 형태는 언제나 구식이며 모든 사람들이 그것을 권위자로 인정하지는 않는다. 그 훌륭한 작품 내에서조차도 지식은 똑같이 신뢰할 만하지 않다. 토머스 제퍼슨이 미합중국을 세우는 과정에서 한 역할에 대한 《브리태니커백과사전》의 평가에 이의를 제기하는 것은 마땅하지만, 그가 1826년에 죽었다는 주장에 토를 다는 것은 그리 온당하지 않다. 비슷하게, 어떤 제품 브로셔의 상세한 설명 페이지에 오른 사실들은 믿어도 되지만, 그 명세서 덕분에 제품이 '세계 최고'라고 주장하는 제조업체에 대해 의심을 갖는 것은 옳은 행동이다. 우리의 지식은 흥미롭지 않을수록 더욱 단순해지고 부인할 수 없게 된다. 한편, 대화는 언제나 시간을 들일 만큼 충분히 흥미로운 것을 다룬다. 우리가 결코 정확히 같은 방법으로 세상을 이해할 수는 없겠지만, 거기서부터 참되고 유용한 이해가

도출되는 것이다. 지식에서 약점인 것이 이해에서 장점이 된다고 할
수 있다.

　그것은 또한 정치적인 이점이 될 수도 있다. 하워드 딘의 선거운
동이 ‘반향실’과 같았다는 주장은 실제로 중요한 긍정적인 업적이
었던 것을 부정적으로 만들어버렸다. 선거운동 담당자였던 조 트리
피(Joe Trippi)는 메시지에 대한 하향식의 통제와 메시지에 대한 집
중된 소유권을 바탕으로, 통상적인 모델을 깨겠다는 점을 명백히 밝
혔다. 그것이 바로 방송매체가 작동하는 방식이고, 정치 캠페인이
작동해왔던 방식이었다. 그러나 딘의 선거운동이 시작되면서, 그런
형태의 선거운동을 벌일 만한 자금이 충분치 않았다. 따라서 트리피
는 제파이어 티치아웃(Zephyr Teachout)과 같이, 정치 조직자들
과 인터넷 혁신자들로 이루어진 뛰어난 참모진을 구성하여 두 가지
방식을 섞기 시작했다. 이들의 선거운동은 지지자들을 매일 쏟아지
는 메시지의 박자에 맞춰 행진하는 보병으로 취급하기보다는, 그들
이 다른 사람을 찾아 공유된 관심사와 지역, 평범한 우정을 바탕으
로 서로 친밀해지도록 뒷받침해주었다. 지지자들에게 어떤 메시지
를 전달하라고 말하는 대신, 지지자들이 각자 자신의 메시지를 만들
어내도록 해주었다. 예를 들면, 운동본부 측이 ‘딘의 사람들
(Deaniacs)’ 모두가 예비선거가 치러지기 전에 아이오아의 선거인
들에게 편지를 쓰자는 한 지지자의 아이디어를 받아들였을 때에도,
일부러 사람들이 참고할 만한 모범 편지를 제공하지 않았다. 선거운
동의 웹 사이트에는 내부 접근이 허용된 지지자가 쓴 것으로 보이는

블로그가 크게 다루어졌는데, 대개 하나의 포스트에는 400개 정도의 의견이 붙었고, 모두 여과되지 않은 솔직한 내용이었다. 지지자들은 그 선거운동에서 감행된 이 모든 방식들을 당연히 신뢰의 표시로 여겼고, 마케터들이 고객에게 원하는 충성과 열정이 보답으로 돌아왔다. 딘은 정책과 조직상의 이유, 그리고 인격적인 이유 때문에 실패했다. 하지만 그는 바로 잡동사니의 힘을 여실히 보여주었다.

구속받지 않는 지식

세계 정치 문제에 있어서 아인슈타인은 전혀 그답지 않았다. 적어도 반드시 그렇지는 않았다. 천재성은 국부적이다. 따라서 모든 영역에서 다시 증명되어야 한다. 라틴어로 된 권위를 이용한 논증(Argumentum ad verecundiam)이라는 오류는 단지 어떤 사람이 한 분야에서 전문가라는 이유로 다른 분야에서도 그 사람에게 의지할 수 있다고 생각하지 말라고 일깨워주기까지 한다.

적당한 규모의 전문적인 지식이라고 하면 어느 정도의 범위를 말하는 것인가? 마치 조사원들을 보내 양 끝을 표시할 수 있는 아주 정확한 대답을 기대한다면, 그것은 바보 같은 짓이다. 그러나 비공식적인 측량법은 있다. 예를 들어, 어떤 연구 분야가 너무 좁아《귀뚜라미의 왼쪽 앞발(The Left Front Legs of Crickets)》이라는 책 한 권을 다 채우지 못한다면, 그것은 하나의 연구 분야로 인정받지 못할 것이다. 한편, 그 분야 내에 《생물(Living Things)》이나 《제 34,756권(Volume 34,756)》과 같은 수천 권의 책이 존재한다면, 자신이 그만큼 넓은 전문지식을 가졌다고 주장하는 사람에 대해 의심을 품게 될 것이다. 전문적인 지식의 범위는 도서관 선반 하나의 길이 정도 된다.

책을 통해 전문적인 지식분야의 규모를 이야기할 수 있다는 것은 결코 우연이 아니다. 어떤 전문가가 '어떤 것'에 관한 전문가여야 하는 것처럼, 책도 '어떤 것'에 관한 것이어야 한다. 전문가처럼 책도 거기에 들어 있는 지식 때문에 인정받는데, 어떤 책이 양쪽 표지 사이의 주제를 공급하는 것처럼 전문가들도 어떤 주제를 다룬다. 학문에 관한 책을 쓰면 그 저자는 전문가로서 증명된다. 마셜 맥루한의 제자들은 심지어 현대적인 지식의 개념과 전문적인 지식은 인쇄기의 발명 때문에 생겼다고 주장하는데, 그들의 주장은 꽤나 그럴 듯하다.

그러나 주제가 무너지면 무슨 일이 일어나는가? 지식이 지도로 제작될 수 있는, 안정된 분야로 나눠지지 않는다면? 그렇게 되면 전문가들은 무엇에 정통해야 하는가? 만약 대가들에게 더 이상 영역이 존재하지 않는다면, 그들은 무엇의 대가인가?

《브리태니커백과사전》이 신중하게 주제를 고르는 이유는 백과사전의 공간이 제한되어 있고, 백과사전의 가치는 신중한 편집 과정으로부터 생기기 때문이다. 그 과정은 어려운 선택을 강요한다. 편집인인 윌리엄 로버트슨 스미스(William Robertson Smith)는 1889년에 완성된 9판을 담당하면서 한 편집위원에게 이렇게 편지를 썼다. "토템

신앙은 중요성이 커지고 있습니다. 우리는 다른 어떤 것을 제외하더라도 그 주제를 위한 공간을 만들어야 합니다." 그가 삭제하자고 한 부분은 '고문'이었다. 한편, 위키피디아는 그러한 구속을 받지 않는다. 언제나 더 많은 하드 디스크를 추가하기만 하면 된다.

위키피디아에는 위키피디아 자체를 포함한 다양한 백과사전의 크기를 비교하는 글이 있다. 2006년 1월, 위키피디아의 영어판에는 1,407,237개의 문서가 있으며, 5억 1천 1백만 개의 단어로 이루어져 있다고 알려졌다. 문서 하나당 363개의 단어가 들어갔다는 계산이 나온다. 한편, 《브리태니커백과사전》의 85,000개의 글은 평균적으로 650개의 단어로 이루어져 있다. 《브리태니커백과사전》에 수록된 글의 길이는 일반적으로 위키피디아에 오른 글의 거의 2배라는 결론이 나온다.

그러나 이러한 비교는 너무 단순하다. 이 두 백과사전에 오른 글들은 지식을 주제별로 구분하는 방식에 있어 아주 다르다. 1970년대에 《브리태니커백과사전》는 '매크로피디아(Macropedia)'라는 이름의 책들을 추가했는데, 몇 개의 주제들을 아주 길게 다룬 것들이었다. 철학적 인류학에서부터 서양 철학의 역사까지, 매크로피디아의 철학 관련 글들에 수록된 단어들을 모두 합하면 184,800개라는 엄청난 숫자가 나오는데 이는 중간 크기의 책, 3권 길이다. 마이크로피디아(Micropedia)라는, 백과사전의 '정상적인' 부분에 기재된 철학 관련 글은 간결하게 279단어로 이루어져 있다. 한편, 세 번째 손을 거친 위키피디아의 철학 관련 글은 4,133개의 단어로 이루어져 있는데, 이는 마이크로피디아에 기재된 글의 15배 정도로 크지만 매크로피디아의 글에 비하면 45분의 1에 불과하다. 그렇다면 위키피디아가 《브리태니커백과사전》보다 철학에 관한 내용이 적다는 얘기인가? 반드시 그렇지는 않다. 위키피디아의 글 쓰는 법 안내문을 보면, 글의 길이를 대략 6천 단어에서 1만 단어에 해당되는 32KB로 제한하는데, 이 원칙은 원래 일부 브라우저가 그것보다 더 큰 파일들을 처리할 수 없었기 때문에 만들어진 것이었다. 하지만 지금은 문체상의 이유 때문에 지켜지고 있다. 이 원칙 때문에 넘치는 내용은 링크를 이용해, 각자의 글로 이동된다. 하이퍼링크는 위키피디아가 철학에 관한 내용을 하나의 주제를 다룬 지붕 아래 놓아둘 필요가 없음을 의미한다. 그것은 모든 내용을 한 자리에 놓아야 한다는 압박감을 덜어준다. 그것은 또한 기본적으로 한 주제의 구성 요소를 바꾸어놓는다.

느슨하게 주제들을 연결한다는 것은 위키피디아가 잡동사니 세계에서 자연스럽게 나타나는 정보의 스프롤 현상을 최초로 보여주는 사례임을 의미한다. 앞에서 살펴보았듯이 여기에는 이점이 있다. 1961년, 《브리태니커백과사전》이 캠브리지의 거물, F.L.루카스 (F. L. Lucas)에게 영국의 작가였던 올리버 골드스미스(Oliver Goldsmith)에 대한 글(유명한 영국의 역사가, 토머스 매콜리가 쓴 글)을 절반으로 줄이라고 명했을 때, 그가 보인 반응을 생각해보자.

백과사전이 점점 유용성을 잃어가고 있다. 사람들이 알고 싶어 하는 것이 알고 싶어 하지 않는 것들에 의해 내쫓기고 있기 때문이다. 3,000년경에는 틀림없이 이 소중한 올리버가 몇 줄로 줄어들 것이다.

1911년 판 《브리태니커백과사전》에서 골드스미스 글은 6천 단어의 길이었는데 최근 판에는 1,500단어로 줄었다.

한편, 위키피디아의 글들은 점점 더 길어지는 경향을 보이고 있다. 예를 들면, 마이크로피디아에 실린 프랑스 가수 에디트 피아프(Edith Piaf)에 대한 글은 248단어로 되어 있는데, 만약 프랑스 샹송에 푹 빠져 있는 사람이 위키피디아에서 그녀에 관한 글을 쓰려고 한다면, 어떻게 248단어에서 멈출 수 있겠는가? 그리고 다른 팬들이 그 글을 읽게 되면, 그녀의 인생이나 그녀가 음악에 미친 영향, 문화 아이콘으로서의 그녀의 역할, 어쩌면 레코드 음악사까지 훨씬 더 상세한 내용을 추가할 가능성이 높다. 위키피디아의 주제들은 마땅히 가져야 할 크기를 갖게 된다.

인쇄로 인해 편집자들은 부자연스러운 결정을 강요당할 뿐 아니라, 주제들의 길이에 상징적인 내용을 추가하게 된다. 예를 들어 《브리태니커백과사전》을 슬쩍 훑어보면, 자바의 도시인 페칼롱간(Pekalongan)에 대한 글은 겨우 109단어로 이루어져 있다. 위키피디아의 페칼롱간 글은 현재 426개의 단어로 이루어져 있고 여기서 컬러사진과 그 지역의 정치까지 완벽하게 다룬 2만 개의 단어로 된 글로 발전하더라도 독자들은 편집자가 미쳤거나 페칼롱간의 부동산에 돈을 투자한 게 틀림없다고 말하지는 않을 것이다. 대신 독자들은 이렇게 생각할 것이다. "와, 이런 곳을 정말로 사랑하는 사람들이 있구나." 하지만 《브리태니커백과사전》에서라면 사정은 달랐을 것이다. 《브리태니커백과사전》에서는 길이가 중요도의 상징이다. 위키피디아에서 길이는 관심과 애정의 표현인데, 그 관심과 애정이 단 한 사람의 것이라고 해도 상관없다. 그리고 위키피디아에서 어떤 단일한 주제의 길이가 많은 것을 이야기해주지 않더라도, 위키피디아는 전체적으로 《브리태니커백과사전》가 보여주는 것보다 세상이 더욱 흥미롭다는 점을 말해주고 있다.

또한 위키피디아는 주제들이 구속된 영역으로부터 터져 나오고 있다는 점을 보여주고 있다. 《브리태니커백과사전》에는 글이 끝날 때 참고문헌을 포함시켜 이 주제가 다른 주제들과 연관되어 있음을 상기시켜주는데, 문자 그대로 뒤늦은 생각이다. 반면, 위키피디아는 링크 때문에 정신을 못 가눌 정도다.

피터 셀러스(Peter Sellers)로 더 잘 알려져 있는 리처드 헨리 셀러스(Richard Henry Sellers. 대영제국최고영예지도자(CBE) 작위서훈)는 영국의 코미디언이자 배우 연예인으로, BBC 라디오 프로그램인 '굿 쇼(The Good Show)' 로 이름을 날리게 된 뒤 성공적인 영화배우로서의 길을 걸었다.

이러한 링크들은 골고루 뿌려진 빵가루가 아니다. 왜냐면 클릭 두 번 만에 전에 아무도 밟아보지 않았고 누구도 예상하지 못한 길을 따라가게 될 수도 있기 때문이다. 날짜나 연도를 클릭해도 1331년 9월 8일에 스테판 듀샨(Stefan Dusan)이 자신이 세르비아의 왕임을 선언했고, 시드 시저(Sid Caesar)와 린든 라로슈(Lyndon Larouche)가 1922년 그날에 태어났다는 사실을 알 수 있다. 이 사람들이 누군지 정확히 모른다면, 그들의 이름 역시 하이퍼링크가 걸어져 있다. 덩굴을 헤치며 다닐 수 있는데 굳이 나무 한 그루를 선택할 필요가 어디 있겠는가?

뒤죽박죽된 체계에서의 주제는 누군가가 관심을 갖고 있는 것이면 무엇이든 괜찮다. 누구든 위키피디아에 글을 올리고, 블로그 포스트를 쓰고 재생 목록을 만들거나 토론을 시작함으로써 주제를 제시할 수 있다. 막연히 정의된 주제들조차도 대개는 사람들을 여기저기 옮겨다니게 하고 주제를 뒤죽박죽으로 만드는 링크를 통해 던져진다. 주제는 경계를 잃어버리고 사람들이 주제에 부여해놓은 위엄의 일부도 잃어버린다. 지미 웨일스는 자신이 좋아하는 위키피디아 카테고리가 소설 속의 돼지들, 소설 속 동물 하위 카테고리라고 말한다. 그는 《동물농장(Animal Farm)》의 스노우볼(Snowball)에서 《샬롯의 거미줄(Charlotte's Web)》의 윌버(Wilbur)까지 줄줄 외우며 이렇게 말한다.

"놀랄 정도로 많이 있습니다. 내용이 진짜로 재미있어요."

그것은 주제가 뒤죽박죽된 체계의 마지막 특징이다. 아무도《브리태니커백과사전》의 주제들이 무진장 재미있다고 얘기한 사람은 없었다.

뒤엉켜진 지식

2006년 5월 15일, 조지 부시 대통령이 국민을 상대로 연설을 했다. 2,537개의 단어를 사용하여 그는 불법 이민에 의해 야기된 문제들을 지적하며 해결책을 제안했다. 그리고 거기에 따라줄 것을 당부했다.

연설이 끝나고 몇 시간 만에 2,400명의 블로거들이('부시와 이민'이라는 키워드로 '테크노라티'가 조사한 내용) 그 연설에 대해 의견을 말했다. 대통령 연설에 들어간 단어 하나당 포스트가 하나인 셈이었다. '퓨어리 랜덤(Purely Random)'이라는 블로그의 마이크 비티(Mike Beattie)는 부시가 텍사스 주지사일 때 이민자들을 지원한 경력이 있다고 지적했고, '블래스트 퍼니스 캐나다 블로그(Blast Furnace Canada Blog)'는 캘리포니아 주지사 아놀드 슈왈제네거가 1년 전에 이민에 관한 부시의 연설에 비판적인 입장을 취했었다는 점을 알렸다. '피크(PEEK)'라는 블로그는 부시가 대통령집무실에서 처음으로 국내정책에 관한 연설을 했다고 지적했다. 블로그들은 대부분 한 가지 점을 끄집어내어, 예상치 못한 결론을 내거나 다른 사람들의 생각과 연결시켰다. 따라서 블로스피어는 대통령비서관들이 이민이라는 험난한 문제를 단순하고 명쾌하게 만들고자 들인 신중한 노력을 허사로 만들어놓았다. 그것은 정치인들이나 말하는 법이지, 유권자들이 말하는 법은 아니기 때문이다.

마케터들 또한 사람들을 위해 세상을 단순하게 만들려고 한다. 마케팅 회사인 지겔 앤 게일은 자사의 웹 사이트에(www.siegelgale.com) 문제를 복잡하게 만드는 대문자나 구두점 없이 '심플이즈스마트(simple is smart)'라고 선언하고 있다. 그 사이트는 자신들이 리만 브라더스(Lehman Brothers)를 '비전이 세워지는 곳(Where vision gets built)'으로, 렉서스를 '모든 순간을 최대한 이용하자(Making the Most of Every Moment)'로, 버클리 음대를 '음악학교가 아닌 곳(Nothing Conservatory About it)'이란 표현으로 한마디로 정리해주었다고 자랑을 늘어놓는다. 헨리 데이비드 소로(Henry David Thoreau)는 단순함을 부르짖었다. 하지만 그는 그 슬로건을 복잡한 책 속에 박아두고는 매일 18번씩 전 국민을 상대로 방송되는 라디오에서 반복하는 짓은 하지 않았다.

이제 마케터들은 고객이 제품에 대해 다른 사람들과 나누고 있는 대화와 경쟁해야 한다. 고객은 세 단어를 계속해서 반복하는 대화는 절대로 하지 않는다. 이는 마케팅이 '고객이 만들어낸 매체'에 대해 관심을 가질 때 가장 중점적으로 다루어야 할 부분 중의 하나다. 에델만 PR(Edelman PR)의 2006년 조사 자료에 따르면, 고객은 어떤 기업에 대해 가장 믿을 수 있는 정보원이 '나 같은 사람'이라고 생각한다고 했다. 이제 고객은 더욱 신뢰할 수 있을 뿐 아니라 더욱 흥미로워졌다고 봐야 한다. 지금 고객은 마케팅 자료를 짓이기고 있다. 다시 말해, 자료들을 패러디로 다시 편집하기도 하고 완전히 어울리지 않는 사운드트랙과 뒤섞어놓은 뒤, 광고를 만든 사람들에게 다시 돌려보내고 있다. 그 과정에서 광고는 처음보다 훨씬 더 재미있어진다. 고객들이 숙맥으로 취급당했던 그 오랜 세월을 복수한다고 생각하면 된다.

과학 역시 단순한 것을 찾아 나섰다. 이탈리아 플로렌스의 아르노(Arno) 강에서 겨우 몇 블록 떨어진 곳에 위치한 과학역사박물관(Istituto e Museo di Storia della Scienza)에는 메디치가의 페르디난드(Ferdinand Ide' Medici)의 요청으로 1588년과 1593년 사이에 만들어진 혼천의가 있다. 혼천의의 중심에 지구가 있는데, 지구 주변은 놀라울 정도로 비대칭적인 방식으로 타래송곳과 톱니바퀴장치로 연결된 고리와 천체 모양의 띠로 둘러싸여 있다. 힘을 들여 기계의 손잡이를 돌리면, 이 규칙적인 우주는 지구로부터 봤을 때 정확히 하늘과 반대방향으로 천체들을 움직인다. 이는 놀이공원의 회전 찻잔처럼, 원 모양으로 회전하는 궤도를 설명함으로써 겉으로 보기엔 불규칙적인 행성의 운동을 그대로 보여준다. 혼천의의 메커니즘이 이토록 복잡한 이유는 우주를 설명하기 위해 고대인들이 가장 단순하고 가장 완벽한 운동이라고 간주했던 원형만을 이용하려 했기 때문이다. 마침내 요하네스 케플러가 행성과 지구가 타원 궤도로 태양 주위를 돈다는 사실을 깨닫자마자, 하나의 단일한 공식이 톱니바퀴장치로 가득 찬 방이 필요했던 이유를 설명하기에 충분했다는 점이 밝혀졌다. 이제 하늘은 더 단순해졌고, 과학자들은 안도의 한숨을 내쉬었다.

물론 과학은 단순하지 않다. 지난 30년간 과학이 복잡성을 인정해오긴 했지만, 그럼에도 불구하고 과학은 다양한 사건에 대한 단일한 이유를 찾아가는 과정에서(모든 행성의 운동을 설명하는 특정한 법칙이나 어떤 병의 여러 사례들 뒤에 있는 특정한 세균과 같은), 더욱더 단순한 설명을 찾으려고 애써왔다. 카오스 이론 덕분에 과학자들은 기후와 같이 개개의 부분들이 실제로 예측하기 힘든 복잡한 시스템을 연구할 수 있게 되었다. 복잡성 이론과 발생 이론은 수많은 단순한 요소들을 기반으로 시스템들이 어떻게 형성되는지를 주시한다. 복잡성 이론을 주장했던 스테판 볼프람(Stephen Wolfram)은 연기가 소용돌이치는 현상으로부터 은하수의 대량생성 현상까지, 이러한 현상들을 단순한 공식 몇 개로 설명할 수 있다고 생각하기까지 한다.

지식에 대한 탐구는 언제나 이렇게 단순성과 복잡성의 양극단에 사람들을 붙들어놓을 것이다. 행성의 타원운동은 천체들의 아름다운 조화를 다룬 것이었지만, 케플러의 발견 이후 100년도 지나지 않아 아이작 뉴턴은 행성이 다른 행성에 가하는 미약한 인력으로 인해 그 완벽한 타원이 어그러지고 있음을 알아냈다. 하지만 그렇게까지 극도로 미세한 부분들은 많은 사람들에게는 중요하지 않기 때문에, 사람들은 다시 적절하게 단순한 내용으로 돌아간다. 지도제작자들이 플로렌스의 관광객 안내 지도에 모든 빗물 배수관의 위치를 표시하지 않는 것처럼 말이다. 한편으로, 정치인들은 개념을 구체적으로 명시하는 법률을 만들어가면서 복잡한 생각을 단순한 표현으로 요약하는 행동을 계속할 것이다. 현재, 학교의 교과과정은 낙오자 없는 교육에 초점이 맞춰지고 있지만, 잠시 내 친구이자 신학교수인 A.K.M. 아담(A.K.M. Adam)의 표현을 빌자면, 일선 교사들은 학생들이 문제를 너무 단순하게 생각하지 않도록 만드는 것이 자신들의 임무라는 점을 알고 있다고 한다. 숙제를 하면서 친구들과 채팅을 하고 있는 학생들 역시 이러한 분위기에 동참할 것이다. 때때로 학생들은 반 친구에게 답을 묻겠지만, 학교에서 내준 숙제를 할 때엔 반대 의견이나 찬성의 의견, 예상치 못했던 관계를 지적할 수도 있다. 일부 선생님들은 학급 웹로그를 만들어, 학생들이 학급의 주제들과 관련된 자료에 연결할 수 있는 링크를 공유할 수 있고 이미 이해가 된 부분은 함께 지워나갈 수 있게 해주고 있다. 학급 블로그들이 함께 복잡해지는 장소가 되는 셈이다.

전통적인 나무구조는 단순성과 복잡성 사이를 오가는 데에 상당히 유용한 도구였다. 그것들은 필요하다면 복잡하게 만들 수 있다는 자신감을 갖고, 앞에 놓인 단순한 물체에 집중하도록 해주었다. 하지만 나무는 단순함을 좋아한다. 하나의 이파리는 오직 하나의 가지에 매달릴 수 있다. 가지들 간의 관계는 모두 동일하며 어떤 특정한 속성이 중요하다. 예를 들면, 과일을 보여주는 나무구조 속에서 바나나는 위에 있는 가지로부터 '과일' 을 물려받지만, '노랗다' 나 '남근 모양이다' 와 같은 것들은 받지 못한다. 이파리들이 실제로 여러

면을 가졌거나 정확히 정의내리기 불가능한데도, 근본적으로 이파리들은 별개의 것으로 취급된다. 나무의 가지 구조가 보여주는 기본적인 포함의 개념 역시 지나치게 일반적이다. ‘국가’에 ‘도시’가 포함되고 ‘배우’에 ‘데이비드 카루소’가 포함되는 방식으로 ‘색’에 ‘붉은색’이 포함되는가? 그리고 ‘바지’나 ‘반바지’에 ‘카프리바지’가 포함되는가? 그런데 개가 마당에 살고 있어도, ‘마당’에는 ‘개’가 포함되지 않으며, 방금 전에 땅콩을 먹었어도 ‘위’에 ‘땅콩’은 포함되지 않는다. 아리스토텔레스가 정한 원칙에도 불구하고 지식은 나무 모양이 아니다. 사람들이 세탁물을 뭉치고 가르는 방식이나 매장의 선반에 물건을 채우는 방식으로 개념을 뭉치고 나누고 했었던 것이다.

하지만 세 번째 정리 체계에서는 자기가 원하는 만큼 개념을 여러 카테고리로 태그할 수 있다. 어떤 것은 한 집단의 78퍼센트가 될 수도 있고, 다른 집단에서는 63퍼센트를 차지할 수도 있다. 세 번째 집단에서는 54퍼센트에 불과할 수도 있다. 다시 말해, 어떤 가능성 있는 팀원은 불어를 상당히 잘할 수도 있고 훌륭한 응용 프로그램 전문가일 수도 있고 사교성이 평범한 정도인 사람일 수도 있고 아주 합당하게 평가된 사람일 수도 있다. 딱 부러지게 분류가 되지 않는 세상에서는 백분율이 100까지 올라가야 할 필요도 없다.

디지털 세계의 차이는 제품에 대한 문의전화를 걸었을 때 들려오는 자동응답시스템의 지겨운 말소리와 실제 사람과 나누는 대화 간의 차이다. 아마도 처음 만난 사람들은 아들의 천식을 주제로 이야기를 시작하다가 나중에는 처음 키운 애완동물 얘기를 하면서 웃게 될 것이다. 때때로 그러한 관계는 그저 재미있는 정도로 끝나기도 하지만, 때로는 고양이 알레르기가 숙면을 취하지 못하는 이유가 된 다는 새로운 사실을 알려줄 수도 있다. 사소한 것으로부터 매우 중 요한 것으로 연결될 수 있는 가능성이 바로 이 새로운 잡동사니 세 상의 특징이다. 우리는 가능한 한 많이, 의미 있는 관계를 바쁘게 만 들어내고 있는 것이다.

사람들이 마구잡이로 이렇게 행동하고 있고, 때로는 그럴 의도조 차 없이 그렇게 행동하기 때문에 경계선이 그어질 때보다 더 빠른 속도로 그 선은 희미해지고 있다. 그리고 이러한 현상은 이미 사람 들에게 친숙해졌다. 처음엔 세상을 그리는 데 8개의 크레파스가 든 상자면 충분했는데, 시간이 지나면서 사람들은 색을 섞어야 했다. 이제 사람들은 모든 분야에 나타난 고정관념을 무시하는 법을 배웠 다. 뒤죽박죽된 세상에서는 모든 생각이 논의를 거치기 때문에 어떤 생각도 오랫동안 단순한 상태로 남아 있지 못한다.

지식이 있을 곳

만약 인간이 이성적인 동물로 정의 내려진다면, 무언가를 알아가 는 과정은 인간 최고의 활동이며 지식은 왕이다. 그러나 세 번째 정 리 체계는 어떻게 생각을 정리하라고 말하는 왕들을 참지 못한다.

 혁명적으로 지식을 체계화하라

따라서 왕의 운명은 다음 세 가지 질문에 달려 있다. 우리가 이미 알고 있는 지식에는 무슨 일이 일어나고 있는가? 지식을 발전시키는 방법에 어떤 일이 일어나고 있는가? 그리고 우리가 만들어내고 있는 거미줄 같은 구체화된 의미의 망에서 지식은 어떤 역할을 하게 될 것인가?

▶ 우리가 알고 있는 지식

사람들은 사실에 관한 정보만으로 가득 찬 인터넷이라는 것을 만들었다. 그들은 전자 키보드로 산출한 연간 수입액을 찾을 수 있지만, 12살짜리 천재가 만든 놀라운 기록물을 다운로드하지는 못한다. 그들은 버스 일정표는 찾아볼 수 있지만, 그 전날 어떤 아이가 어른에게 66번 버스에 대해 말한 내용을 담은 일화는 들을 수 없다. 그들은 정당의 강령과 선거구별 선거결과는 읽을 수 있지만, 펜실베이니아 주에 사는 레즈비언인 농업경제학 박사가 후보자들이 꽂은 꽃에 대해 어떻게 생각하는지는 알지 못한다. 이 상상의 세계에서 인터넷은 사실들의 네트워크로, 오직 사실만을 밝힐 것을 요구하는 조 프라이데이(Joe Friday)경사의 원칙(1950년대 미국에서 방영되었던 형사 드라마의 주인공. "사실만을 말해주세요."라는 대화로 유명하다.) 이 철저히 지켜지는 곳이다.

물론 우리의 인터넷에도 사실들은 있다. 신문에 독자들이 잘 모를 것 같은 나라에 대한 정보를 따로 요약해서 조그만 박스기사로 신듯, 위키피디아의 유명인들에 대한 많은 문서들에는 기본적인 인적

사항들이 포함되어 있는 조그만 박스가 페이지 상단 옆에 있다. 그리고 어떤 평범한 기업의 사이트에서 자기 제품이 '속삭이듯 조용하다.'든지 '먼지가 전혀 묻지 않는다.'고 말해도 사람들은 영리해서 그걸 그대로 믿지 않는 반면, '설계 명세서'라는 칸에 기업들이 제시하는 용적이나 재료를 포함한 사실들은 대체로 믿는 편이다. 우리는 그것들이 논의의 여지가 없는 부분이기 때문에 구분하는 것이다.

사람들이 항상 사실에 대해 의견을 같이 하는 것은 아니다. 그러나 엘레노어 로쉬의 표현대로, 사실들의 표준이 되는 예들은 모든 합리적인 사람들이 동의하는 적당한 수량을 단순하게 표현한 것이다. 따라서 빛의 속도는 사실이 되지만, 세상에서 가장 섹시한 남자는 사실이 되지 못하며 가장 높은 산은 되지만, 가장 긴 단편소설은 안 된다. 그리고 고양이가 매트 위에 누워 있다는 되지만, 애완동물로 고양이가 개보다 낫다는 것은 사실이 아니다. 만약 어떤 문제를 놓고 진지한 토론이 벌어지면 우리는 아직 사실들을 모른다고 말한다. 사실들이 일단 인정받고 나면, 널리 이용될 수 있고 하나씩 샀을 때 너무 가치가 없어서 공급자들이 아주 낮은 가격에나 팔 수 있는 상품인 일용품이 된다. 철물점에서 못은 일용품이지만 동력장비는 일용품이 아니다.

일용품은 중요하다. 못이 모두 제거된다면 인간의 문명은 무너져버릴 것이다. 그리고 모든 사실들이 제거되고 나면 더 많은 것이 무너지게 돼 있다. 그런데 1,012페이지짜리 《세계 연감(World Almanac and Book of Facts)》 최신판은 단돈 1만원이면 살 수 있다. 2006년 필자와 이야기를 나누기 몇 주 전에 편집장의 자리에서 은퇴한 맥게베란(Bill McGeveran)은 페이지 하나에 수백 개의 사실들이 올라 있을 거라고 추정한다. 이 경우 못이 철물점을 차별화시키지 못하는 것처럼, 사실들도 연감을 차별화시키지 못한다. 맥게베란은 이렇게 말한다. "모든 연감들이 현재의 국가별 총생산을 얻어낼 것인데, 한 해의 같은 시기에 모두 종료된 것으로 가정하기 때문에 모든 연감에서 제시하는 총생산은 같을 것이다. 그런데 만약 인종별로 평균소득을 분석한다면, 그 기록을 매년 보길 원하는가? 아니면 5년, 10년 주기로 보길 원하는가?" 편집자는 어떤 연감을 자기 책상 위에 올려놓을지와 같은 종류의 결정을 내려야 한다. 비슷하게, 위키피디아는 조지 W. 부시에 관한 간단한 보고서에 그가 1946년 7월 6일에 태어났고 로라 웰치 부시(Laura Welch Bush)와 결혼했다는 사실을 올려놨지만, 그의 부모가 누구고 어떤 종교를 신봉하고 그의 조상이 어느 나라 출신인지 등은 올려놓지 않았다. 어떤 문화의 보고서는 다른 문화에선 하찮은 것일 수 있다.

지금부터 10년이 지났다고 상상해보자. 여전히 새로운 주제들이 위키피디아에 추가되고 있고 오래된 주제들은 편집되고 있지만, 예전만큼 속도가 나지는 아니다. 커다란 논쟁거리들은 대체로 조정되었다. 더 인기 있는 글에 윤기를 더해주는 사소한 편집이 계속해서 이루어지지지만, 크게 변화가 이루어지는 일은 드물어지고 있다. 따라서 위키피디아는 사람들이 동의하는 지식의 몸통을 이루게 되었다. 위키피디아는 지식을 일용품으로 만들고 있으며, 구글과 같은 검색엔진이 시작한 트렌드를 계속 보여주고 있다. 참고서들 역시 고정된 지식을 보여주지만, 아니 적어도 고정된 상태로서의 지식을 보여주지만 인터넷은 지식을 계산기의 '='버튼처럼 즉시 이용 가능하게 만들고 있다.

허나 모든 지식이 일용품으로 만들어지지는 않을 것이다. 발견해야 하고 논의해야 할 지식은 언제나 많이 있을 것이다. 그리고 '민주당원의 위키피디아'나 '하느님의 위키피디아'와 같이 집단별로 나눠지는 지식도 등장할 것이다. 그러나 일용품으로 변하게 된 지식은 기업인들이 말하기 좋아하는 것처럼 가치사슬의 어딘가에서 가치명제(value proposition)를 바꾸어 놓았다. 1868년에 창설된 《세계연감》 덕분에 쉽게 사실들을 찾을 수 있게 된 기자들은 그러한 사실에 의존한 기사들을 써가면서, 자유로이 가치사슬을 한 단계 높일 수 있었다. 같은 방식으로 지식이 일용품이 되면서 우리는 자유롭게 이해할 수 있게 되었다. 일반적으로 조각조각을 모두 맞추는 방법을 알 수 있을 때 무언가를 이해했다고 한다. 이해는 단편적인 지식 위의 지식, 즉 메타지식인 것이다.

못과 목재가 일용품이 되면서 더 많은 사람들을 위해 더 나은 가정집을 지을 수 있게 된 것처럼, 지식의 일용품화로 인해 더 큰 가치가 생겨날 수 있게 되었다. 그러나 이제 그 어느 때보다 더 지식의 가치는 이해로부터 발생하게 될 것이다.

그리고 지식이 일용품이 되면서 지식에 쉽게 접근할 수 있게 되었기 때문에, 기업들은 전통적인 자산들 중 하나를 잃게 되었다. 스튜

워트 브랜드(Stewart Brand)의 잊을 수 없는 표현을 빌자면, 정보는 자유로워지길 원하지 않을 수도 있지만, 그것은 분명 굉장히 싸지길 바라고 있다. 뒤죽박죽되고 일용품이 된 지식이 경쟁과 혁신에 불을 붙인다는 점은 고객들에겐 좋은 소식이다. 기업들에게 좋은 소식을 하나 전하자면, 그들은 그 가치의 중심에 있는 제품과 서비스를 제공하는 데 집중할 수 있다는 점이다.

▶ 지식 개발하기

엑스레이와 DNA의 모양, 오존구멍, 복제양 돌리의 탄생은 모두 〈네이처〉지에서 처음 발표되었다. 〈네이처〉지는 과학자들이 중요한 발견을 들고 찾아가는 곳이 되었는데, 과학자들이 제출한 논문들은 익명의 동료평가 과정과 인정받는 전문가들의 철저한 평가를 거쳐야만 한다.

〈네이처〉지의 편집장, 필립 캠벨(Philip Campbell)은 이렇게 말한다. "우리가 하는 일이 완벽하다고 얘기하는 건 아닙니다." 어떠한 동료평가 과정에도 문제는 있을 수 있다. 때로는 사기꾼들이 숨어들어오기도 하고, 정설이 되어 영구적으로 남을 수도 있다.

2006년 6월, 〈네이처〉지는 3개월간의 실험을 시작했다. 이는 논문의 저자들이 자신의 제출물을 게시하여 공개적으로 의견을 받는 것이었는데, 이러한 의견들이 논문의 출간에 영향을 미치는 것은 아니다. 캠벨은 편집자들이 상당히 진지하게 논의해왔던 몇 가지 아이디어들을 이야기해주었다. 그 중에는 논문이 발표된 각각의 저자들에게 독자들이 의견을 낼 수 있는 블로그를 제공하는 것이 있었다. "어떤 논문이 종국엔 소스가 오픈된 연구결과로 바뀌어가는 과정을 상상하면 됩니다." 그는 이렇게 말한다. 그러나 그는 재빨리 다음과 같이 말을 이었다. "우리는 분명 지금 하고 있는 일을 계속할 겁니다." 그 이유는 익명의 동료평가 과정이 효과를 발휘하기 때문이다. 그 과정은 훌륭한 과학과 불충분한 과학을 구분해내고, 중요한 논문과 사소한 논문을 구분해내고, 믿을 수 있는 증거와 불확실한 증거를 구분해내고 있다. 그것은 〈네이처〉지가 발표하는 내용에 권위를 부여한다.

그리고 놀랍고도 끈질긴 우연을 통해, 1869년 이래로 자연과학에서 발전된 모든 지식은 매주 〈네이처〉지에 그것을 위해 할당된 페이지 수에 정확히 맞아 들어갔다. 단 한 페이지도 넘치거나 모자라지 않았다.

〈네이처〉지는 매년 제출되는 논문들이 얼마나 되는지 밝히지 않는데, 미국에서 〈네이처〉지에 버금가는 〈사이언스(Science)〉지는 2005년에 받은 12,000편의 논문 중 8퍼센트에 못 미치는 논문의 출간을 허락했다고 한다. 거절된 논문들 중 다수가 다른 명망 높은 학술지에 실린 걸로 봐서는 실제로 그보다 많은 논문들이 출간될 가치가 있는 듯싶다. 〈네이처〉지에 발표된 지식은 엄격한 동료평가 과정뿐 아니라 종이가 갖는 경제적인 측면에 의해서도 결정된다. 종이는 수직의 철침 주위에서 접혀진 어떤 물체에 지식을 제한한다.

아카이브(arXiv)라 불리는 사이트에 가보면, 종이로 인한 구속이 제거되었을 때 지식이 어떤 모습을 보이는지 알 수 있다. 1991년부터 물리학자, 생물학자, 컴퓨터 과학자, 수학자들은 아직 출판되지 않은 논문들을 그 사이트에 올렸는데 해마다 대략 4만 건의 새로운 논문이 오르며, 매일 3만 5천 명의 사람들이 읽는다. (〈네이처〉지의 발행부수는 67,500부이며 독자가 66만 명이라고 한다. 이는 아카이브 사이트의 하루 독자수의 19배다.) 그 논문들 중 다수가 나중에 동료평가를 거치는 학술지에 발표되지만, 독자들은 모든 논문들이 게시되자마자 이용할 수 있다.

그러나 이것이 〈네이처〉지 대 아카이브, 종이 대 디지털, 하향식 대 상향식, 여과된 것 대 원래 그대로의 것, 편협한 편집자들 대 자유분방한 히피의 대혼전이라고 생각하지 않도록 주의해야 한다. 세 번째 체계는 모든 종류의 틈새를 갖고 있는 생태환경이다. 세 번째 체계에서 개방되고 권위에 얽매이지 않고 허가를 받지 않아도 되는 것으로 시작된 것이 예상치 못했던 방향으로 전개되는 경우도 있다. 〈네이처〉지는 저자들에게 논문이 잡지에 게재되고 6개월 뒤에 아카이브에 논문을 게시할 것을 권장했다. 그리고 2004년 1월, 아카이브는 자기 사이트의 기록 보관소에 논문이 받아들여지려면 승인을 먼저 받아야 한다고 발표했다. 다른 아카이브 저자들이나 학계의 동료가 논문을 제출하는 사람이 과학자로서의 지위를 갖고 있고 장난을 치거나 미치광이가 아니라는 점을 증명해주면 승인이 이루어진다. 어떤 사이트가 새로운 틈새 분야로 발전해나가는 과정은 그 사이트 밖에서도 일어날 수 있다. 예를 들면, 아카이브는 저자들이 자신의 논문에 간략한 코멘트를 추가할 수 있게 해주는데, 크리스토퍼 푹스(Chirstopher Fuchs) 같은 사람은 자신의 논문 하나를 '59 페이지, 그림 5개, 방정식 140개, 단순한 하나의 개념'으로 설명했다고 한다. 그러나 그것은 독자들이 의견을 낼 방법을 제공해주지는 못했고, 결국엔 독립된 사이트인 레디트닷컴(Reddit.com)이 아카이브의 허락 없이, 아카이브의 논문들에 대한 순위와 코멘트 체계를 추가했다.

이러한 생태환경 속에서 공공과학도서관(Public Library of Science)이 새로운 틈새 영역을 차지하고 있다. 그것은 동료들의 평가를 거치는 〈네이처〉지 등의 학술지 편집자들에 의해 시작되었는데, 그들은 공공 분야에 더 폭넓은 연구풍토를 조성하고자 하는 사람들이다. 〈플러스 바이올로〉지의 편집장인 헤마이 파르타사라시(Hemai Parthasarathy)는 이렇게 말한다. "우리는 상위 0.001퍼센트의 논문들을 결정하려고 애쓰는 대신, 상위 1퍼센트에 있는 논문들을 출간하려고 한다." 〈플러스 바이올로〉지는 동료 평가 과정을 통과한, 과학적으로 건전한 연구결과 모두를 다루지는 않는다. 그렇게 선택적인 학술지는 수준이 높다는 평판을 얻게 되고, 그 결과 더 수준 높은 연구논문들을 끌어들이게 되기 때문이다. 그러나 파르타사라시는 대부분의 편집자들이 '엘리트 출판'에 믿음을 갖고 있지 않기 때문에 〈플러스 바이올로〉지에 '본질적으로 긴장감'이 상존한다는 점을 인정했다. 따라서 그들은 〈플러스 원〉을 시작하게 되었다. 여기서는 동료평가 과정에서 훌륭하다는 결정이 내려진 논문은 중요성 여부를 떠나 어떤 논문이든 발표해준다. 독자들이 어떻게 논문을 찾을지, 어떤 글이 특히 읽을 만한지 알려주는 지침이 있는지, 연구자나 평가자, 비평가들이 필명을 사용해도 되는지 이 모든 질문들은 결정될 것들인데, 더 정확히 말하자면, 과학적 지식의 생태학이 가장 적합한 해결책을 선택함에 따라 그에 대한 대답들이 서서히 모습을 보일 것이다.

아카이브와 〈네이처〉지가 발전하면서 그것들은 사람들이 한때 분명했다고 생각한 선을 희미하게 만들고 있다. 아리스토텔레스의 배중률(排中律)에 따라 어떤 문장이 참 아니면 거짓이라고 생각해왔던 것처럼, 우리는 어떤 것이 지식이거나 아니라고 생각해왔다. 그러나 잡동사니의 세계에서 지식은 단계적으로 변화하고 다양한 모습을 띤다. 어떤 지식은 가장 엄격한 동료평가를 통과하여 명망 높은 학술지에 실릴 정도로 훌륭하다. 동료평가를 통과한 지식 중에는 능숙하게 처리되었지만 틀렸다고 판명 나는 경우도 있다. 또한 어떤 지식은 믿을 만하고 중요하지만 최고의 학술지에 날 정도로 흥미롭지는 않아서 결국 다른 곳에 모습을 보이는 경우도 있다. 또 어떤 지식은 발표되지 못했지만 읽고 토론할 가치가 있는 경우도 있고, 감질날 정도로 지식으로 인정받을 가능성을 갖고 있는 것도 있다. 어떤 지식은 과거에는 진실이었지만 지금은 아닌 경우도 있다. 지식이 왕이라면 왕실의 혈통은 과거에 생각했던 것처럼 그렇게 순수하지 않다.

이러한 새로운 생태환경 속의 생태적 지위는 메타데이터에 의해 구분된다. 우리는 〈네이처〉지에 실린 논문이 동료의 평가를 거친 생태적 지위를 갖고 있기 때문에 믿을 수 있다고 생각한다. 메타데이터가 없으면 끝없이 펼쳐진, 분간하기 힘든 논문의 바다를 만나게 될 것이다. 우리가 메타데이터를 다루는 데 상당히 능숙하기 때문에 확인이 덜 된 것을 알면서도 아카이브의 평가받지 않은 논문에서 가치를 얻을 수 있는 것이다. 메타데이터는 지식에 있어 결정적인 부분이다. 이 믿음은 그것이 권위 있는 동료 평가를 바탕으로 한 것이기 때문에 굳건하고, 저 믿음은 평가가 없는 사이트에서 제시된 증거가 설득력을 갖추고 있기 때문에 조사해볼 가치가 있으며, 또 다른 믿음은 단순히 단념할 수 없어서 필요하기도 하다.

지식은 현실의 거울이어야 했다. 따라서 그것은 참이거나 거짓이거나, 이야기의 끝이었다. 그러나 지식의 얼마만큼을, 왜 믿는지에 대한 메타데이터가 지식에 포함되어 있다면 지식은 자신의 모습이 다른 사람에게 어떻게 보일지 알고 싶어 하는 10대들의 거울과 비슷하다고 할 수 있다. 우리가 알고자 하는 세상에 너무나도 깊이 연루되어 있기 때문에, 지식은 현실을 문자 그대로 긴박하게 읽어내지 못한다. 그리고 우리가 사람의 얼굴과 감정을 알아볼 수 있게 태어난 것처럼, 신경해부학은 아니더라도 언어와 문화 덕분에 우리는 세상을 알 수 있을 뿐 아니라 우리가 알고 있는 것의 확실성과 진지한 정도는 평가할 수 있게 태어난 듯 보인다. 그것이 동료평가를 거친 과학논문이든, 법률적 입장을 갖춘 제품 보증서든, 광고가 원하는 만큼 사람들이 진지하게 받아들이지 않는 30초짜리 광고든 관계없다. 하나의 종으로 인간은 메타데이터를 이해할 준비가 된 채로 태어났다. 세상에 대한 인간의 지식은 인간이 이해한 것의 수준과 신뢰도를 그 자리에서 평가할 수 있는 이해력을 말한다.

▶ 지식, 본질, 그리고 의미

영국 영어와 미국 영어 모두에서 가장 흔히 쓰이는 두 단어는 더(the)와 오브(of)다. '더'는 어떤 사물을 현재의 모습으로 파악한다. '오브'는 그것을 다른 어떤 것과 연결시킨다. 처음에 '더'는 분리의 단어로 세상을 정돈된 단위로 나누고, '오브'는 연결의 단어로 세상을 어지럽히는 것처럼 보인다. 그러나 모든 '더'에는 '오브'가 숨어 있다. 앞뜰의 그 울새는 그것이 새의 종류이자, 아마도 봄의 전령사이기 때문에 겨우 알아볼 수 있는 것이다. 그것은 아리스토텔레스의 놀라운 발견이었다. 혼자 서 있는 어떤 사물은 그것과 비슷한 다른 것들과의 관계와 그것과 비슷하지 않은 다른 것들 때문에 현재의 모습을 가진다는 것이다.

수천 년에 걸쳐 그래왔듯이 사람들이 그러한 관계가, 단순하고 우아하고 이성적인 탐구자라면 능히 알 수 있다고 생각하던 시대에 지식이 첫 번째로 할 일은 명확한 기준을 가려내는 것이었다. 가장 단순한 형태의 본질주의는 각각의 사물이 자기를 규정하는 일단의 특성들과 곁다리로 따라오는 그리 중요하지 않은 특성들을 모두 갖고 있다고 말했다. 합리성은 인간의 본질에 속하지만, 사람의 코가 앞을 향하고 있다는 사실은 본질에 속하지 않았다. 고전적인 본질주의에서 본질적인 정의들은 완벽하게 알 수 있으며, 중복되는 부분이나 틈새, 예외가 전혀 없는 단정한 나무로 정리되는 것들이었다.

무력한 본질주의의 결말이 어땠는지 알고 싶으면 '오프라 윈프리 쇼(Oprah Winfrey Show)'를 보면 된다. 1997년에 타이거 우즈는 오프라에게 자신이 단순히 미국 흑인으로 간주된다는 사실이 괴롭다고 대답했다. "나는 성장하면서 이 이름을 만들었습니다. 나는 '캐블리네시언(Cablinasian)'입니다." 그는 자신이 코카서스인, 흑인, 인디언, 아시아인의 혼혈이라며 이렇게 말했다. 사실 우즈의 혈통은 그보다 더 섞여 있었다. 그의 아버지는 반은 흑인이고, 4분의 1은 미국 인디언, 4분의 1은 백인이었고, 그의 어머니는 반은 태국인, 반은 중국인이었다. 따라서 그는 '흑인인디언코카서스태국중국인'이라고 하는 게 맞다.

인종은 너무나도 중요한 것이라 1790년, 토머스 제퍼슨의 도움으로 구상된 최초의 인구센서스에 오른 유일한 세 질문 중의 하나였다. 그러나 '본질적인' 카테고리로서의 인종은 놀랄 정도로 자주 변했다. 1890년의 센서스였다면, 타이거 우즈는 자신의 백인 조상의 비율에 따라 '물라토(mulatto, 백인과 흑인의 혼혈아 - 옮긴이)'와 '쿼드룬(quadroon, 흑인의 피가 4분의 1인 혼혈아)', '옥토룬(octoroon, 흑인의 피가 8분의 1인 혼혈아)' 중에서 선택해야 했을 것이다. 1990년의 센서스였다면 그는 다섯 개의 분류집단, 즉 흑인, 백인, 아시아인, 태평양제도인, 미국 원주민 중에 해당되는 것이 없기 때문에 '기타'의 인종 집단에 속해야 했을 것이다. 아시아계 인디언들은 1970년 센서스에서는 백인으로 간주되었지만, 1980년에는 아시아 및 태평양 제도인 카테고리로 간주되었다. 1970년에 히스패닉계가 닉슨 대통령에 의해 추가되었는데, 이때 정치적인 압력이 하도 거세져서 센서스 양식이 인쇄기에서 회수되어 고쳐지는 사태까지 벌어졌다. 1997년 10월, 행정관리예산국(Office of Management and Budget)은 통계지침 15호(Statistical Directive 15)를 발표했는데 이 지침 덕분에 응답자들은 하나 이상을 체크할 수 있게 되었고, 다시 말해 하나의 이파리가 많은 가지 위에 걸려 있을 수 있게 되었고, '히스패닉'을 민족으로 써넣을 수 있었다. 그 결과 미국 내의 인종은 5개에서 126개로 증가했다. 그러한 구분은 중요했다. 수십 억 달러의 정부 예산 지출(마케팅 연구원 급료는 말할 것도 없고)이 그것에 의해 좌우되었기 때문이었다. 2000년 센서스에서 스스로 자신이 다인종 혼혈이라고 선언한 사람들 중 40퍼센트만이 차후의 조사에서 질문을 받았을 때 자신이 다인종 혼혈이라고 말했다고 한다.

1997년 미국인류학협회(American Anthropological Association)는 이렇게 말했다. "한때는 너무나도 당연하고 중요하게 여겨져서 누군가가 노예인지 자유인인지를 결정지었던 인종은 인간 생물학에서 전혀 과학적인 정당성을 인정받지 못하고 있다." 그러한 결론은 부분적으로는 1972년, 〈사이언스〉지에 발표된 유력한 논문을 근거로 한 것이었다. 이 논문은 어떤 인종에 속하는 사람들끼리 서로 유전적으로 다른 정도는 그 사람들이 타 인종에 속한 사람들과 다른 정도와 같다고 밝힌 바 있었다. 따라서 남성형 대머리를 가진 남자들도 하나의 인종을 구성한다고 말해도 된다. 그와 비슷하게, 인간에겐 두 개의 성이 있었다. 특히 수영복을 살 땐 여전히 성이 중요하지만, 어떤 사람의 성기 모양을 안다고 해서 예전에 사람들이 생각했던 것만큼 많은 것을 알 수 있는 것은 아니다. 피부색과 같이 그 특별한 속성은 더 이상 전처럼 명확한 경계를 그어주지 않는 듯 보인다. 본질주의는 모든 방면에서 세력을 잃고 있다.

- 차이는 뒤섞이고 점차 옅어진다.(흑인인디언코카서스인태국인중국인)
- 세상을 나누는 데 선택한 특징들은 사람들의 생각과 관심사에 따라 좌우된다.(대머리 여부가 아니라 피부색)
- 정말로 크게 다른 특징들은 종종 다른 어떤 속성들이 부차적인지를 엄격하게 결정하지 않는 것으로 드러난다.(성기)

몇 가지 잘 알려진 카테고리들도 이 모든 테스트를 통과하지 못했다. 행성은 우리가 생각했던 것보다 명확하지 않고 어차피 중요하지 않은 자의적인 특징들에 의해 선택되었다. 그렇다고 남자와 여자 사이에 아무런 차이가 없고 절대로 인종을 고려할 필요가 없다거나 강아지가 감자와 같다는 얘기는 아니다. 그보다는 사람들이 주의를 기울이는 특징들이 우리의 역사와 언어, 의도와 전적으로 관계가 있는데 그때조차도 구분선은 본질주의가 그래야 한다고 가정했던 것만큼 분명하지 않아 보인다.

엘레노어 로쉬의 영향을 받은 인지심리학자들과 마찬가지로, 포스트모더니스트들도 한 세대에 걸쳐 이 얘기를 해왔다.

반본질주의는 17세기 후반, 존 로크(John Locke)에게도 중요한 주제였다. 인간이 세상을 분류하는 데 역할을 한다는 것은 새로운 뉴스가 아니다. 하지만 이제 달라진 점이 있다. 처음으로 우리는 기존의 분류법을 편안하게 둘러볼 수 있는 기반을 갖게 되었다. 우리는 전에는 절대로 상상하지 못했던 속도로 관계를 맺을 수 있다. 우리는 함께 그렇게 하고 있고, 드러내놓고 그렇게 하고 있다. 모든 하이퍼링크와 모든 재생 목록은 공유된 잡동사니를 풍부하게 해주며 종종 예상하지 못하는 잠재적인 연결을 형성해준다. 각각의 연결을 통해 우리는 서로 연결된 사물들과 연결해준 사람, 그런 관계를 가질 수 있는 문화, 그러한 연결을 알아가는 것이 가치 있다는 점을 아는 사람들에 대해 새로운 사실을 알게 된다. 그렇게 해서 의미가 성장한다. 우리가 일부러 그렇게 하고 있든 단순히 그런 흔적을 남기고 있는 것이든 공개적인 의미 구축은 다음 100년 동안의 가장 중요한 사업이 될 것이다.

이 사업은 이미 극도로 빠른 속도로 진행되고 있으며, 점점 더 빨라지고 있을 뿐이다. 예를 들어, 전자 책이 저렴하고 수준이 높아 인쇄된 책을 대체하기 시작하게 될 때를 상상해보자. 학생들이 어떤 페이지를 강조하거나 해석을 달 때마다, 그 정보는 책에 대한 공공의 메타데이터를 증가시키는 데 사용될 것이다. 사람들이 책을 끝까지 읽는 데 걸리는 시간이나 어떤 특정한 페이지를 다시 들춰보는 횟수조차도 세 번째 정리 체계를 가진 세상을 풍부하게 만들 것이다. 책을 상대로 시인들이나 우수한 학생들, 문학 교수들 혹은 불교의 스님들이 자주 다시 읽은 페이지들을 밝혀달라고 할 수 있게 될 것이다. 책이 어디서 읽혀지고 있는지 알 수 있는 하드웨어를 추가하면, 해변에서 읽을 만한 책이나 여행용 책의 재생 목록을 만들어낼 수도 있다. 자신이 사는 도시의 사람들이 무슨 책을 읽고 있는지, 어떤 책을 중도에 읽다 팽개쳤는지도 알 수 있을 것이다. 독서는 더 이상 일방통행적인 활동이 아니게 될 것이다. 그것은 우리 아이들이 친구들과 실시간 채팅을 통해 숙제를 하며 발전시키는 지식과 같이 사회적인 것이 될 것이다. 그 모든 메타데이터와 그 메타데이터의 사용을 통해 자신이 읽고 배우는 것을 이해할 때, 그곳에 속해 있는 맥락은 더욱 풍부해질 것이다.

계몽주의시대 이후로 문화의 역할은 지식을 세우는 것이었다. 잡동사니의 세계에서 그 임무는 우리가 이 새로운 영역으로 무엇을 할지 아직 모르긴 하지만, 의미를 세우는 것이다. 분명 과학과 비즈니스를 통해 인간의 삶을 변화시킬 지식을 위해 의미를 파고들 사람들이 있을 것이다. 그래도 지식은 단순히 한 가지 제품에 불과할 것이다. 지식이 차지할 새로운 자리는 언제나 존재하는 사회적 의미의 복잡한 조직 내부일 것이다. 따라서 지식은 왕위에서 쫓겨나고 있는 것이 아니다. 인간은 너무나도 무엇을 알기를 잘하며, 인간의 지속된 발전과 생존은 거기에 달려 있다. 그러나 이제 지식은 인간의 유일한 사업이나 최고의 소명이 아니다. 우리가 아는 것을 이해하는 일이 더 큰 임무이며, 이는 의미의 기반 안에서 이해하자는 것이다.

메타비즈니스

　처음 기업들이 월드와이드웹을 진지하게 받아들이기 시작했을 때, 그들 사이의 화젯거리는 단연 '탈중개화(disintermediation)' 였다. 웹은 고객들이 원하는 것을 사기 위해 직접 제품 창고에 닿을 수 있도록 중간에 있는 사람들을 제거해줄 것이었다. 그리고 비즈니스 프로세스가 ATM과 같은 것에 의해 대체될 수 있는 곳에선 어디에서든 탈중개화가 이루어졌다. 이제 고객들은 여행사에 문의하지 않고도 비행기 표를 예약할 수 있고, CD집을 직접 들추고 다니지 않아도 음악을 살 수 있게 되었다. 기업에겐 '부가가치'로 보였던 것이 고객의 눈에는 단순히 비효율성으로 드러났던 곳에서만 발생했다. 일용품으로 변하게 된 제품들에 대해 기업이 가치를 거의 추가하지 않으면서, 고객들은 기본적으로 가격 때문에 그 제품을 구매하는 것뿐이었다. 그러나 잡동사니의 세계에서는 정보와 지식까지도 일용품이 되고 있다. 그리고 그것은 기업의 가장 기본적이고 뚜렷한 특징, 즉 누가 무엇을 소유하느냐를 바꾸어놓고 있다.

　실제로 어떤 가게에 발을 들여놓으면, 그 가게가 소유하고 관리하고 있는 영역에 들어가고 있는 것이다. 그 가게의 관리자는 고객들이 빠르게 드나들 수 있도록 도와주거나 고객이 다른 곳에 정신을 팔지 않게 만드는 방식으로 상품을 진열한다. 어느 쪽이든, 그것은 그 기업의 매장이기 때문에, 그 기업의 선택이다. 그리고 그것은 원자의 세계를 나누는 방법이다. 그러나 대부분 기업들의 웹사이트는 플래시애니메이션과 인터렉티브 버튼이 아무리 많이 있어도 가장 기본적인 두 번째 체계의 원칙들을 기반으로 운영되고 있다. 기업은 자사의 웹사이트를 통해 자기가 방문자에게 주고 싶은 정보와 방문자가 그 정보를 항해해 갈 방법, 그렇게 해서 얻게 될 경험을 소유하고 통제한다. 자사의 사이트에 이메일 제안 박스가 있으면 그들은 자기 사이트가 편견이 없고 개방적이라고 생각한다.

정보와 지식, 개념을 잡동사니로 만들게 되면 이러한 자산들은 개별적인 기업들의 손에서 벗어나게 된다. 뒤죽박죽된 정보는 경계가 없다. 이는 우리가 지난 15년 동안 최고경영자들에게 귀가 따갑도록 모든 기업은 정보 기업이라고 강조하여 그들을 잘못된 길로 이끌어갔음을 의미한다. 물론 정보는 기업의 중심이 되지만 기업들이 보인 반응은 자기들이 아는 것이 금이라도 되는냥 정보를 차단시켜왔다. 이제 정보가 일용품으로 변해가고 있는 마당에 그것이 뒤죽박죽된 세상으로 해방된다면 더욱 가치를 가질 것이다. 예를 들어, 항공사들은 각 사의 스케줄과 가격 정보가 엑스페디아(Expedia)나 트래블로시티(Travelocity), 오비츠(Orbitz)와 같은 여행 사이트에서 이용된다면 더 훌륭하게 일을 해낼 수 있다. 혁신자들이 정보를 지도 위에 표시하고 생태학적인 연구의 흐름과 연결시키고 전 세계적인 경제 트렌드에 반하는 방향으로 도모하는 등의 방법으로 다른 데이터와 결합시킬 수 있다면, 정보는 더욱 가치 있게 될 것이다.

　기업들은 자기들이 가진 정보 중 일부는 계속 지키려고 애쓸 것이다. 그러나 잡동사니의 세계에는 두 가지 피할 수 없는 과정, 즉 포함시키고 유예하는 일이 존재한다. 포함시킨다는 것은 때로 이차적인 정보를 자신이 모아놓은 데이터에 끌어들이는 걸 의미한다. 그러나 연결시킬 정보가 너무 많을 때에는 정보를 현재 있는 곳에 그냥 놔두고 거기에 연결시키는 것이 더욱 현실적이기도 하다. 잡동사니의 세계는 여기저기 흩어진 정보의 더미들로서 독특한 웹 주소와 독특한 ID, 무엇과 무엇이 연결되어 있는지에 대한 훌륭한 추측들을 통해 함께 고정된다. 인터넷 자체가 네트워크끼리의 연결을 무척이나 단순하게 만들어 급부상한 것처럼, 잡동사니의 세계 역시 부분적인 집합체가 다른 집합체에 이해될 수 있게 만듦으로써 발전할 수 있다. 정보가 일용품이 되고 기업을 빠져나와 일반적인 잡동사니에 합류함에 따라 기업은 새로운 밀레니엄에 회사의 자산이라고 일컬어졌던 것을 비워내게 되었다. 하지만 정보는 그곳에서 작업에 착수하여 결국엔 다시 회사에 이익을 안긴다.

　이와 동시에 정보가 뒤죽박죽됨에 따라, 다른 곳에서 개발된 정보의 가치를 높이고 결과적으로 그 정보를 원래 만든 사람들에게 이익을 안기는 새로운 카테고리의 기업이 탄생하고 있는데, 이것이 바로 메타비즈니스(meta-business)다.

　메타비즈니스의 탄생은 웹이 고객에게 상품을 직접적으로 접근할 수 있게 해줌으로써 사업의 중개자를 없앨 거라는 초기의 예측을 뒤집는 것이다. 웹은 실제로 아무런 가치도 제공하지 못했던 중간 상인을 제거했지만, 그것은 또한 정보를 기반으로 한 새로운 기업의 출현 기회를 제공했다. 음반 산업이 가장 분명한 사례다. 음반 레코드업체들은 자신들이 판매하는 제품에 대해 개발한 정보가 아이튠즈로 흡수되면서 이익을 얻고 있다. 아이튠즈는 그 정보를 고객들이 더욱 검색하기 쉽고, 더욱 찾기 쉽고, 더욱 이용하기 쉽게 만들고 있다. 그러나 정보에 더 많은 가치를 추가할 가능성은 언제나 존재한다. 판도라닷컴(Pandora.com)이나 래스트에프엠(Last.fm)과 같이 비슷한 취미를 가진 사람들이 어떤 음악을 좋아하고 어떤 곡들이 유사한지를 바탕으로 사용자를 위해 개별화된 '라디오 방송국'을 만들어주는 사이트들이 생겨나고 있다. 그렇게 추가된 메타데이터는 사용자들이 한 번도 들어보지 못했을 수도 있는 노래들을 소개해주는데, 이는 모든 사람들을 만족시키려고 애쓰는 방송국에 귀 기울일 때보다 좋은 반응을 얻을 가능성이 훨씬 더 크다. 아마도 사용자들은 그 음반을 사거나 콘서트를 가거나 티셔츠를 입을 것이다.

메타비즈니스는 전면적으로 발생하고 있다. 엑스피디아나 트래블로시티, 오비츠와 같은 여행 사이트들은 단순히 비행 스케줄을 올려놓는 것이 아니라 비용이나 출발시간, 출발도시, 항공사, 여행시간 등에 따라 비행을 어떻게 비교하는지도 알 수 있게 해준다. 그런 다음 그들은 비행을 여행 패키지 상품과 연계시키고, 렌터카 회사나 호텔, 래프팅 가이드와의 비즈니스도 적극적으로 추진한다. 때로는 다시 항공사와의 비즈니스를 도모하는 경우도 있다. 최근 새로이 등장한 사이트들은 여행 사이트를 한 단계 더 나아가게 만들었는데, 대표적인 사이트는 카약닷컴(Kayak.com)과 페어캐스트닷컴(FareCast.com)이다. 이 사이트들은 저가 패키지 여행사의 비행일정을 포함하고 있고, 사용자들에게 정보를 분류하는 방법들을 추가로 제공하고 있다. 말하자면 그들은 포함시키고 유예시키라는 명령을 제대로 이행하고 있는 것이다. 또한 그 사이트들은 메타데이터를 한 단계 더 높여 특정한 여행일정의 운임이 어떻게 바뀌었는지 보여주는 도표를 작성해주기도 하고, 특정한 공항 터미널의 평균적인 지연시간과 같은 정보를 추가로 제공해준다. 이러한 형태의 정보가 이용 가능해지자 항공사들은 더욱 격렬하게 경쟁하게 되었지만, 바로 그 때문에 시장이 효율적이고 건전한 상태를 유지할 수 있는 것이다.

소매업 또한 메타로 가고 있는데, 막 월드와이드웹이 시작될 무렵부터 일용품이 된 정보를 모아 사용자들이 가격과 구체적인 제품 설명서, 고객 서비스를 비교할 수 있게 해주는 사이트들만 있는 게 아니다. 디피리뷰닷컴(DPReview.com)은 카메라 회사들보다 카메라에 대한 정보를 더 갖고 있다. 배터리가 카메라 제조업체들이 말하는 것만큼 오래 가는가? 자동 화이트 밸런스가 고속 셔터 스피드에서 작동하는가? 디피리뷰는 캐논이 새로운 먼지 제거 장치를 도입하게 된 원인이 된 문제와 같이, 제조업체들이 어물쩍 넘어가고 싶어 하는 전후사정을 설명해준다. 와이즈닷컴(Wise.com)과 같은 새로운 사이트들은 디피리뷰닷컴과 같은 사이트에 올라온 고객과 전문가들의 평가로 이어지는 링크들을 모아 또 다른 차원의 메타비즈니스를 창출하고 있다. 와이즈는 이 정보를 이용하여 적절히 뒤죽박죽된 방식으로 제품의 메타스코어를 계산해내는데, 사용자들이 어떤 평가를 하고 몇 점을 주었는지 볼 수 있게 하며 사용자들은 클릭만으로 본래의 평가서들을 읽을 수 있다.

　뉴스 업계는 새로이 탄생한 메타비즈니스를 중심으로 재편되어야 할 상황이다. 이 업계가 결과적으로 어떤 모습을 보일지는 결코 분명하지 않다. 구글 뉴스와 같은 뉴스 모집자들은 하루의 주요 기사들에 대한 수천 개의 기사들을 올려놓는, 기본적인 메타 작업을 하고 있다. 디그닷컴과 레디트닷컴은 어떤 기사들이 중요한지를 결정하는 독자들의 집단적인 지혜를 이용하여 메타비즈니스를 다음 차원으로 가져갔다. 2006년 11월, 레디트는 주요한 콘텐츠 프로듀서인 온라인의 유력자, 콩데나스트(Conde Nast)에 의해 인수되었다. 레디트의 새로운 주인들이 레디트가 지금껏 걸어온 과정을 계속 가게 해준다고 한다면, 콩데나스트는 자신들이 이제껏 사업에 대해 갖고 있던 가장 기본적인 가정들을 포기할 것으로 보인다. 즉 편집자가 아니라 사용자들이 읽을 만한 내용을 결정하도록 하고 콩데나스트의 자체 콘텐츠가 전혀 특권을 갖지 않는 사이트를 제공할 것이다. 오직 시간만이 콩데나스트가 레디트의 미션에 성공할지 여부를 알려줄 텐데, 만약 그들이 성공하지 못한다면 결국엔 다른 기업들이 해낼 것이다.

　메타로의 움직임은 사용자를 위한 정보를 가진 모든 기업들을 압박하고 있다. 부동산 고객들은 온라인의 MLS 사이트로부터 질로우나 프롭스마트와 같이 정보 목록을 모집할 뿐 아니라 다른 데이터와의 통합을 시도하는 사이트들로 이동하고 있다. 단순히 각 기업의 데이터를 다른 기업의 데이터 옆에 보여주는 것만으로도 가치를 증가시키는 사이트들이 빠른 속도로 등장하게 되면서, 자동차 업계는 오래 전에 메타비즈니스로 이동해갔다. 물론 메타비즈니스로의 전환 압력은 업계의 제품 자체가 디지털인 경우엔 더욱 증가한다. 2006년 구글이 유튜브(YouTube)를 16억 달러에 사들인 사실은 콘텐츠를 모아 고객들이 스스로 분류하고 정리하는 새로운 방법을 제공하는 데서 얼마나 많은 가치가 창출되는지를 여실히 보여주었다. 그리고 하나의 메타 기업이 성공하면서, 다른 기업들이 등장하여 비즈니스의 수준을 한 단계 높이고 있다. 예를 들어, 대블닷컴(Dabble.com)은 유튜브를 비롯한 경쟁업체들로부터 비디오를 수집하여, 사용자들이 그 비디오에 순위를 매기고 재생 목록을 만들도록 해준다. 메타비즈니스는 그것이 정보에 가치를 추가해주고 있고 그에 대한 수요는 언제나 존재하기 때문에 피할 수 없는 존재가 되었다. 그리고 CIA같이 메타비즈니스로 가기 꺼려하거나 갈 수 없는 기업들은 자신들이 갖고 있는 정보가 대중의 뒤죽박죽된 파일로 분류되는 것을 허용할 수가 없다. 이런 기업들은 더욱 소중해지고 유용해지고 있는 정보를 가진 기업들과 경쟁하는 처지가 될 것이다.

메타비즈니스로의 이동이 많은 전통적인 기업들에게 두려움을 안긴다는 점은 이해가 간다. 정보가 뒤죽박죽된다는 것은 정보가 본래 있던 나무로부터 뽑혀져 나와 누구나 그것을 이용할 수 있게 한다는 것을 의미한다. 정보가 그 정보를 만든 기업의 사이트에 있지 않기 때문에 정보는 더욱 권위를 갖게 되는데, 이는 정보를 만든 기업의 사이트가 조심스럽게 형성한 고객 경험을 과시할 기회를 갖지 못한다는 걸 의미한다. 그 고객들이 다른 사이트로 가고 있기 때문이다.

물론 이것은 기회이기도 하다. 웹 역사상 가장 성공적인 기업이라 할 수 있는 구글은 자기들이 모은 정보(적어도 자기가 찾은 페이지들로부터 얻은 메타데이터)와 정보의 바다를 항해하는 방법, 사용자들이 사이트에서 갖는 경험 등을 소유하고 있다. 그러나 구글은 그 정보를 뒤죽박죽된 상태가 되도록 놔두었다는 점에서 혁신적이었다. 예를 들어, 사람들이 지도와 다른 정보를 결합시켜 구글 맵을 엉망진창으로 하게 해줌으로써, 구글 맵은 사실상 웹의 표준이 되었다. '웹 2.0'을 대표하는 이러한 손쉬운 응용 프로그램의 통합 덕분에 정보와 서비스는 본래 그것을 만든 기업의 사이트에 갇혀 있는 게 아니라 정해진 자리를 갖지 않게 되었다. 플리커 역시 모아진 디지털 사진들로 이와 동일한 일을 해냈는데, 플리커가 사용자에게 부탁하는 것은 크레디트 라인(사진 등의 복제 등에 출처를 쓰는 것)뿐이다.

자신이 힘들여 개발한 정보와 능력을 다른 응용프로그램이 사용하게 놔두는 것이 미친 짓처럼 보일 수도 있다. 그러나 그 미친 짓처럼 보이는 행동은 당신의 제품이 새로운 사용자들에게 소개될 뿐 아니라 그것이 그들의 일상생활에 없어서는 안 될 부분이 되는 과정을 통해 종종 본인에게 이득을 안겨주기도 한다. 또한 그것은 두 번째 체계에서는 사실상 말하기 불가능한, 무척이나 소중한 얘기를 해주는데 이 모든 사업이 진정 고객에 관한 것이라는 점이다. 조금의 센스라도 갖춘 마케터라면 구글이 광고와 메시지, 매물로 홈페이지의 여백을 채우기 시작했을 때 구글에 조언을 했을 것이다. 그러나 구글이 그렇게 하지 않았다는 사실은 사용자들에게 무척 중요한 사실을 알려준다. 구글에는 사용자들에게 도움이 되지 않는 내용은 전혀 존재하지 않는다는 점이다.

그와 비슷하게, 위키피디아가 어떤 글이 중립적이거나 정확하지 않다는 경고를 붙였을 때, 그것은 위키피디아가 사용자를 교육시키는 데 헌신하고 있다는 점을 알려주는 것이다. 이러한 형태의 보디 랭귀지는 사용자들이 의도했던 것보다 더 많은 돈을 쓰게 만드는 데 집착하는 대부분의 웹 사이트의 오만한 모습과는 너무나도 다르다. 필요한 정보를 가져오기 위해 약탈자의 굴속에 들어가지 않아도 되고 그 정보의 수준이 다른 정보와 혼합되고 더욱 검색하기 쉽고 구경하기 쉬워짐으로써 높아지고 그 기업의 웹 사이트를 제외하고 어디서든 그 정보와 항해방법, 경험을 가질 수 있는 잡동사니의 시대에서 가장 성공적인 기업이 되려면, 자기들이 고객의 경험을 소유하고 있다는 두 번째 체계의 가정을 극복해야만 한다. 진정으로 뒤죽박죽된 세계에서 성공한 기업은 자기가 고객에게 팔고자 하는 것 외에는 아무것도 갖고 있지 않다. 그 나머지는 모두 고객들 차지다.

왜 모든 것이 잡동사니가 되지 못하는가?

만약 모든 것이 뒤죽박죽되어 있다면, 왜 그 상태를 유지하지 못할까?

이 책을 시작하면서 나는 사람들이 정돈에 목숨을 건다는 대답을 제공했었다. 우리는 책, 동물의 종, 사진, 법률용어, 종업원과 같이 하나의 영역에 있는 모든 물품들을 제자리에 배치시키려는 화려한 분류법을 만들어왔다. 그리고 물체들을 뭉치고 가르는 데에 나타나는 한계를 결코 우연의 일치로 반영하는 것이 아닌 분류원칙들을 발전시켜왔다. 우리는 권위와 수익을 위해 분류체계를 유지하는 데 의존하는 기관들을 만들어왔다.

세 번째 정리 체계의 등장과 함께 우리는 그 질문을 다시 던질 수 있다. 왜 모든 것이 잡동사니는 아닐까? 그 이유는 우리가 울새가 새인지 톱인지 말할 수 없는 상태로 헤라클레이토스의 강을 헤엄을 치며 살아가지는 않기 때문이다.

세상과 세 번째 체계의 세상에 대한 이해는 여러 면에서 뒤죽박죽되어 있다. 세상은 우리가 어떤 것에 관심을 가져야 한다고 말해주지 않으면서 무한한 수의 접합점을 제공한다. 국제천문연맹이 더 이상 행성이라고 부르지 않기로 결정했는지 여부와는 관계없이 암석들은 계속해서 태양을 돌 것이다. 한편, 우리가 스스로 구축하고 있는 뒤죽박죽된 디지털 세상은 어떤 특정한 《햄릿》책이든 《햄릿》에 나온 인용문이든 우리가 이파리로 선택한 것들과 우리가 명확하게 혹은 암묵적으로 만든 관계들로 이루어져 있다.

우리는 불가피하게 자신이 경험한 것을 이해한다. 그러나 감각의 형태가 바뀌고 있다. 우리는 각각의 개념이 그것의 본질을 표현해주는 상자 안에 존재하고 그 상자들이 질서정연하고 우아하게 정리되어 있을 때, 개념들이 잘 정돈되어 있다고 생각했었다. 세상이 이러한 생각을 사람들에게 부추겼다. 속성들은 예측 가능한 묶음으로 분류되는 경향이 있었다. 끝을 눌렀을 때 냄새가 좋은 멜론은 맛이 좋을 것이며, 깃털과 발이 둘인 동물은 부리와 날개도 가지는 경향이 있다. 우리는 일부의 속성에 따라 물건들을 분류하고 다른 속성들은 따라오게 만들 수 있었다. 플라톤의 표현을 마지막으로 한 번 쓰자면, 이렇게 분리가 되면서도 관련되어 있는 특징과 속성이 자연의 진정한 접합점이었다.

시간이 지나면서 사람들은 대개는 생각만 했지만, 가끔은 물질적으로 이러한 속성들의 집합들을 풀어버리는 법을 배우게 되었다. 때때로 이러한 변화는 어쩔 수 없는 경우가 있었는데, 19세기의 과학자들이 오리너구리가 포유동물의 모든 특징들을 갖고 있으면서도 알을 낳는다는 점을 마지못해 인정해야 했던 경우가 그랬다. 그러나 상황을 적어놓아야 한다는 조건은 특징과 카테고리들을 융통성 있게 다루는 능력을 망쳐놓았다. 종이가 갖는 물리적인 성질로 인해 주제들은 분리되어야 하고 책의 표지들 사이에 맞는 내용으로 한정되어야만 했다. 종이의 바꿀 수 없는 성질은 고정된 지식을 의미했다. 종이의 고독은 폐쇄된 공간에서 글을 쓰는 각각의 저자들에게 고스란히 전해졌다.

이제 종이에서 해방된 사람들은 기나긴 지식의 행진을 계속할 것이다. 사람들에겐 엄청난 기술이 있기 때문이다. 그러나 한편으로 세 번째 정리 체계에서 사람들은 물품 하나를 손 위에 놓고 뒤집어 보며, 그것의 광택과 조직을 알아보고, 그걸 보고 떠오른 생각을 기억하려고 애쓰고 있다. 그리고 필기도 한다. 그 적어놓은 내용은 세상에 존재하는 공공의 링크가 되어 발견되고, 다시 사용될 수 있다. 그 결과 진실이 정확성을 의미하고 효율성은 명확한 명령과 통제 라인을 고수하여 달성되며 지식이 힘이라는 우리 문화의 믿음에 놀랄 만한 변화가 발생했다.

그것은 누가 옳고 틀렸다는 것이 아니다. 그것은 어떻게 서로 다른 관점들이 논의되고, 배경 설명이 주어지며, 열정과 관심으로 구체화되느냐의 문제다. 자신의 생각을 겉으로 표현하는 사람들은 이제 영향력과 권위를 갖게 되었고, 전문적인 지식은 그 중요성을 잃어가고 있다.

누가 누구에게 보고해야 하고, 누가 자신에게 보고하는지, 자신이 다른 사람들의 경험을 어떻게 걸러낼지의 문제가 아니다. 자신이 얼마나 지저분하게 연결되어 있고 그 링크들이 얼마나 의미로 가득 차 있는지가 문제다.

자신이 무엇을 알고, 자신이 누구를 아느냐의 문제가 아니다. 그것은 자신이 얼마나 많은 지식을 남에게 주느냐의 문제다. 지식을 쌓을수록 자신의 존재는 줄어들기 때문에 자신의 파워는 줄어들 것이다. 하나의 주제는 경계가 있는 영역이 아니다. 그것은 열정이 어떻게 집중되느냐의 문제다.

우리는 언제든 필요할 때 정리할 수 있는 영리한 이파리 더미를 계속해서 쌓아가고 있다. 그 더미를 정리하고, 그 안에서 의미를 찾는 몇 가지 방법들은 일반대중의 방법일 수도 있고 공식적인 방법일 수도 있다. 어떤 방법들은 작은 집단들에 적용될 수도 있고, 어떤 것들은 커다란 집단을 발생시킬 수도 있다. 또 어떤 것들은 기존의 집단들을 파괴할 수도 있다. 또한 어떤 것들은 웃기기도 하고 비극적이기도 할 것이다. 여하튼 그 이파리들의 의미를 결정하는 것은 사용자가 될 것이다.

세상은 우리가 함께 세상을 우리 것으로 만들어가고 있기 때문에 영원히 뒤죽박죽된 채로 존재하지는 않을 것이다.

피날레 – 잡동사니

밝게 불이 켜진 아이스크림 가게와 눈에 띄지 않는 세탁소 사이에 자리 잡고 있는 브룩라인 잡화점의 진열장은 밖에서 안이 하나도 안 보일 정도로 잡동사니 물건들로 가득 차 있다. 먼지투성이의 보드게임들이 카드 셔플러 옆에 있고, 소형 크롬 탱크에는 출입문이 있어야 할 곳에 시계 다이얼이 박혀 있다. 진짜 호너(Honer) 하모니카는 마디가 있는 담배 파이프에 끼워져 있다. 이곳은 그야말로 잡동사니만 파는 곳이다.

92제곱미터의 좁은 가게 안쪽으로는 선반과 랙이, 진열장 사이로 통로가 나 있다. 옆으로 몸을 틀어 통로를 들어가니 왼쪽 팔꿈치가 큰 여성용 핸드백에 스치고, 오른쪽 어깨는 나무못에 걸려 있는 작은 장난감 카메라에 부딪친다. 그 옆에는 연하장과 파티용 콧수염, 오래 전에 세상을 뜬 빈센트 왕자(Vincent Prince)가 '내가 좋아하는 게임'이라고 말하는 사진이 붙은, '살인자를 접대하는 법'이란 보드 게임이 있다. 그리고 섹시한 사진이 붙은 긁는 복권과 무언가에 붙이는 데 알맞은 12센티미터짜리 분홍색 캐딜락 테일 핀, 지쳐 보이는 14달러 99센트짜리 부처상, 파티의 주인공이 될 '멍청한 유리잔들', 우산, 어린 군인들이 쓰는 비닐부대, 해포석 담배파이프, 열쇠고리, 이름이 그려져 있는 작은 유리잔이 줄줄이 늘어서 있다. 잡지는 선반에, 디지털 시계는 열쇠로 잠긴 유리 진열장에 들어 있는 등 대충이나마 물건들이 분류되어 있긴 하지만 그 분류된 체계는 질서가 없는 듯 보이며 이 정돈된 은신처 주변 곳곳은 제자리를 차지하지 못한 잡동사니들로 꽉 차 있었다.

주인인 마이클 윌너(Michael Wilner) 씨에게 이곳에 얼마나 오랫동안 있었는지 묻자, 그는 "오늘 아침 7시 반부터요."라며 전에도 썼을 법한 농담을 했다. 이 가게는 1920년대에 문을 열었는데, 그는 1963년 6월 8일부터 가게를 지켰다고 했다. 그는 무엇을 사들일지 어떻게 결정할까? "운명에 맡기는 거죠." 어떤 물건, 예를 들면 지그문트 프로이트 전투 인형이 잘 팔리면, 그는 그냥 주문을 더 한다고 한다. 그는 손가락으로 딱 소리를 내며 이렇게 말했다.

"한번은 참치 릴을 팔았어요. 사람들에게 그 릴이 카탈로그에서 2배 정도는 더 팔린다고 보여주었죠. 마흔 갠가 쉰 개 정도 팔았을 겁니다. 그 큰 참치 릴을 말이에요."

하지만 일반적으로 총 매상액은 그렇게 좋지 않다고 했다. 그날도 그는 15년 정도 선반을 차지하고 있던 담배 파이프를 두 개밖에 팔지 못했다. 그는 자신이 가게를 열 때부터 갖고 있던 연하장을 지금도 갖고 있다고 한다.

나는 그에게 스테이플스사엔 프로토타입 매장과 하루 종일 물건들을 과학적으로 배치하는 일을 하는 직원들이 있다고 말해주었다. "그렇게는 안 하십니까?" 나는 물었다. 그는 크게 웃었다. 그는 물건을 어디에 둘지 어떻게 결정을 할까? "소매치기를 당하지 않게 작은 물건들은 내 주위에 놓지요. 사실 나도 물건들을 분류해볼까 생각은 합니다." 그는 이렇게 말했다. 하지만 그것은 종종 실패해버리고 마는 계획인 게 분명했다. 나는 그가 아마도 모든 물건이 어디 있는지 알고 있는 게 아니냐고 물었다. "시간이 충분하니까요." 그는 이렇게 말했지만, 자신 있는 목소리는 아니었다.

브룩라인 잡화점이 새로운 잡동사니의 세계를 대표하는가? 입술 모양의 사탕 뒤에서 털이 많은 파이프 클리너를 찾을 거라고 생각했다가 엉뚱하게도 훌라 춤을 추는 조그만 소녀 조각상이 폭포처럼 떨어지는 것은 아닐까?

디지털 세상이 동네의 어떤 가게보다도 더 뒤죽박죽되어 있다고 해도, 복잡한 디지털 세상을 직접적으로 만나지는 못한다. 지금까지 많은 사람들이 본 최악의 것은 구글의 히트영화 목록이었다. 사람들은 미니시리즈 '로스트(Lost)'의 방송분을 찾고 있었는데, 사람들이 잃어버린 물건들에 대한 페이지를 보게 되었다. 우리가 본 잡동사니 같은 세 번째 체계의 모든 것은 그것을 정리하는 다양한 방법들이다.

브룩라인 잡화점에도 질서는 있다. 보드게임, 담배 파이프, 잡지와 같은 분류체계 너머로 가게 전체에 의미가 소용돌이친다.

마이클 윌너에게 가게 구성의 모든 변화는 당시엔 분명했던 이유들 때문에 그가 내린 결정이라는 것을 의미한다.

단골손님들에게 가게 앞부분은 담배를 사고 카운터에서 잡담을 나누기에 적합하다고 느껴질 것이다. 가게 뒤는 아이들과 이것저것 구경하는 사람들의 자리일 것이다.

동네 아이들에겐 캔디 판매대를 빼곤 모든 것이 어둡고 차이가 없어 보일 것이다. 나이든 사람들에게 새로운 물건들은 과거를 묻고 보존하는 지질학의 단층일 것이다. 그리고 골동품 수집가에겐 먼지가 메타데이터다.

브룩라인 잡화점은 어떤 특정한 순간에 오직 한 가지 방법으로 물건들을 정리할 수 있지만 가게에 들어오는 사람들 모두, 물건을 찾는 어떤 방법을 알아낸다. 그러나 브룩라인 잡화점이 첫 번째 정리체계를 가진 가게이기 때문에, 물건을 정리하고 어떤 물건들을 옆에 놓을지 결정하는 공개된 방법은 오직 하나다.

세 번째 정리 체계에서 물건을 정리하는 모든 방법은 공개될 수 있다. 우리는 개인적인 의미를 반영하도록 눈에 보이는 체계를 바꿀 수 있다. 우리는 정리방법을 공유할 수 있고 그 방법을 만들 수도 있다. 각각의 방법은 전체의 의미를 고양시킬 것이다. 어느 것도 더 중요하지는 않다. 어느 것도 다른 것보다 더 좋은 것도 없다.

그렇다면, 새로이 뒤죽박죽된 세상이 마이클 윌너의 무질서한 가게와 비슷해 보이는가?

그렇다. 하지만 우리가 그 지저분한 걸 잊고 그것의 의미를 찾을 때만 그러하다. 그것은 바로 세 번째 정리 체계가 가능하게 만드는 것이기 때문이다.

| 감사의 글 |

많은 사람들이 이 책이 잉태되어 발전해나가는 오랜 기간 동안 지속적인 도움을 주었다.

하버드 버크만 인터넷 사회 센터는 나의 특별 연구원 자격을 두 번이나 연장해주어 내가 하버드대학의 자료들을 이용할 수 있게 해 주었다. 더욱 중요한 점은 내가 이제껏 경험했던 가장 따뜻하고 친절한 학문적 환경을 제공해주었다는 점이다. 이곳의 뛰어난 지성들이 나의 생각을 이끌어주었다. 나의 동료 학자들에게 감사를 표하는 바이다.

무조건적으로 나를 도와준 사람들이 있다. 클레이 셔키(Clay Shirky)는 편견 없는 사고의 모델이다. 그의 통찰력과 명석함, 그리고 그의 우정은 이 책을 시작할 때부터 내게 큰 도움이 되었다. 나의 에이전트이자 친구인 데이비드 밀러(David Miller)는 내가 이 주제를 접근하는 데 가능한 여러 가지 방법들을 걸러내는 데 결정적인 도움을 주었고, 대화를 통해 내 생각에 새로운 과제를 던져주고 확대시켜 주었다. 로빈 데니스(Robin Dennis)는 내가 편집자에 대해 품은 모든 희망을 능가하는 사람으로, 이 책의 단어와 개념을 비판

해주고 다듬어주고 나아지게 만들어주었다.

또한 내가 벅넬대학교(Bucknell University) 1학년 때 내게 철학을 소개해주신 조셉프 펠 교수님(Professor Joseph Fell)께도 진 빚이 크다. 38년 뒤에 펠 교수님은 당신이 하고 계시던 '일반개념'에 관한 연구를 잠시 접고, 귀중한 시간을 내어 이 책의 초고를 읽어주셨다. 펠 교수님 외에도 내가 깊이 존경하는 몇 몇 분들이 초고를 읽고 너그럽게 의견을 제시해주었는데, 특히 케빈 마크스(Kevin Marks)에게 감사의 뜻을 전한다. 그리고 〈와이어드〉, ,하버드 비즈니스 리뷰〉, 〈릴리스 1.0〉에도 고맙다는 말을 하고 싶은데, 이 책에서 다룬 몇 가지 주제에 관한 나의 글을 실어주었다. 나는 블로그를 통해 다양한 생각을 밝히고 도움을 청하는 글을 올렸는데, 블로거들은 매번 놀랍도록 도움이 되는 글로 대답을 제공해주었다. 사회적 사고에 감사드린다.

나의 가족에게도 따뜻한 감사의 말을 전해야 한다. 내가 '분류법'이라는 단어를 입에 올릴 때마다 가차 없이 나를 놀려댈 수도 있었던 아이들에게 특히 고맙다. 나의 아내, 앤 젤러(Ann Geller)는 자신의 연구를 밀어놓고 나의 초안을 들어줄 만반의 준비를 갖추고 있었다.

마지막으로, 《1215: 마그나카르타의 해(1215: The Year of the Magna Carta)》를 함께 쓴 대니 단지거(Danny Danziger)와 존 길링엄(John Gillingham)에게도 감사의 말을 전한다. 그들은 어떤 실수든 상대방 작가의 잘못이라는 말로 서문을 끝맺음해주었다. 나도 같은 말을 하고 싶은데, 나는 이 책을 혼자 썼으니, 어떤 실수든 대니 단지거와 존 길링엄의 잘못이라고 인정할 수밖에 없다.

혁명적으로 지식을 체계화하라

초판 인쇄 | 2008년 2월 22일
초판 발행 | 2008년 2월 29일

지은이 | 데이비드 와인버거(David Weinberger)
옮긴이 | 이현주
펴낸이 | 심만수
펴낸곳 | (주)살림출판사
출판등록 | 1989년 11월 1일 제9-210호

주소 | 413-756 경기도 파주시 교하읍 문발리 파주출판도시 522-2
전화 | 영업부 031)955-1350 기획편집부 031)955-1366
팩스 | 031)955-1355
이메일 | salleem@chol.com
홈페이지 | http://www.sallimbooks.com

ISBN   978-89-522-0813-2 03320

책임편집 · 교정 : 김혜영

값 15,000원

살림Biz는 (주)살림출판사의 경제 · 경영 전문 브랜드입니다.